Uma Janela para a Felicidade

Uma Janela para a Felicidade

psicografia de
Sônia Tozzi

pelo espírito
Irmão Ivo

LÚMEN
EDITORIAL

Uma janela para a felicidade
pelo espírito Irmão Ivo
psicografia de Sônia Tozzi
Copyright © 2012 by
Lúmen Editorial Ltda.

2ª edição – março de 2013

Direção editorial: *Celso Maiellari*
Direção comercial: *Ricardo Carrijo*
Coordenação editorial: *Fernanda Rizzo Sanchez*
Revisão: *Maria Aiko Nishijima*
Projeto gráfico e arte da capa: *Ricardo Brito / Designdolivro.com*
Imagem da capa: *Birckoff / Dreamstime.com*
Impressão e acabamento: *Gráfica Markpress*

Dados Internacionais de Catalogação na Publicação (CIP)
(Câmara Brasileira do Livro, SP, Brasil)

Ivo (Espírito).
　　Uma janela para a felicidade / pelo espírito Irmão Ivo ; psicografia de Sônia Tozzi. – São Paulo : Lúmen Editorial, 2012.

ISBN 978-85-7813-073-2

1. Espiritismo 2. Psicografia 3. Romance brasileiro I. Tozzi, Sônia. II. Título.

12-09204　　　　　　　　　　　　　　　　　　　　　　　　CDD-133.93

Índice para catálogo sistemático:
1. Romances mediúnicos : Espiritismo　133.93

Rua Javari, 668
São Paulo – SP
CEP 03112-100
Tel./Fax (0xx11) 3207-1353

visite nosso site: www.lumeneditorial.com.br
fale com a Lúmen: atendimento@lumeneditorial.com.br
departamento de vendas: comercial@lumeneditorial.com.br
contato editorial: editorial@lumeneditorial.com.br
siga-nos nas redes sociais:
twitter: @lumeneditorial
facebook.com/lumen.editorial1

2013
Proibida a reprodução total ou parcial desta obra
sem prévia autorização da editora

Impresso no Brasil – *Printed in Brazil*

Sumário

Introdução, 7

Capítulo 1   Alçando voos, 11

Capítulo 2   Sentimento especial, 21

Capítulo 3   Sabedoria e entendimento, 33

Capítulo 4   Nova visão, 65

Capítulo 5   Uma nova história, 75

Capítulo 6   Missão complicada, 87

Capítulo 7   Cada flor tem um perfume, 101

Capítulo 8   Ninguém é vítima, 119

Capítulo 9   Evitando pensamentos ruins, 131

Capítulo 10   Decisão importante, 143

Capítulo 11	TUDO CONFORME O PLANTIO, 157
Capítulo 12	ERROS E CONSEQUÊNCIAS, 165
Capítulo 13	REVENDO O PASSADO, 175
Capítulo 14	ACEITANDO OS ESPINHOS, 189
Capítulo 15	PERDOAR É UMA DÁDIVA, 199
Capítulo 16	LIVRANDO-SE DE DÉBITOS, 211
Capítulo 17	AUSÊNCIA DO BEM, 219
Capítulo 18	NOVAS ARMAÇÕES, 233
Capítulo 19	AMOR NÃO SE COMPRA, 245
Capítulo 20	RECONFORTO E CONSOLO, 265
Capítulo 21	O CAMINHO DO BEM, 279
Capítulo 22	NA ESPIRITUALIDADE, 291
Capítulo 23	RENOVAÇÃO DE SENTIMENTOS, 307
Capítulo 24	UMA NOVA LUZ, 321
Capítulo 25	TUDO TEM UMA FINALIDADE, 339
Capítulo 26	PROGRESSO ESPIRITUAL, 353
Capítulo 27	NOVO PLANTIO, 369

Introdução

As AFLIÇÕES, as dificuldades, as dores das enfermidades que muitas vezes não são entendidas por não compreendermos com lucidez a trajetória da vida na Terra causam um questionamento a todos os que chegam com a finalidade de aprender e por meio desse aprendizado resolver questões que ficaram pendentes na sua passagem em tempo pretérito.

Como entender as enfermidades agressivas que derrubam corpos tão frágeis? Como aceitar a vida em uma situação de miséria quase sub-humana ou viver trancado em si mesmo por conta de doenças mentais incuráveis? A pergunta que parece inevitável é: "Por que comigo?".

A criatura sempre se acha injustiçada pelo Criador ao ser atingida por uma situação de infelicidade, de constrangimento e, principalmente, por doenças que ferem o mais íntimo do seu ser; mas necessário se faz lembrar que o Criador não comete injustiças, portanto, não existe um só ser na Terra que seja vítima do destino; não existe criatura injustiçada, pois tudo segue a Lei de Causa e Efeito; todas as ações atuais ou pretéritas geram uma reação de acordo com a ação praticada; sendo assim, quem poderá afirmar que nada fez para merecer sofrer, quem poderá dizer com segurança que não passa de uma vítima?

Será que somos inocentes, ou seres em evolução recebendo em abundância tudo do que precisamos para construir uma nova história de amor, caridade e dignidade cristã? Tudo está relacionado aos atos praticados em algum momento da vida, que podem ter acontecido no presente ou no passado, mas que só vão se apagar com a borracha da caridade, do amor ao próximo, com a consciência de que somente as Leis Divinas nos indicam o caminho da redenção, esclarecem-nos que o aprendizado se consegue na escalada e não no topo; no caminho e não no destino, porque é nessa escalada, nesse caminho, que se tem a oportunidade de fazer escolhas certas, dignas, éticas, que nos tornam verdadeiras criaturas de Deus.

O que fazer para suportar com dignidade cristã as tormentas da vida?

Confiar na justiça de Deus; promover o progresso espiritual fazendo todo o bem que puder, mesmo com a dificuldade que o corpo físico possa apresentar, pois o bem pode ser feito também por meio do pensamento de amor e gratidão, que é gerado na alma. O sofrimento geralmente é uma expiação cuja causa foi gerada em algum momento da existência, se não na presente encarnação, nas encarnações anteriores, mas sempre haverá uma causa; e as intempéries nada mais são do que uma forma de libertação do espírito culpado e a aplicação dos ensinamentos de Deus, que sempre oferece ao culpado condições de retomar o caminho da evolução. As doenças fazem parte dessas provas e vicissitudes da vida terrena.

André Luiz afirma:

> *A enfermidade longa é uma bênção desconhecida entre os homens, constitui precioso curso preparatório da alma para a grande libertação. Sem a moléstia dilatada, é muito difícil o êxito rápido no trabalho da morte.*[1]

Mas o que nos pode impulsionar para a direção de Deus? O sentimento do amor! O amor é uma força gigantesca que se renova sem cessar enriquecendo ao mesmo tempo aquele que dá e o que recebe. É por intermédio do amor que atraímos as vibrações positivas e adquirimos coragem para enfrentar os fantasmas dos nossos erros e enganos cometidos em algum lugar de nossa existência.

O desânimo e a ociosidade não são bons conselheiros; a vida é um buscar incessante, é preciso saber usar as armas que os sentimentos puros e elevados nos fornecem, para que saiamos vencedores dessa batalha constante.

Necessário se faz resgatar o pretérito com paciência e resignação. Somente assim conseguiremos chegar felizes à

---

1. XAVIER, Francisco Cândido. André Luiz. *Entre o Céu e a Terra.* (Nota da Médium.)

casa de nosso Pai. A revolta nos afasta do único ser que possui por nós o amor incondicional: Deus. É preciso olhar para os lados e ver além de nós mesmos; é necessário se esforçar para ver que a fome é intensa, o frio é grande e a luta pela sobrevivência, para alguns, é o carrasco que mata a ilusão; é importante entender que nos corpos sujos, fracos e doentes também bate um coração.

Esse é o caminho, irmãos meus, vamos ter sabedoria para transformar nossas dores, aflições e sofrimentos em luz de redenção, percebendo que sempre existe UMA JANELA PARA A FELICIDADE. Só depende de nós!

SÔNIA TOZZI

Capítulo 1
Alçando voos

Nancy olhava o movimento das águas que embaladas pelo vento pareciam dançar ao som de uma música suave. Seus olhos atentos, apesar de encantados com a beleza do rio caudaloso, não conseguiam se harmonizar com os pensamentos desencontrados que normalmente povoavam sua mente; estar ali admirando a natureza exuberante que fazia parte da sua vida era seu refúgio; o lugar onde se entregava à angústia de saber que em nenhum momento teria uma existência igual à de milhares de pessoas; ao contrário, suas limitações eram tantas que já perdera a esperança de um dia poder agir, comportar-se e ser como tantas outras pessoas. Tentava entender seus limites, porém, por mais que se esforçasse, seus pensamentos se desencontravam embaralhando seu raciocínio. Vivia na sombra de si mesma e, em seu íntimo, sabia que esse fantasma iria acompanhá-la por toda a sua permanência no mundo físico.

Nascera com uma pequena limitação no cérebro e uma importante no corpo. A deficiência física a obrigava a permanecer em uma cadeira de rodas; encarnara sem as duas pernas, sem um braço, e o outro era completamente atrofiado na altura do cotovelo, de onde saía a mão. Filha caçula de pais abastados, via com tristeza seus dois irmãos, Hugo e Clara, usufruírem as oportunidades que seus pais, Sílvia e Bernardo, proporcionavam aos filhos, mas ela apenas tinha de seu uma cadeira de rodas e a presença de Vilma, acompanhante contratada pelos pais para fazer-lhe companhia e satisfazer suas necessidades.

Sua distração consistia em olhar para o rio que cortava os fundos da propriedade de seus pais e sentir o vento em seu rosto aliviando-lhe a dor que trazia na alma. Em seus momentos de maior lucidez questionava a sorte cruel, como dizia, de que fora alvo.

— Por que justamente comigo? — perguntava-se. — O que fiz para viver prisioneira em mim mesma? Onde está esse Deus de que muitos falam, que permitiu que um ser inocente pudesse sofrer tanto assim? Tenho quinze anos e até hoje não vivi nada do que poderia viver se fosse como minha irmã; por que eu e não ela?

Nesses momentos de indagação desesperada, de inconformação, Nancy atraía para si mesma a energia negativa dos que não possuem fé, dos que se julgam injustiçados pelo Criador, dos que não sabem que não existe no mundo um só ser injustiçado. Deus não permite que tal coisa aconteça, ao contrário, proporciona a cada um a oportunidade de se renovar, fornece a cada um os ingredientes necessários para promover seu progresso espiritual passando pelo mesmo caminho por onde se perdeu.

— Não acha melhor entrarmos? — escutou a voz carinhosa de Vilma. — O sol já se pôs e não vai lhe fazer bem ficar exposta a essa brisa fria de outono.

Os olhos tristes de Nancy responderam por ela.

— Já sei — falou Vilma —, quer ficar mais um pouco, não é? Pois bem, vou buscar uma manta para agasalhá-la; está bem assim?

A resposta de Nancy foi apenas um balançar de cabeça. Assim que Vilma se afastou, Nancy voltou a fixar sua atenção no movimento da água enquanto seus olhos negros umedeciam-se com pequenas lágrimas. Não conseguia afastar a angústia que atormentava sua alma; nesses momentos seus pensamentos se desencontravam, mas não conseguiam afastar seu sofrimento.

Vilma retornou acompanhada de Sílvia que, preocupada com a filha, não permitiu que esta ficasse por mais tempo à beira do rio.

— Filha, já é tarde para você ficar aqui fora, pode pegar um resfriado ou coisa parecida; é melhor entrar.

Sem nada responder, Nancy abaixou a cabeça e fingiu adormecer, estava cansada de ouvir sempre as mesmas recomendações.

— Ela dormiu —, disse Vilma —, deve estar cansada.

— Leve-a para o seu quarto, Vilma, é melhor colocá-la na cama.

— Esta bem, dona Sílvia.

Com desvelo, Vilma colocou Nancy em sua cama. Sentia um imenso carinho por aquela jovem que, privada dos encantos da vida, fizera-se prisioneira de seus pensamentos desencontrados e de suas emoções conflitantes. Seus olhos, com o passar dos anos, foram perdendo o brilho e não se viam neles nada além de tristeza e angústia. Não conseguia deixar de se perguntar a razão pela qual tantas pessoas sofriam assim que chegavam ao mundo terreno sem que nada tivessem feito ainda para merecer sorte tão severa.

Suas divagações foram interrompidas com a chegada de Clara.

— Como ela está, Vilma?

— Do mesmo jeito: pensativa, olhar perdido; enfim, passiva e sem demonstrar qualquer reação maior.

Clara aproximou-se e acarinhou o rosto de Nancy; esta se virou com dificuldade e olhando-a sorriu.

— Você já percebeu, Clara, que Nancy só sorri de verdade para você?

— Não, Vilma, não é só para mim, ela sorri para todo mundo!

— Você sabe que não! Sinto que ela tem uma ligação muito forte com você; para o seu irmão, por exemplo, quase nunca a vejo sorrir. Também ele a procura tão raramente!

— É o jeito dele, Vilma! — exclamou Clara.

— Não sei!

Sem dar maior importância às palavras de Vilma, Clara beijou o rosto de sua irmã e lhe disse:

— Durma tranquila, Nancy, amanhã é outro dia, tudo vai passar no momento certo; você não está sozinha, minha irmã, eu estou com você e estarei sempre enquanto Deus permitir.

Para surpresa de Clara e Vilma, Nancy levantou o braço que lhe permitia tocar nas pessoas e tentou alcançar o rosto de Clara que, abaixando-se, permitiu que ela a tocasse.

— Eu amo você! — exclamou Nancy.

A reação de Clara foi de lágrimas nos olhos.

— Minha irmã querida — respondeu carinhosa —, eu também amo muito você; é, com certeza, a criatura mais importante da minha vida e vou estar ao seu lado sempre.

O sorriso de Nancy demonstrou a paz que invadiu seu coração.

— Agora, durma e sonhe com os anjos — disse Clara.

— Vou sonhar com você — respondeu Nancy.

Vilma, que a tudo observava, comentou:

— Impressiona-me ver a confiança que Nancy deposita em você, Clara, penso até que seja mais que em sua própria mãe.

— Não é verdade, Vilma; apenas o nosso jeito de se expressar é diferente, nada mais que isso.

Assim, Clara saiu do quarto e deixou Vilma com seus pensamentos.

"Clara é uma pessoa especial, tenho certeza."

Seguindo para o seu quarto, Clara deixou-se invadir por seus pensamentos.

"Senhor, cuide de minha irmã e permita que eu jamais precise me afastar de Nancy, pois ela é muito frágil, indefesa e fechada em si mesma, no seu próprio mundo. Quero ajudá-la a seguir seu caminho."

Logo ouviu a voz de sua mãe chamando-a.

— Já estou indo, mãe; só um instante.

— O que foi, mãe — perguntou apreensiva assim que se aproximou de Sílvia.

— Clara, preciso conversar com você, minha filha. Não é uma conversa fácil, pois bem sei o quanto ama sua irmã, mas é necessária para o bem de Nancy.

Clara, assustada, perguntou:

— O que fiz para originar uma conversa dessa, mãe?

— Filha, amor tem limites; penso que você os está ultrapassando com essa maneira com que trata sua irmã.

— O que quer dizer, mãe, com "amor tem limites"? Estou surpresa ouvindo-a falar dessa maneira! O que na verdade está querendo dizer? Que devemos controlar o sentimento que sentimos pelas pessoas que nos são caras, é isso?

— Calma, minha filha, quero dizer que sua irmã é uma deficiente; é preciso deixar que ela viva no seu mundo, que pertence apenas a ela, você me entende? Tentar trazê-la para uma vida que jamais poderá ter é desumano porque ela jamais poderá acompanhar o seu ritmo de vida, de raciocínio. Temos de libertá-la, deixá-la em seu próprio mundo, você me entende, creio eu.

Clara mal podia acreditar no que estava ouvindo de sua própria mãe. Controlando sua indignidade, respondeu:

— Mãe, não banalize a vida de Nancy, pois dentro de suas limitações ela compreende muitas coisas, diria até bastantes coisas, mais do que podemos supor; não podemos impor a ela mais barreiras do que as que já possui.

— Não quero impor barreiras, filha, quero apenas protegê-la de sonhos impossíveis.

Clara se surpreendeu ainda mais.

— Mãe! — exclamou com indignação aparente — acha mesmo que alguém pode impedir os outros de sonhar? Sonhos, pensamentos, desejos pertencem unicamente a quem os sente, e com Nancy não é diferente; ela deve com certeza ter sonhos e desejos da maneira dela, do jeito que é capaz; isso faz parte de cada um de nós; portanto, mãe, peço que me perdoe, mas não posso sufocar ou minimizar meu amor por ela, sei que em momento algum isso vai prejudicá-la, ao contrário, levará paz e confiança em seu coração.

Sílvia ainda tentou argumentar:

— Você não está me entendendo, filha!

— Estou sim, mãe, mas lhe peço: não interfira na maneira como amo minha irmã, deixe-nos à vontade para nos aproximarmos e cada uma poder dar à outra o que tem de melhor para dar.

Sílvia sentiu que jamais conseguiria mudar o sentimento de Clara para com a irmã.

— Está bem, Clara, está livre para agir como quiser, não interfiro mais; pensamos diferente, e se Nancy é mais importante para você que sua própria mãe...

Clara abraçou a mãe dizendo:

— Mãe, eu a amo muito e saiba que um amor não anula o outro, todos são eternos se forem verdadeiros, e o que sinto por vocês é o mais pleno e verdadeiro sentimento; é diferente, mas nem por isso menor.

Ao vê-la se afastar, Sílvia comentou com Vilma:

— Nunca consegui entender direito essa menina, parece que nada a aborrece.

— Desculpe, dona Sílvia, mas Clara é diferente, possui um brilho próprio que ilumina onde ela passa.

— Preocupo-me com Nancy, receio que ela se iluda mais do que deveria.

— Não se preocupe, dona Sílvia, o amor e a atenção de Clara seguram Nancy no lugar onde deve estar; o que modifica é a paz que invade seu coraçãozinho por sentir-se acolhida e amada, e isso é do que ela mais precisa, ou seja, perceber que faz parte da família, que é apenas diferente, mas tão importante como os outros.

— É, talvez você tenha razão, Vilma; vou lhe confessar uma coisa, desde que Nancy nasceu eu nunca consegui entender a razão dessa deficiência e, para ser franca, até hoje não consigo aceitá-la ou lidar com ela com naturalidade.

— Não se martirize nem se culpe, dona Sílvia, somos diferentes uns dos outros; as reações diante dos problemas estão relacionadas à nossa personalidade, nossa maneira de ser; e é natural que seja assim, pois trazemos em nós o resultado do aprendizado, de lutas, fracassos e sucessos de muitas existências e que pertence a cada ser; o importante é nunca deixar o aprendizado de lado, principalmente o do amor, que é essencial para nossa redenção; é preciso apenas não esquecermos que Deus nos favorece sempre com os ingredientes de que precisamos para nos redimir dos erros, mas nós não percebemos esse benefício: sofremos demais pelo pouco que não temos e nos alegramos pouco com o muito que temos, isso nos faz querer sempre mais e sofrer desnecessariamente.

Sílvia estava impressionada com as palavras de Vilma.

— Onde você aprende essas coisas, Vilma?

— Desculpe, dona Sílvia, nunca ter dito à senhora, mas sou espírita e aprendo muito com as orientações dos bons espíritos.

— Por que nunca me disse nada sobre isso?

— Não sei, talvez por não achar necessário.

— Mas gostei de saber, se faz você ser essa pessoa que é, deve ser algo muito bom mesmo, não precisa esconder, penso que cada um deve escolher o que julgar melhor para si mesmo.

— Obrigada, dona Sílvia.

— Vilma, não é o caso de agradecer, você é livre para decidir o que quer.

— Sabe, dona Sílvia, tempos atrás sofri uma decepção tão grande que por pouco não coloquei fim à minha própria vida, mas, graças às orientações, às palestras, às mãos que se estenderam para mim consegui vencer a tentação que me atormentava e retomar o caminho da minha vida; hoje vivo feliz e em paz, encontrei amigos aqui nesta casa, recuperei meu objetivo; enfim, aprendi a crer que Deus escreve certo por linhas certas e este foi o grande ensinamento que os espíritos me passaram.

— Mas, Vilma, sempre soube que o ditado é: Deus escreve certo por linhas tortas e não por linhas certas.

— A partir do instante que Deus escreveu, dona Sílvia, as linhas são certas e não tortas, pois Ele sempre saberá o que é melhor para cada criatura e fornecerá em abundância tudo de que precisamos para promover nosso progresso espiritual por meio do amor exercitado.

Sílvia ficou pensativa por alguns instantes e por fim disse:

— Segundo seu pensamento o que aconteceu com Nancy foi premeditado por Deus, é isso?

— Não, dona Sílvia, somos os únicos responsáveis por nossas dores e sofrimentos e precisamos de alguma forma consertar os estragos feitos pela nossa imprudência. Deus nos fornece as ferramentas para que façamos o conserto, com a única finalidade de nos proporcionar a luz de nossa própria redenção.

— Como assim?

— Nós renovamos nosso destino por meio das oportunidades cedidas pelo Criador, e todo dia é dia de renovação, ninguém colhe flores no plantio das pedras.

— Meu Deus, Vilma, nunca poderia supor que tivesse tanta sabedoria.

— Não credite a mim méritos que não possuo, dona Sílvia, sou apenas uma aprendiz na imensa escola da vida.

Olhando no relógio, Vilma encerrou a conversa:

— Desculpe, preciso dar o remédio para Nancy — dizendo isso saiu sem esperar resposta de Sílvia.

Capítulo 2
Sentimento especial

Clara, recolhida em seu quarto, pensava na conversa que tivera com a mãe. Não conseguia entender a postura de Sílvia, pois sempre pensara que como ela a mãe também queria o melhor para Nancy, mas se enganara. Sentia em seu coração que a mãe nutria por Nancy um sentimento de amor, sim, mas ao mesmo tempo percebia um leve sentimento de rejeição em relação à filha, que por motivos ignorados viera ao mundo com deficiências tão marcantes e dolorosas!

Esse pensamento entristeceu-a, pois sabia que sob o ponto de vista físico nada poderia ser feito como dissera várias vezes o médico que cuidava de Nancy. Ela se lembrava bem de suas palavras:

— O que ela precisa, tanto quanto dos remédios, é do amor de vocês, da atenção, da proximidade, de sentir em seu corpo o toque de mãos aquecendo o frio de sua alma!

— Meu Deus, se ele disse isso, se eu sinto dentro do meu coração que devo e posso dar isso a ela, por que minha mãe diz o contrário? Por que ela não é a primeira a demonstrar que não se importa com a forma do corpo de Nancy? Não devemos amar apenas o que é bonito, mas principalmente aquele que luta para vencer suas dificuldades! Minha mãe esquece que dentro de todos nós bate um coração que ama, sofre e deseja ser aceito pelas pessoas. Com Nancy e, principalmente, com pessoas como ela, esse sentimento não é diferente; ao contrário, é mais forte.

— Clara, telefone para você — ouviu a voz de Vilma chamando-a.

— Sabe quem é?

— Quem poderia ser Clara? É Augusto.

Ela levantou-se depressa e correu para atender o homem que amava.

— Augusto, esperava mesmo seu telefonema. Tudo bem, amor?

— Comigo tudo, mas estou com saudades.

— Eu também. A respeito do jantar em sua casa, está tudo certo? Sua mãe confirmou?

— É justamente sobre isso que quero conversar com você. Podemos nos encontrar?

Clara sentiu uma sensação estranha, indefinida.

— Claro, Augusto, podemos. Quer vir até minha casa?

— Prefiro que seja em outro lugar, Clara.

— O que aconteceu, Augusto? Estou achando-o meio apreensivo. Sua mãe cancelou o convite?

— Vai depender de você, meu amor, se vai compreender ou não os motivos dela.

— Estou ficando assustada, fale de uma vez.

— Não! Em quinze minutos passo para pegá-la. Vamos até o parque e lá conversaremos com calma.

— Tudo bem, estou esperando-o.

Assim que desligou o telefone, Clara novamente sentiu um temor tomar conta de seu coração.

— Não gostei do jeito que Augusto falou — disse a si mesma —, espero que não aconteça de novo o que já aconteceu por várias vezes com meus pais, que aceitaram uma situação; se for o que estou pensando, não vou aceitar.

— Falando sozinha? — perguntou Vilma.

— Não, estou somente pensando alto, nada de importante.

"Alguma coisa mexeu com ela e foi Augusto", pensou Vilma.

— Você vai sair?

— Sim, Augusto vem me pegar, vou esperá-lo na varanda; se minha mãe perguntar por mim, diga que não demoro.

— Tudo bem, Clara, mas mantenha a calma — disse Vilma.

— Por que está me dizendo isso, Vilma?

— Não sei, mas acho que vai precisar ficar calma, só isso.

— Não a estou entendendo, Vilma. Qual é a razão de me dizer para manter a calma se não sabe do que se trata?

— Desculpe, Clara, nem eu mesma sei, mas me lembrei de um paradoxo do conhecimento que diz assim: "O homem procura respostas, mas nessa busca encontra perguntas".

— O que isso tem a ver comigo?

— Nada... Desculpe, é bobagem minha.

Clara, despedindo-se de Vilma, pensou: "Ela às vezes fica bem misteriosa!".

Em pouco tempo entrava no carro de Augusto.

— Estou com saudades de você, meu amor — disse o namorado.

— Eu também, Augusto... Espere, não faz tanto tempo assim que não nos vemos! — disse sorrindo.

— Eu sei, mas um dia sem ver você é uma eternidade!

— Galanteador! — exclamou. — Mas eu gosto.

Chegando ao parque, sentaram-se embaixo de uma frondosa árvore. Impaciente, Clara disse:

— Por favor, meu bem, diga logo o que está acontecendo, você me deixou aflita.

— Calma, primeiro quero ganhar um beijo.

Dizendo isso, envolveu-a em seus braços e beijou-a com amor.

— Eu a amo muito, Clara, não consigo mais imaginar minha vida longe de você.

— Eu também o amo, Augusto, e sonho ficar bem velhinha ao seu lado.

— É isso que quero que aconteça, nós dois bem velhinhos sentados neste parque lembrando a nossa juventude.

Abraçaram-se sentindo cada um a emoção de um sentimento verdadeiro tomar conta do coração.

— Agora, Augusto, por favor, conte-me a respeito desse jantar, por que depende de mim acontecer ou não?

— Querida, meus pais gostam muito de você. Esse jantar é para que a nossa família e nossos amigos conheçam você e sua família; enfim, para que haja um envolvimento maior entre as duas famílias, entende?

— Entendo, mas não vejo em que ponto eu deva decidir se vai ou não haver jantar, se não passa de uma situação absolutamente natural.

— Preste atenção, meu amor, meus pais acham que ficaria constrangedor para todos a presença de sua irmã devido à aparência dela. Espero que você compreenda o receio deles, as pessoas não estão acostumadas e poderiam ficar chocadas, é só isso.

Clara não acreditou no que ouviu.

— Você está dizendo que o jantar só acontecerá se Nancy não for, é isso?

— Mais ou menos, Clara.

— Mais ou menos não existe nesta situação, Augusto, ou é ou não.

— Tudo bem, Clara, é isso sim.

A primeira reação de Clara foi de lágrimas que turvaram seus lindos olhos escuros. Augusto abraçou-a.

— Não fique assim, meu amor — disse Augusto tentando acalmá-la. — É normal que as pessoas fiquem assustadas com determinadas situações.

Após alguns minutos, mais calma, a jovem disse ao namorado:

— Augusto, sua mãe não precisava excluir Nancy, minha irmã não iria mesmo; ela fica muito cansada sempre que sai de casa, não se sente bem, mas como sua colocação foi de que se ela for não haverá jantar, isso se enquadra em preconceito, falta de generosidade e respeito com alguém que não tem culpa de ter nascido com problemas físicos; sem falar na vergonha que sentem de apresentar Nancy como minha irmã. Sendo assim, amor, se minha irmã não pode compartilhar da minha vida por conta do preconceito de algumas pessoas, eu também não posso compartilhar da vida dessas pessoas; portanto, diga a seus pais que não precisam se preocupar porque eu não vou.

— Meu amor, você não pode fazer isso, eles ficarão decepcionados! — exclamou Augusto.

— Sinto muito, posso e vou fazer porque decepcionada estou eu. Quanto a você, não entendo como pode compartilhar de uma decisão dessa. Como pode dizer que me ama e excluir minha irmã da nossa vida? Devia saber que sentimento não está ligado a beleza; amar e conviver com a beleza é muito fácil. O sentimento verdadeiro está ligado ao coração, e o meu está unido ao coração de Nancy e estará sempre até quando eu parar de respirar, portanto, assunto encerrado.

— Querida, pense melhor, você está sendo muito radical — argumentou Augusto aflito, pois, temia a reação dos pais autoritários quando soubessem dela.

— Já pensei, meu amor, Nancy é minha irmã e nada vai mudar isso. É da minha família e não vai viver escondida apenas para satisfazer um sentimento tão pequeno quanto o de seus pais. Espero, do fundo do meu coração, que você não compartilhe com eles esse sentimento e essa postura, caso contrário, será impossível continuarmos juntos.

— Querida, vamos conversar com calma.

Um pouco impaciente pela indignação que sentia, Clara respondeu:

— Por favor, leve-me para casa, esse assunto está encerrado. Não vou participar de uma família que tem vergonha da minha irmã.

Percebendo que não conseguiria convencer Clara, Augusto levou-a para casa. Assim que entrou em sua casa, ela foi direto para o seu quarto. Passou por Vilma sem notar sua presença. Jogou-se na cama e se entregou às lágrimas quentes e sentidas que banhavam seu lindo rosto.

— Vilma, Clara já voltou?

— Sim, dona Sílvia, mas imagino que alguma coisa aconteceu. Ela foi se encontrar com Augusto, mas não demorou muito já estava de volta; passou por mim sem me notar por conta das lágrimas que escorriam em seu rosto.

— Será que eles terminaram Vilma? — perguntou Sílvia preocupada.

— Não sei, dona Sílvia, é melhor a senhora ir falar com ela.

— É o que vou fazer — respondeu, dirigindo-se ao quarto da filha.

— Filha, posso entrar?

— Claro, mãe, entre, a porta só está encostada.

— O que aconteceu, minha filha, para deixá-la assim nesse estado?

— Aconteceu, mãe, que eu me enganei com a família do Augusto e com ele também.

— Por favor, filha, conte-me o que aconteceu.

Clara relatou para a mãe tudo o que acontecera, sua conversa com Augusto, sua angústia, a decepção com o próprio sistema que envolvia cruelmente o preconceito; enfim, não omitiu nada. Assim que terminou, percebeu que Sílvia a olhava pensativa, esperava uma reação mais forte e indignada da mãe, mas o seu silêncio a incomodou.

— Mãe, o que a senhora pensa de tudo isso?

— Filha, penso que você foi muito radical; devemos aceitar as pessoas como elas são, nem todos compreendem os problemas dos outros e suas limitações. Muitos sentem dificuldade em aceitar os diferentes, aqueles que estão fora dos padrões, assim como Nancy. Você não deve anular sua vida, suas alegrias por conta da sua irmã. Deve ir ao jantar na casa de seus futuros sogros e aceitá-los como são, ou seja, preconceituosos.

— Mãe, pensei que a senhora pensasse como eu, pois sempre diz que preciso aceitar as pessoas como são. Agora lhe pergunto: por que as pessoas não podem aceitar Nancy como ela é? Qual a diferença? Não vou passar a minha vida escondendo que tenho uma irmã com problemas, não é justo com ela, não é justo comigo. Deus sabe a razão pela qual Nancy nasceu assim; essas limitações, mãe, são justas. Se Deus colocou Nancy ao meu lado, como irmã, a senhora e papai como pais, e Hugo como irmão, deve existir um motivo muito forte. Não acha que cabe a cada um de nós fazer a parte que nos compete?

— Sei que você tem razão, filha, mas sei também que não é nada fácil carregar um peso assim como o de sua irmã; são perguntas, conselhos, críticas, descaso, preconceito; enfim, nesses anos todos, Clara, parece que eu e seu pai ficamos vacinados, nada mais nos atinge, talvez seja por essa razão que receio que isso aconteça com você; é por esse motivo, filha, que lhe peço para não destruir seu futuro, pois o de Nancy já está traçado, mas o seu não, pode ser promissor se você não se envolver mais do que o necessário com sua irmã.

— Sinto muito, mãe, mas não consigo ver meu futuro sem que Nancy esteja presente. Tenho certeza de que ela não vai atrapalhar em nada a minha vida; se para ficar com Augusto eu tiver de fazer uma escolha, vou optar por Nancy, porque sei que é isso que ela espera de mim mesmo sem nada pedir, e sinto também que é o que Deus espera que eu faça; portanto, é o que vou fazer.

— Mas e Augusto, não pensa nele?

— Penso sim, mãe, e muito, mas se ele me amar de verdade não vai deixar que um gesto preconceituoso estrague nossa relação anulando o amor que sentimos um pelo outro, apagando todos os nossos sonhos de uma vida juntos.

— Desejo sinceramente que ele pense como você! — exclamou Sílvia.

— Obrigada, mãe, eu também espero isso com toda a força do meu amor por ele.

Sílvia saiu e deixou Clara entregue aos próprios pensamentos.

"Não sei se ela está certa ou não, mas admiro a coragem com a qual ela luta pelas coisas em que acredita", pensou Sílvia. "Infelizmente, não tive nem tenho essa força, permiti que muitas coisas acontecessem em relação à Nancy, coisas que poderiam ter sido evitadas se tivesse tido coragem para assumi-la plenamente diante da sociedade; hoje sei que fui uma tola ao ficar preocupada apenas com o que as pessoas poderiam dizer."

— Falou com a Clara, dona Sílvia?

A voz de Vilma despertou-a das suas conjecturas.

— Falei sim, Vilma. Estou ainda sob o impacto das coisas que ela me disse, da sua força e do tamanho do amor que sente pela irmã.

— Poderia falar sobre isso, se quiser, é claro.

— Não tem problema algum falar com você, Vilma. Sabe que a consideramos uma pessoa da família, pelo que você é e por tudo o que faz pela Nancy.

— Ela e Augusto terminaram?

— Não! Mas para ser sincera alguma coisa me diz que isso vai acontecer, infelizmente.

— Por que a senhora pensa assim?

— Sente-se aqui, Vilma vou lhe contar.

Sílvia relatou a conversa que tivera com Clara, o desfecho do encontro com Augusto; enfim, nada omitiu. Assim que terminou o relato perguntou:

— Vilma, agora me diga o que acha da atitude de Clara. Eu penso que ela foi radical demais, colocou em risco sua relação com Augusto e receio que ele pense como os pais.

— Olhe, dona Sílvia — respondeu Vilma —, trabalho para a senhora há muitos anos e conheço bem a Clarinha. O que posso lhe dizer é que nunca vi essa menina se omitir quando se trata de defender sua postura de vida, seus ideais, os objetivos éticos e fraternos em que ela acredita. Penso que agora não será diferente, principalmente porque envolve a irmã, que ela ama e sabe que não pode nem ao menos se defender. Para ser bem sincera, não esperava outra atitude dela que não fosse essa e isso só faz aumentar minha admiração por ela, que é tão jovem, mas tão firme em suas convicções.

Sílvia sentiu-se incomodada com as palavras de Vilma.

— Por que será que não consigo ver as coisas como você, Vilma? Por que sempre tenho medo de lutar?

— Não se culpe, dona Sílvia, cada pessoa é de um jeito, age e pensa diferente de outra, mas isso não quer dizer que seja inferior, nem melhor, nem pior, apenas diferente na maneira de enxergar as coisas.

Com lágrimas nos olhos, Sílvia respondeu:

— Vilma, queria muito ser como Clara, mas algo me impede, sinto um medo enorme de enfrentar as situações que fogem do meu controle; enfim, sempre vi Nancy tão quieta, calada, sem reação, que acabo fugindo por não saber lidar com ela, sem dizer que nunca encontrei em Bernardo a força de que precisava.

Vilma se compadeceu daquela criatura frágil, perdida nas próprias conclusões.

— Dona Sílvia, a senhora diz que Nancy está sempre quieta, silenciosa, mas vou lhe dizer uma coisa: o silêncio, às vezes, é o grito mais forte, é o jeito mais sentido de dizer que se está sozinha.

Querendo dar por encerrada a conversa com Vilma, Sílvia disse:

— Obrigada, Vilma, por me ouvir. Você é sem dúvida uma grande amiga.

— Quero lhe dizer, dona Sílvia, que pode contar comigo sempre, em qualquer situação.

— Sei disso, Vilma, e lhe agradeço.

Ao vê-la se afastar, Vilma pensou: "Se as pessoas soubessem como a prece acalma e a fé fortalece usariam mais esses recursos e ficariam mais próximas de Deus, porque é essa proximidade que nos direciona na caminhada terrena".

> *A prece é sempre agradável a Deus quando ditada pelo coração, porque a intenção é tudo para Ele. A prece é um ato de adoração; fazer prece a Deus é pensar Nele, pôr-se em comunicação com Ele. Pela prece podemos fazer três coisas: louvar, pedir e agradecer. A prece torna o homem melhor, aquele que faz preces com fervor e confiança se torna mais forte contra as tentações do mal e Deus lhe envia bons espíritos para o assistir. É um socorro jamais recusado quando o pedimos com sinceridade.*[2]

---

2. KARDEC, Allan. *O Livro dos Espíritos.* Parte III, item IV "A Prece". Questão 658. (N.M.)

Capítulo 3
Sabedoria e entendimento

Os pais de Augusto reagiram nervosos e indignados com a notícia de que Clara não iria ao jantar por conta da não aceitação de Nancy. Augusto contou com detalhes o sentimento de Clara, o amor que ela sentia pela irmã, mas Janete não queria entender e gritava histérica e ofendida com a reação da namorada do filho.

— Quem ela pensa que é para questionar minha decisão?

Augusto tentava acalmá-la sem sucesso. Janete não queria ouvir desculpas nem explicações. Ela só estava se importando por ter sido contrariada. Não admitia que ninguém agisse assim, muito menos uma candidata a sua nora, como ela chamava Clara.

— Calma, querida — dizia Pedro olhando para o filho e percebendo o quanto ele estava angustiado.

— Calma? Você me pede calma depois dessa atitude de Clara? Como vou ficar diante de nossos amigos e de nossa família que já sabiam do jantar? Você consegue imaginar, Pedro, a minha situação constrangedora?

— Concordo que Clara não podia fazer uma desfeita dessas conosco; afinal, com o jantar estamos mostrando à sociedade que aceitamos o namoro, apesar de a irmã dela ser como é. Ela deveria nos agradecer, mas a sua reação, meu bem, está exagerada, Janete, acalme-se e vamos tentar encontrar uma solução.

— Não existe solução alguma a não ser ela reconsiderar o que disse e vir com seus pais e o irmão, somente isso eu aceito, senão...

Augusto temeu ouvir o fim da frase e o que realmente a mãe queria dizer.

— Senão o quê? — perguntou Pedro. — O que quer dizer?

— Se não for assim, esse namoro acaba aqui, ouviu bem, Augusto? Não vou tolerar entregar meu único filho a uma moça voluntariosa, sem noção das coisas, que acha que pode consertar o mundo com ideias que ninguém aceita! Será que ela não percebe o que a irmã é na realidade? Quer impor aos outros uma presença que constrange e tira a naturalidade das pessoas?

— Mãe, o amor que Clara sente pela irmã é muito forte, eu diria até sublime. Sei que jamais ela deixará de colocá-la em primeiro lugar na sua vida, é preciso entender sua postura.

— Escute aqui, Augusto, o fato de ela amar a irmã não implica levá-la a todo lugar; basta ficar ao seu lado no seu quarto, em sua casa, enfim, não precisa mostrá-la para o mundo, para as pessoas que não querem vê-la.

— Mãe, a senhora se esquece de que eu amo a Clara e quero me casar com ela! — exclamou Augusto.

— Casar com ela e levar uma deficiente na bagagem, é isso o que quer?

— Mãe! A Clara não leva Nancy a todos os lugares que vai, aliás, em quase nenhum lugar, e não iria trazê-la aqui em casa. Nancy não se sente bem quando sai de casa; o que Clara não aceitou foi o preconceito de vocês, a falta de caridade com uma pessoa que já sofre por si só. Casar com Clara não significa ter de trazer Nancy para viver conosco. Ela tem pai e mãe!

— Não seja tão ingênuo, meu filho! Quando casamos com uma pessoa, casamos também com a família.

Pedro, considerando que Janete estava indo longe demais em suas considerações em relação à Clara, disse:

— Querida, em lugar de ficar falando, reclamando e criticando a atitude de Clara, não seria mais prudente conversar pessoalmente com ela, ouvir o que ela tem a dizer, deixá-la explicar seus verdadeiros motivos que para ela devem ser importantes?

— Concordo, pai. O senhor tem razão, mamãe está mesmo muito exaltada. Nesse estado é impossível argumentar, pois ela não ouve ninguém!

Janete escutava em silêncio o que Pedro e Augusto diziam. O jovem, sem perder a oportunidade dada por seu pai, perguntou:

— Mãe, posso trazer Clara para conversar com a senhora? Creio que poderão se entender. Não assuma nenhuma postura radical, pois poderá se arrepender mais tarde ao perceber ter sido injusta. Por esse motivo é importante dar à Clara a chance de se explicar.

Sem esperar a resposta da esposa, Pedro disse:

— Faça isso, meu filho, convide-a para vir tomar um refresco conosco.

— Obrigado, pai! — exclamou Augusto, feliz com a decisão.

Sentindo-se pressionada, Janete também concordou.

— Está bem. Augusto. Traga sua namorada aqui, estou disposta a conversar com ela, mas que seja logo, sem demora.

Animado e acreditando que tudo daria certo, Augusto respondeu feliz:

— Amanhã mesmo vou me encontrar com ela e farei o convite. Sei que ela não vai recusar; a senhora não a conhece direito, mãe, Clara é um doce de pessoa.

— Faça isso, então — respondeu Janete sem nenhum entusiasmo —, está tudo certo, agora se me dão licença, preciso dar uns telefonemas.

Saiu sem ouvir o comentário de Augusto.

— Pai, mamãe é muito intransigente; reluta em ouvir qualquer argumento, tudo precisa ser exatamente como ela quer, como programa; enfim, está sempre na retaguarda, pronta para atacar se alguma coisa não sair como planejou.

— Não ligue, filho, sua mãe sempre foi assim: voluntariosa, cheia de preconceitos, dando sempre mais importância ao que os outros vão dizer do que ao que sua família vai sentir. Mas, depois de tantos anos, já estou acostumado com o jeito dela.

— Desculpe, pai, mas o senhor se acostumou ou se acomodou?

— Augusto, após tantos anos acho mesmo que me acomodei, e para que não haja discussões sem necessidade aceito o seu temperamento, embora não concorde em muitos casos, ou melhor, na maioria dos casos.

— Não concorda, mas também não luta, não defende o que acredita que é seu; não sustenta sua personalidade, sua maneira de ser e de encarar a vida. Desculpe, pai, mas penso ser uma fraqueza de sua parte.

— Talvez seja, meu filho. Pode ser que não saiba mais como sair, me impor, ou não tenha mais forças para tentar.

Augusto estranhou as palavras de seu pai e pensou: "A impressão que tenho é que meu pai sente-se preso a ela sem ter como se libertar. Não consigo ver outra explicação que possa justificar a passividade dele; enfim, isso só diz respeito a ele e não vou me meter, agora o que quero é direcionar minha vida ao lado de Clara, que eu amo tanto; nem que para isso eu tenha de enfrentar minha mãe".

✖

Sílvia, assim que percebeu a chegada de Hugo, chamou-o:

— Filho, podemos conversar um pouco, não vou atrapalhar você?

— Claro que não, mãe. Estou à sua disposição, senhora — disse brincando e fazendo continência para ela.

Hugo era dois anos mais velho que Clara. Rapaz bonito e generoso, tinha muitos amigos por conta da grande simpatia que irradiava. Animada, Sílvia falou:

— Sente-se aqui ao meu lado, filho.

Hugo acomodou-se dando um beijo na mãe.

— Fale, mãe! O que a está preocupando? Sim, porque sei que quando pede para conversar é porque alguma coisa a está incomodando. Pode dizer.

— Você me conhece, não, filho?

— Claro, mãe. Estamos juntos há muitos anos, esqueceu, dona Sílvia?

— Adoro o seu bom humor, meu filho, mas vamos lá. Tenho percebido que cada vez mais você se afasta de Nancy. Quase não a vê e quando o faz não passa de poucos minutos, sem maior intimidade com ela; enfim, o que acontece, filho, por que age assim?

Após alguns minutos de silêncio, que Sílvia aguardou sem interromper, Hugo respondeu com evidente emoção:

— Mãe, eu gosto muito de Nancy, é minha irmã e lhe quero muito bem como disse, mas sofro muito cada vez que me aproximo dela. Vê-la presa àquela cadeira de rodas sem perspectiva de vida, sem futuro, tendo um presente vazio... Enfim, a verdade, mãe, é que não consigo suportar a dor que vejo em seus olhos sem brilho. Fico deprimido, triste e até me sinto culpado por ter recebido tanto e ela o mínimo. É por tudo isso que a vejo pouco, acho mesmo que não tenho estrutura para enfrentar algumas coisas, sem dizer que inexplicavelmente sinto alguma coisa em mim que me faz fugir, não sei mesmo definir, mas não me sinto confortável ao seu lado, é um incômodo, não sei.

— Filho! — exclamou Sílvia. — Não imaginava que sofresse tanto assim por causa de sua irmã.

— Queria ser diferente, mãe, queria ser como Clara, que a trata normalmente e com tanto carinho, mas não sou assim, não consigo agir com naturalidade. Nancy deve sentir isso e sofrer ainda mais. O problema é comigo, mãe, tenho limitação para enfrentar o que a vida fez com Nancy. Questiono se existe justiça quando vejo uma criança que nada fez e que acaba de chegar ao mundo nascer com tanta limitação e sem a menor oportunidade na vida.

Sílvia abraçou o filho.

— Entendo você, filho. Eu também possuo limitações. Assim como você, também não consigo compreender muitas situações, mas aprendi a confiar em Deus, mesmo sem entender. Assim como você, seu pai e eu não conseguimos agir como Clara. Ficamos chocados todas as vezes que olhamos para Nancy, parece-nos que nesse momento nossos sonhos se despedaçam uma vez mais; os sonhos que alimentamos durante toda a gestação dela, os planos que se desfizeram; enfim, somos também muito frágeis quanto a esta questão, meu filho. Mas posso lhe garantir que não queria ser assim, sentir o que sinto. Seu pai, desde o nascimento de Nancy, não é mais o mesmo homem alegre e entusiasmado com a vida; entregou-se ao trabalho sem descanso. Esse foi o jeito que encontrou para aliviar a dor que lhe vai na alma.

— Tudo isso é muito duro, mãe, é uma dor sem fim, grande demais para suportar. Fico pensando qual a finalidade de uma vida tão sem sentido, sem esperanças, sem objetivos; enfim, uma vida completamente estéril.

— Quem sabe um dia encontraremos as respostas para as nossas perguntas... Quem sabe um dia...

A enfermidade é a fermentação de muitas existências vividas desregradamente. É a resposta, a consequência. Por isso, a dor em certas circunstâncias é a própria cura.[3]

✳

Vilma, entrando no quarto de Nancy abriu as cortinas permitindo a entrada dos raios solares que faziam um carinho gostoso em Nancy, fazendo-a abrir os olhos e sorrir gostosamente para sua acompanhante.

— Vamos, mocinha — disse Vilma. — Deixe de preguiça e vamos tomar um gostoso banho de sol, aquecer o corpinho e sentir o perfume das flores que você tanto ama no jardim. O que acha?

Nancy abriu mais os olhos quase sempre sem expressão e disse:

— Na margem do rio?

— Pode ser, é o que você quer?

— É — respondeu secamente.

— Onde está o sorriso que me encanta? — perguntou Vilma aproximando-se dela e dando-lhe um beijo na testa.

— Guardado no meu coração, bem lá no fundo — respondeu Nancy.

Vilma se surpreendeu com a resposta.

— Não me ama mais, é isso?

---

3. MAIA, João Nunes. Miramez. *Francisco de Assis*. Belo Horizonte: Fonte Viva. (N.M.)

— Não é isso! Sempre terei um sorriso para você e para Clara, vocês são minhas protetoras, as únicas pessoas que me proporcionam motivos para viver.

"Ela hoje está bem lúcida", pensou Vilma.

— Que bom que pensa assim, minha querida. Clara e eu, assim como seus pais e Hugo, amamos muito você.

"Menos o Hugo", pensou Nancy.

Os olhos tristes da garota, ao ouvir falar de seus pais e de seu irmão, disseram a Vilma, sem palavras, o quanto ela sentia falta deles. A ajudante a abraçou com carinho e finalizou:

— Você não acredita no amor deles, não é? Mas é verdade que eles a amam; entenda, as pessoas são diferentes, agem e pensam de forma divergente umas das outras; sentem e se expressam cada uma a seu modo, porque todas possuem uma personalidade única. Isso não quer dizer que não existe sentimento no coração de cada uma. Vou lhe dizer uma coisa, Nancy, sentimento não se mede com fita métrica, cada um sabe o tamanho do seu.

— Se você está dizendo! — exclamou Nancy. Em seguida, entrou no mundo que pertencia somente a ela.

Vilma olhava com carinho e compaixão aquela jovem que, apesar da idade cronológica, aparentava ser apenas uma criança indefesa, sofrida e perdida em si mesma. Lembrou-se das sábias palavras que ouvira do orientador da reunião espiritual que frequentava com assiduidade:

Não ame pela beleza, pois um dia ela acaba.
Não ame por admiração, pois você se decepciona.

Ame apenas, pois o tempo nunca pode acabar com um amor sem explicação.[4]

"É verdade", pensava, "nada pode destruir o amor quando ele é verdadeiro, pleno e gerado na própria alma; creio que é esse amor que Clara e eu sentimos por Nancy: sem explicação, cobranças, temor, preconceito, apenas amor."

Voltando à realidade, ela conduziu Nancy até a beira do rio, lugar onde ela gostava de tomar sol e de ficar admirando o borbulhar das águas e o som que embalava seu coração e a fazia sentir-se viva.

No trajeto encontraram-se com Hugo, que tentou se esquivar sem sucesso.

— Oi, Hugo — escutou a voz delicada e baixa de Nancy. — Está fugindo de mim?

— O que é isso, maninha? Por que fugiria de você? Estou apenas com pressa — respondeu sem muita convicção.

— Está tão apressado assim que não tem um minuto para me dar um beijo?

— Evidente que tenho tempo para você, Nancy!

Nancy, com o bracinho atrofiado, passou a mão no rosto do irmão e disse:

— Não se esqueça de mim, acho que eu não devia estar no mundo, mas Deus quer que eu esteja. Não lhe peço muito, só um pouco de atenção, quero fazer parte da vida das pessoas.

Fechou os olhos mostrando que o contato estava terminado.

---

4. Madre Teresa de Calcutá. (N.M.)

Hugo, meio sem graça e já um pouco distante da irmã, chamou Vilma e lhe disse:

— Tenho a sensação de que ela não gosta de mim.

— Não é verdade, Hugo, tanto gosta que demonstrou sentir falta de estar mais vezes com você. Seria bom que a visitasse com frequência.

— Gostaria, Vilma, mas não sei me comunicar com ela, acho que ela não me entende. Não sei o que dizer.

— Ela compreende o que falamos e já deu provas disso, Hugo, por diversas vezes. Em muitas delas, surpreendi-me com a lucidez de Nancy, com a expressão de seus pensamentos; enfim, mais que as palavras, Hugo, ela entende a linguagem do amor. O que deseja, na verdade, é sentir que ela existe para as pessoas, Hugo, nada mais que isso.

— Você deve ter razão, Vilma. Vou refletir sobre isso, mas para mim é muito difícil aceitar e conviver com essa situação.

— No momento em que você compreender as razões pelas quais Nancy nasceu assim, sentirá naturalmente o desejo de ajudá-la a vencer a barreira da sua evolução.

— O que quer dizer com isso, Vilma?

— Quero dizer que nada acontece por acaso, Hugo. As leis e as propostas divinas são justas e coerentes; nenhuma criatura sofre algo que não merece; em algum momento da nossa história, como espíritos, fizemos por merecer a punição, que tem como finalidade única abrir os olhos para nossos enganos e nos direcionar para a redenção de nossa alma. Nancy e todos nós somos criaturas em evolução. Deixamos rastros de enganos, leviandade, imprudência e até mesmo crueldade no pretérito; portanto, não podemos julgar ou criticar o que desconhecemos, pois, de uma forma ou de outra, todos temos dívidas, e a cobrança está relacionada a elas; é da lei que a dívida durma e acorde com o devedor até que seja quitada.

— Mas como saldar uma dívida que desconhecemos, Vilma?

— Amando, Hugo. Amando o semelhante e fazendo por ele o que gostaríamos de receber, assim como ensinou Jesus, compreendendo as limitações de Nancy, por saber que todos temos limitações, diferentes umas das outras, mas que ninguém está apto a afirmar que nunca errou, se enganou ou deixou de exercitar a caridade plena. Portanto, Hugo, somos todos aprendizes na grande escola de nossa existência terrena; assim, estamos longe da perfeição.

Hugo ficou impressionado com a sabedoria de Vilma. Jamais imaginara que uma simples cuidadora fosse tão lúcida em relação à vida.

— Vilma, agora realmente não tenho mais tempo — disse —, mas em outra oportunidade gostaria de voltar a esse assunto, pode ser?

— Claro, Hugo, quando quiser. Mas não crie expectativa a meu respeito, sei muito pouco desse assunto tão extenso, mas gosto de dividir o pouco que sei com as pessoas que realmente se interessam.

Vendo-o se afastar, Vilma disse a si mesma: "Quem sabe o momento de lucidez para Hugo esteja próximo? Ele possui bom coração, apenas não sabe lidar com as frustrações dos desejos não realizados".

Chegou até perto de Nancy e empurrou a cadeira até as margens do rio para que ela ouvisse o borbulhar das águas. A garota, que mantinha seus olhos fechados, abriu-os para admirar a beleza do rio que emprestava à propriedade de seus pais uma beleza ímpar. A visão proporcionava paz ao seu coração sofrido; imaginava-se correndo pelas margens, molhando seus pés como as outras pessoas faziam sempre que iam até o rio. Via-se como uma jovem normal, como Clara e tantas outras; enfim, sonhava em se entregar a esse sonho de modo tão forte que se desligava da realidade.

"Por que não posso correr?", pensava. "Nem mesmo andar! Por que não posso refrescar meu corpo que se perde em dores? Por que vivo presa sem futuro e sem presente? Que passado é esse que destruiu minha chance de viver e ser feliz?

Nesses momentos de lucidez, Nancy questionava a razão pela qual o universo de Deus conspirara tão cruelmente contra ela.

— Por que eu? Por que eu?

O seu silêncio, em muitas ocasiões, era o grito mais profundo de sua alma. Vilma apenas observava as reações de Nancy, ficava quieta e deixava-a livre para viajar em seus devaneios, que em sua opinião aliviava a grande tensão em que vivia.

"Pobre criatura", pensava "em que momento de sua existência gerou uma prova tão difícil de suportar? Qual foi a semente que germinou essa consequência? Às vezes penso que seria melhor que ela não tivesse lucidez, consciência das coisas e de si mesma, pois seu sofrimento seria atenuado, mas Deus não se engana e como aprendi com os bons espíritos somos responsáveis por nós mesmos. Podemos fazer de nossa existência o que quisermos, mas não podemos fugir das consequências de nossos atos, é da lei"

> *O homem, submetido na Terra à influência das ideias carnais só vê nas suas provas o lado mais penoso. O espírito pode escolher a prova mais rude e em consequência a existência mais penosa, com a esperança de chegar mais depressa a·um estado melhor; como o doente escolhe muitas vezes o remédio mais desagradável para se curar mais rapidamente. O espírito encarnado é como o viajante no fundo do vale; desembaraçado dos liames terrestres, é como o que atingiu o cume; para o viajante o fim é o repouso após a fadiga; para o espírito, é a felicidade suprema após as tribulações e as provas.*[5]

Com a voz fraca, Nancy pediu à Vilma que chamasse Clara.

— Precisa de alguma coisa, Nancy?

— Quero apenas falar com ela, só um instante.

— Vou chamá-la — disse Vilma, indo rapidamente à procura de Clara.

Clara, sem questionar, foi sem demora ao encontro da irmã. Chegando próximo de Nancy percebeu que ela havia dormido. Desapontada, disse a Vilma:

— Ela dormiu, Vilma!

---

5. KARDEC, Allan. *O Livro dos Espíritos*. Parte II, item V "Escolha das Provas". Questão 266. Comentário de Kardec. (N.M.)

— Não, Clara, ela não está dormindo, posso lhe afirmar, apenas se escondeu em seu mundo. Nesses momentos, é inútil chamá-la, pois não responde.

— Se é assim, procure-me quando ela solicitar minha presença.

— Pode deixar, Clara, farei isso. Mas vá sem preocupação, essa atitude é natural.

Ao ver Clara se afastar, Vilma chamou-a e perguntou:

— Desculpe, Clara, se não se importa, posso fazer-lhe uma pergunta?

— Claro, Vilma, pergunte o que quiser.

— Tenho notado que você anda preocupada e distante. Está acontecendo alguma coisa?

A fisionomia de Clara mostrou a ansiedade que lhe atormentava a alma.

— Vilma, vou me encontrar com o Augusto daqui a pouco. A mãe dele me convidou para ir tomar um chá com ela, pois deseja ter uma conversa comigo e, para ser sincera, não estou gostando nada disso. Sinto que não vai ser bom para mim.

— O que dona Sílvia acha disso?

— Minha mãe acha que devo ir e me comportar naturalmente, pois não tenho nada a esconder, mas não sei, Vilma, alguma coisa me diz que não vou me entender com dona Janete. Ela é muito autoritária, prepotente; enfim, receio sobre o que ela quer conversar comigo.

— Acha que é sobre Nancy?

— Acho, Vilma. E se estiver certa, não vou tolerar uma só palavra que possa de uma maneira ou de outra atingi-la.

— Não fique assim tão na defensiva, Clara, isso prejudica a sua naturalidade; afinal, são apenas suposições, nada tem de concreto, penso que Augusto não permitiria uma atitude assim tão grosseira da mãe, que poderia magoá-la. Ele a ama, Clara.

— Eu sei, Vilma, sei que ama, mas também sei que não consegue enfrentar a mãe. Se ela for contra o nosso namoro, tenho certeza de que ele não vai contrariá-la; tanto ele quanto o sr. Pedro temem as reações de dona Janete.

— Você não está exagerando?

— Exagerando, eu? Você não conhece a mãe dele, Vilma.

— Se é como está afirmando, é melhor ir preparada para agir da maneira certa, sem agressões ou desrespeito, mas defendendo sua natureza, a maneira como acredita que deve conduzir sua vida; ninguém tem o direito de destruir nossos sonhos e ideais, mesmo que não concorde com eles.

— Bem, vou me arrumar para encontrar-me com Augusto.

— Vá, Clara, e que Jesus a proteja para que não sofra.

⁂

Bernardo surpreendeu Sílvia ao chegar mais cedo do trabalho.

— Você em casa a esta hora, meu bem, o que aconteceu?

— Não sei, Sílvia, não me sinto bem, acho que comi alguma coisa que não me fez bem, estou um pouco enjoado.

— É melhor ir descansar. Quer que eu faça um chá para você?

— Não, obrigado, querida. Quero me deitar um pouco, acho que estou muito cansado.

— Você trabalha demais, meu bem! — exclamou Sílvia.

— Tem razão, preciso tirar umas férias e viajar com você. O que acha?

— O que acho? Ora, Bernardo, é tudo o que quero, sair um pouco de casa, conhecer outros lugares; enfim, estar sozinha com você sem me preocupar com nada.

— Pois então vou providenciar umas férias; não estou bem mesmo, deve ser cansaço.

Sílvia deu um beijo no marido e deixou que ele fosse descansar.

— Mãe, vou me encontrar com Augusto, a senhora precisa de alguma coisa, quer que eu traga algum remédio para o papai?

— Não precisa, filha, pode ir tranquila, seu pai está apenas cansado. Vou deixá-lo dormir um pouco, enquanto isso, vou fazer uma sopa bem gostosa para quando ele acordar.

— Não vou demorar, mãe!

✕

— Não entendi a razão dessa visita à sua mãe, Augusto. O que ela tem de tão importante para falar comigo? É por causa do jantar a que eu não quero comparecer?

— Calma, querida, logo saberá e tenho certeza de que ficará contente.

— Que bom, Augusto, isso quer dizer que deve ser um motivo muito bom. Você está tão animado!

— Estou mesmo, tanto que estou pensando em aproveitar e dizer aos meus pais que queremos ficar noivos. O que acha?

— Isso é um pedido de casamento?

— Claro, você ainda duvida? Você quer se casar comigo?

— É claro que quero!

Augusto enlaçou-a em seus braços e completou:

— Clara, eu a amo demais. Quero-a como minha esposa, quero estar todos os dias com você para sempre.

— Eu também o amo muito, Augusto. Quero ser sua esposa e estar com você para sempre.

— Seremos muito felizes, tenho certeza.

Ambos se beijaram com ternura selando uma linda promessa de amor.

Entraram na casa de Janete com a expectativa de que tudo daria certo, que a felicidade se faria a partir daquele momento em que se iniciava a realização do sonho de ambos.

— Que bom que aceitou meu convite, Clara — disse Janete —, entre e fique à vontade.

— Estamos felizes com sua presença — reforçou Pedro.

— Obrigada — respondeu Clara timidamente —, fiquei muito feliz com o convite e senti-me lisonjeada.

Augusto, não aguentando a ansiedade, disse de imediato:

— Mãe, pai, temos uma ótima notícia para dar a vocês!

— Calma, Augusto — falou Clara —, espere a hora certa.

— Para isso não existe hora certa, meu amor! O que importa é dizer, e é o que vou fazer agora, neste exato momento. Para que esperar?

— Quero dizer aos senhores que pedi Clara em casamento e ela aceitou, portanto, estamos noivos. Não é maravilhoso?

Janete mal pôde esconder a irritação que sentiu.

— O que é isso, Augusto? Um passo importante como esse e você diz assim, sem mais nem menos, sem ao menos consultar seus pais?

— Mãe, sinto muito, mas não tenho de perguntar ou pedir permissão. Eu amo a Clara e ela também me ama, é natural termos o desejo de nos casarmos, não acha?

— Não, não acho. Antes de assumir qualquer compromisso com esta moça precisamos resolver aquele outro assunto pelo qual a chamamos aqui, ou você já se esqueceu?

Augusto ficou pálido.

— Não me esqueci, mãe, apenas acho que não tem nenhuma importância, pois nada vai impedir nossa união.

— Você é que pensa! — respondeu Janete.

Augusto olhou para o pai esperando o apoio que não veio.

"Ele não se rebela", pensou, "não se impõe nem para defender seu filho".

— Engano seu — continuou Janete —, poderá impedir sim e isso vai depender unicamente de Clara.

A jovem sentiu que suas suspeitas iriam se confirmar.

"O que faço, meu Deus?", pensou, elevando seu pensamento ao Criador. Voltou à realidade quando ouviu novamente a voz autoritária de Janete:

— Então, Clara, vamos conversar sobre o motivo pelo qual a chamei aqui, ou seja, sua irmã Nancy?

— Dona Janete, com todo o respeito que sinto pela senhora, não vejo qual o lugar que minha irmã ocupa nesta história.

— O lugar que ocupam todos os membros de uma família.

— Não estou entendendo! — exclamou Clara.

— Ora, Clara, não se faça de tonta, sabe tão bem quanto eu que sua irmã representa o lado negro de sua família e é muito difícil aceitar que ela venha a fazer parte da nossa, que não tem nenhum caso que possa envergonhar quem quer que seja.

O rubor coloriu as faces de Clara e, com a impulsividade que a indignação lhe permitia, respondeu:

— A senhora falou envergonhar, é isso?

— Sim, é isso. Ou você pensa que todo mundo aceita conviver com uma pessoa tão estranha como sua irmã? Você, concordando ou não, saiba que não aceito no seio de minha família uma deficiente. Se Deus não me impôs esta dor, não vai ser você quem vai fazer isso, está bem? Preciso conversar com seus pais para encontrarmos uma solução adequada, interná-la, por exemplo.

Clara não acreditou no que ouvia; seu coração batia descompassado e mal podia respirar devido à angústia que se apossou de todo o seu ser. Olhou para Augusto esperando uma reação a seu favor, mas tanto ele quanto Pedro estavam igualmente atônitos com as palavras e a postura de Janete, que insistiu em seu desvario:

— Então, o que tem a me dizer?

Um sentimento de raiva e perplexidade tiraram o equilíbrio de Clara, que até então mantinha-se sob controle.

— Quem a senhora pensa que é para falar assim com as pessoas? Uma deusa?

— Meça as suas palavras — respondeu Janete.

— A senhora me dá liberdade para falar o que quiser a partir do momento em que falou o que quis sem medir as consequências, sem se importar com os meus sentimentos; portanto, repito: quem a senhora pensa que é? Para mim não passa de uma pessoa mesquinha, intolerante, arrogante e preconceituosa que pensa que pode dispor das pessoas como bem entender. Saiba que comigo a senhora não tem espaço, dona Janete; minha irmã é muito melhor que a senhora. Sabe por quê? Porque possui um coração perfeito, que gera sentimentos nobres. A deficiência que possui não anula o amor que sente pelas pessoas, e isso a torna uma pessoa amada por todos que a conhecem. Quanto à senhora, será que alguém sentiria a sua falta se partisse agora? Será que dentro dessa arrogância toda não está alguém completamente solitária que não possui outra coisa senão a arrogância e a vaidade de se julgar melhor? Alguém que em vez de construir pontes construiu muros tão altos que impedem qualquer pessoa de se aproximar, a não ser pessoas que, mesmo sem concordar com sua postura, são covardes o bastante para não reagir e lutar pelo que acreditam e sonham?

Falando isso, Clara olhou para Augusto, que permanecia em silêncio, sem a mínima reação. O jovem baixou os olhos, demonstrando que não iria enfrentar a mãe. Nervosa e completamente exaltada, Janete dirigiu-se ao marido e ao filho.

— Vocês não vão fazer nada para calar a voz dessa insolente?

— Não precisa, dona Janete, já falei tudo o que queria.

— Então saia da minha casa e pode esquecer essa história de casamento, porque não haverá namoro algum, muito menos casamento. Você não serve para entrar na minha família nem para levar o nome de meu filho; ele merece e vai encontrar alguém melhor que você, alguém que não trará o fantasma da deficiência.

Diante do silêncio de Augusto, Clara percebeu que tudo acabara. Ele não tinha forças para enfrentar a mãe, não a defendera em nenhum instante.

"Não passa de um covarde", pensou. "É melhor assim, espero que a vida o faça se tornar gente e não um fantoche nas mãos de uma mãe autoritária."

— Deixe que eu a levo de volta — disse Augusto, indo em direção a Clara.

— Fique onde está, Augusto. Proíbo você de se aproximar dessa garota insuportável em qualquer circunstância, e não ouse me enfrentar.

Augusto, vendo Clara se afastar, sentiu profunda dor em seu peito, seu sonho se desmoronou, se desfez como areia. Naquele instante perdia o amor de sua vida por não ter coragem de se rebelar contra a mãe.

"Por que sou assim, meu Deus?", pensou. "Critiquei meu pai e na verdade sou pior, sou jovem e tenho a vida toda pela frente. Clara jamais vai me aceitar de volta! Mesmo assim, vou procurá-la, devo isso a ela."

Clara, sentada no ônibus que a levava para casa, não conseguia impedir as lágrimas; sentia muita tristeza por perder o amor de sua vida e revolta pela maldade dos indivíduos e intolerância com as pessoas diferentes.

"As pessoas valorizam apenas a aparência física", pensou. "Não conseguem sentir que dentro de um corpo mutilado existe um coração que tem sentimentos, angústias e medos, que sofre pela rejeição, pelo descaso; mas eu nunca vou abandonar Nancy. Estarei ao lado dela sempre, e Jesus vai me dar forças para cumprir meu propósito. Como diz Vilma, o amor maior e verdadeiro é aquele que não tem explicação; com esse o tempo não consegue acabar.

— Você está sentindo alguma coisa? Desculpe, mas estou observando-a desde que entrou no ônibus e percebi seu nervosismo; suas lágrimas me fazem pensar que está passando por um momento de grande tristeza, posso ajudá-la em alguma coisa?

Clara olhou para o lado e viu uma senhorinha simpática, cabelos brancos, aparentando cerca de setenta anos.

— Desculpe, senhora, se a incomodo.

— Não, filha — respondeu carinhosamente a senhora —, apenas me preocupou ver você assim desalentada e chorando, pensei estar precisando de ajuda, não me incomoda, apenas provoca em mim vontade de ajudá-la por perceber seu sofrimento.

Clara olhou bem para aquela senhorinha de olhar tão cristalino, com um jeito humilde, que transparecia sinceridade, e sem mesmo se dar conta expôs tudo o que acontecera.

— Foi isso que aconteceu, dona...

— Carmen...

— Então, dona Carmen, meu nome é Clara e foi isso o que aconteceu — repetiu —; sinto uma dor profunda dentro do meu peito, não consigo compreender, muito menos aceitar tanto preconceito, tanta falta de generosidade com pessoas que sofrem de alguma deficiência, alguma lesão; enfim, considero isso uma crueldade. Desculpe incomodá-la, mas preciso desabafar, não quero chegar em casa desse jeito. Não a conheço, mas a senhora me inspirou confiança. Estranho, não?

— Não se desculpe, menina. Sim, porque para mim você não passa de uma criança. Já vivi o suficiente para aprender a respeitar os sentimentos das pessoas, sei que todos nós temos em algum momento da nossa vida um dia de lágrimas que nos deixa perdida, mas aprendi também que esse dia passa assim como todos os outros; a única coisa que não passa nem o tempo pode apagar é o amor de Deus por nós e, tenho certeza, neste instante você não está só, ao contrário, está protegida pelo amor Daquele que nos criou; o importante, Clara, é não se desesperar, é entender que tudo o que nos acontece tem uma razão e é preciso ter sabedoria para perceber o que a vida está nos ensinando.

— Mas eu estou errada em relação à minha irmã, em querer defendê-la do preconceito, da incompreensão e intransigência das pessoas? Preciso aprender algo com essa maldade contra as pessoas que, às vezes, são incapazes de se defender?

— O que precisa aprender não sei, Clara, apenas sei que cada um dá ao outro aquilo que possui dentro de si; não se tira flores do plantio de pedras, e o bom jardineiro é aquele que percebe que também as pedras podem de alguma forma enfeitar o jardim.

— E como saber isso?

— Vivendo, minha menina, apenas vivendo e conseguindo perceber que nem todos conseguem ver além de si mesmos; são surdos, cegos, incapazes de notar o que a vida lhes mostra; o universo, Clara, conspira sempre a nosso favor, seja no bem ou no mal, depende do que alimentamos dentro de nós mesmos, do que acreditamos e do que buscamos para nossa vida; somos o que queremos ser.

Clara estava impressionada com as palavras da humilde senhora e com a simplicidade na sua maneira de falar, mas que tinha tanta coisa para ensinar.

— Onde a senhora aprendeu tudo isso, dona Carmen?

— A vida me ensinou, Clara. O sofrimento burilou a minha alma; anos atrás eu fui pedra e hoje tento de alguma forma enfeitar o jardim de Deus, porque Ele cuida de suas flores melhor que todos nós.

Clara ia responder quando o ônibus, parando, fez com que Carmen se despedisse de Clara.

— Preciso ir, menina, que Jesus ilumine sempre o seu coração para que continue assim, compreendendo que Deus sempre escreve certo, nada é injusto ou obra do acaso; mesmo que a dor se intensifique, não se perca na escuridão dos que vivem sem Deus.

— Gostaria de me encontrar com a senhora outras vezes.

Descendo do ônibus, Carmen respondeu:

— A gente se encontra por aí!

Vendo-a partir, Clara percebeu que suas lágrimas haviam secado e que seu coração batia mais compassado, seus pensamentos tomavam o devido lugar, enfim, sentia-se mais serena.

— Meu Deus, quem é essa senhora que conseguiu me acalmar neste momento de tanta dor? Gostaria de me encontrar novamente com ela.

Ao se aproximar de sua casa, percebeu uma movimentação diferente, algumas pessoas na frente da casa e a porta aberta. Sentiu os olhares das pessoas direcionados para ela. Um arrepio percorreu seu corpo e sentiu medo.

"Meu Deus", pensou, "o que está acontecendo aqui?".

Correu para dentro de casa sem nada perguntar para as pessoas que tentaram se aproximar. Entrou no quarto dos pais e viu Sílvia debruçada em cima do corpo inerte de Bernardo.

— Mãe! — exclamou em desespero.

— Filha, seu pai nos deixou!

— Como, mãe? Quando saí ele apenas dormia, a senhora disse que ele não se sentia bem... Pelo amor de Deus, o que aconteceu?

— Depois que você saiu fui para a cozinha preparar uma sopa leve para ele tomar assim que acordasse, como vi que demorava demais para despertar entrei no quarto e resolvi chamá-lo. Ele não respondeu nem se mexeu; liguei imediatamente para nosso médico que em pouco tempo estava aqui, mas não precisou fazer nada para constatar que ele estava morto.

— O que ele teve, mãe?

— Um enfarto fulminante.

Clara abraçou o corpo inerte do pai e entregou-se ao choro sentido e doloroso da separação. Após alguns instantes, perguntou:

— Hugo já sabe?

— Sim, ele está tomando as providências necessárias para a remoção do corpo para o velório; o médico já assinou o atestado.

— E Nancy?

— Não; ela ainda não sabe, na verdade esperava por você, não tenho condições de falar com ela, não sei como explicar, peço-lhe que fale com ela.

— Mãe, não acha melhor a senhora, que é mãe dela falar? Deve saber melhor do que ninguém como explicar um fato tão doloroso como esse.

— Não, filha, engano seu, não sei como falar, como explicar, como dizer a ela que seu pai nunca mais estará conosco; não sei explicar nada porque eu mesma não consigo entender essa morte repentina.

Clara mal podia suportar o peso da dor que atingira seu coração, uma em seguida da outra. Em uma fração de segundos lembrou-se das palavras de Carmen: "Mesmo que a dor se intensifique, não se perca na escuridão dos que vivem sem Deus".

— Meu Deus, será que ela pressentiu que eu ia passar por novo sofrimento e bem maior ao ver meu pai partir sem ao menos ter podido dizer adeus? Será que ela é dessas pessoas que conseguem perceber por meio da sensibilidade o que está por vir?

— Como vou conseguir falar com Nancy sem amedrontá-la se eu mesma estou amedrontada? Por que, Senhor, fui atingida por esse vendaval de sofrimento? Em um só dia separei-me de duas pessoas que amo; como suportar tamanha dor?

Levantou-se, aproximou-se de Vilma e pediu-lhe que a acompanhasse até o quarto de Nancy.

— Por favor, Vilma, não sei se tenho condições de falar com minha irmã, como posso acalmá-la se eu mesma não consigo me equilibrar?

— Clara, é um momento muito difícil para qualquer um de nós, principalmente para vocês; é o momento da separação que se faz necessário e é muito triste e doloroso, mas, apesar da dor, devemos lembrar que não estamos sozinhos, confiar em Jesus e saber que chorar é permitido. É preciso colocar para fora a angústia que invade nossa alma. As lágrimas de amor e ternura com aquele que parte são inerentes à dor que sentimos e não prejudicam, mas as de desespero e de revolta contra Deus, sim. Deus criou as lágrimas, Clara, para o homem não explodir, por essa razão é preciso deixar que as emoções venham à tona para aliviar o sofrimento.

— Mas como vou dizer tudo isso para Nancy?

— Diga apenas o necessário, diga o que a cabecinha dela pode entender; enfim, as palavras devem estar em sintonia com o entendimento de cada um.

Ao entrarem no quarto de Nancy encontraram-na de olhinhos fechados.

— Nancy, você está acordada? — perguntou Clara bem próxima de seu rosto.

— Sim!

— Por que está assim tão quietinha, de olhos fechados, está sentindo alguma coisa?

— Não. Estou orando para o papai.

Clara e Vilma se assustaram.

— Você está o quê?

— Orando para o papai, Clara, para ele chegar feliz no céu.

Clara não aguentou a emoção e abraçou Nancy dizendo:

— Irmã querida, quem lhe disse que papai foi para o céu?

— Os gritos e o choro da mamãe.

— Você ouviu aqui do seu quarto?

— Não só ouvi como senti, nós, que temos restrições no corpo, desenvolvemos a sensibilidade, Clara. Nossos sentidos nos dizem mais do que as palavras das pessoas, que geralmente as dizem com medo e certeza de que não entenderemos, fazendo muitas vezes com que elas percam o verdadeiro significado.

Clara e Vilma se olharam, mal acreditavam no que Nancy acabara de dizer.

— Nancy, eu não sei o que falar para você!

— Não fale nada, Clara, nem você, Vilma, não precisa. Sei que papai foi embora, vamos pedir a Jesus que o receba para ele ser feliz.

— Vamos — concordaram.

Depois de Vilma fazer uma sentida oração entregando Bernardo ao Mestre, Clara perguntou:

— Nancy, você está sofrendo muito, não?

— Clara, irmã querida, o sofrimento é o meu companheiro diário, esse é apenas mais um dentre tantos que sinto; não se preocupe comigo, eu estou bem, só quero que me levem para ver papai. Posso ir?

— Claro que sim, querida, vamos até o quarto, ele ainda não foi levado.

Colocaram-na em sua cadeira e com lágrimas pelo rosto levaram Nancy para ver o corpo inerte do pai. Todos os presentes se surpreenderam com a chegada de Nancy. Sílvia foi ao seu encontro e abraçando-a disse:

— Filha, você acha que é bom para você ver o seu pai?

— Lógico, mãe, por que não seria? Porque não tenho pernas e braços? Mãe, tenho um coração que ama. Eu amo o meu pai e quero me despedir dele.

— Então venha, querida.

Hugo, que já havia chegado carregou a irmã nos braços e encostou seu rosto nas faces frias de Bernardo.

— Eu o amo, papai, que Jesus leve o senhor para o reino Dele. Era eu quem devia estar indo embora, pois não faria falta para ninguém, mas Deus preferiu levar o senhor, que é bom, muito melhor do que eu. Também, o que Ele iria fazer como uma pessoa como eu?

Os presentes se emocionaram ao ver a singeleza das palavras de Nancy. As lágrimas se faziam presentes nos olhos de todos, a cena foi emocionante, sentida, e demonstrou mais uma vez que sentimento nada tem a ver com aparência. O corpo físico deficiente pode estar alojando um Espírito saudável que apenas cumpre o resgate de seus enganos pretéritos, sem revolta porque entendeu que a dor é a luz da redenção.

Em meio à emoção que reinava no recinto, ouviu-se uma voz que mesmo baixa não impediu Clara de ouvir.

— Foi bom que ela se despediu do pai aqui, seria muito constrangedor que fosse ao velório.

Ao virar seu rosto deparou com Janete ao lado de Augusto. Sem pensar duas vezes disse:

— Saia da minha casa agora, você não é bem-vinda; o que constrange as pessoas não é a presença de minha irmã, mas sim a sua presença indesejada, portanto, saia imediatamente.

Sílvia se aproximou.

— O que foi, minha filha?

— Nada, mãe, apenas peço a essa senhora que se retire da nossa casa, ela não faz falta porque não tem nada de bom para acrescentar a ninguém.

Augusto tentou minimizar a situação:

— Calma, querida, minha mãe está abalada, você precisa desculpá-la.

Clara olhou decepcionada mais uma vez para Augusto.

— Desde quando sua mãe se abala com o sofrimento de alguém? O egoísmo dela não permite. Em vista disso, não preciso e não vou desculpar ninguém, nem você, Augusto; portanto, saiam da minha casa. Quanto a você não precisa voltar, pois não sou mais sua querida nem quero ser. Como sua mãe deseja, tudo acabou como um passe de mágica, portanto, deixe--nos sofrer ao lado das pessoas que nos querem bem.

— Clara...

— Por favor, já disse tudo o que queria, agora vá.

Clara vendo Augusto, o homem a quem amava, retirar-se sem nenhuma reação que pudesse contradizer as palavras de sua mãe, sentiu que a partir daquele dia sua vida mudaria completamente, iria conviver com a ausência e a saudade dos dias passados.

"Nada mais será como antes, perdi meu pai e o homem que amo e ao lado de quem sonhei passar toda a minha vida; os dois no mesmo dia", pensou, e depois disse para si:

— Senhor, sei que escreve certo por linhas certas, mesmo que sejam de dor, sei que são certas e me curvo diante de sua vontade; apenas lhe suplico, meu Deus, não deixe que eu me perca em mim mesma; faça com que eu consiga continuar a caminhar seguindo seus passos, ouvindo suas palavras e agindo em acordo com seus ensinamentos.

Capítulo 4
Nova visão

Dois meses se passaram desde a partida de Bernardo.

Sílvia se entregara ao abatimento e preocupava Hugo e Clara. Andava pela casa procurando o que fazer, mas nada a motivava ou fazia sentido em sua vida.

— Mãe, é preciso reagir — disse Clara — é importante que a senhora encontre novamente seu caminho, sua alegria de viver; procure uma ocupação que preencha seu tempo, que lhe dê um objetivo; enfim, apesar de todo o sofrimento com a ausência de papai, a vida continua bela, e só nos resta viver e aproveitar esta sagrada oportunidade de ressurgir da dor e iniciar outro processo, outra maneira de ser feliz. Papai estará para sempre em nosso coração, na saudade que sentimos e na lembrança dos dias vividos ao seu lado.

— Clara, não sei o que fazer, não tenho mais ninguém, você e Hugo precisam seguir seus caminhos, construir uma vida; não precisam mais de mim e não é justo eu me impor entre vocês e seus ideais, não é justo atrapalhar seus propósitos, seus sonhos.

— Mãe, o que está dizendo? A senhora jamais estará fora da nossa vida, ao contrário, agora mais do que nunca estaremos juntos, unidos na mesma saudade e edificando novas bases alicerçadas na fé e na coragem em aceitar a vontade de nosso Pai; além do mais, mãe, como pode dizer que não tem ninguém? Não está se esquecendo de ninguém? Esquece a pessoa que mais necessita de sua presença?

— Você está se referindo a Nancy, não?

— Claro! A quem mais poderia me referir? Ela precisa da sua companhia, do seu amor de mãe. Como pode dizer que não tem ninguém quando sua filha espera o dia em que passará a fazer de verdade parte da sua vida? A senhora não sabe e procura o que fazer, quando ao seu lado está uma pessoa que anseia por sua presença e tem direito a isso.

Sílvia mantinha-se em silêncio. Como explicar para a filha que não conseguia se entregar totalmente à Nancy? Apesar de amá-la muito, era como se algo a impedisse de se aproximar mais vezes, de tocá-la; enfim, sabia que era injusta com a própria filha, mas sentia-se impotente diante da situação.

— Fale, mãe, o que a impede de agir como mãe de Nancy e defendê-la dos preconceituosos? De trazê-la sempre ao seu lado, mostrar ao mundo que possui uma filha valente, que aceita a vontade de Deus com coragem, pois sabe que em tudo isso está a própria luz de sua redenção? Luz essa que também vai nos levar à redenção se soubermos nos banhar nela.

— Por que não sou assim, Clara? Sou fraca, escondo-me dentro de mim mesma e finjo que nada acontece à minha volta. Quero receber atenção, mas não a dou a quem mais precisa; sinto-me sozinha e não proporciono à minha própria filha a minha presença. Filha, preciso de ajuda, quero, mas não consigo reagir, estou longe de ser para Nancy a mãe que ela espera. Ajude-me a conseguir, sei que é estranho uma mãe pedir ajuda a sua filha para ser mãe, mas não sei o que nem como fazer, portanto, ajude-me.

Nancy sentiu ternura por sua mãe, que estava acostumada com as atenções de seu pai e nem sempre se dava conta de que os outros precisavam de apoio, de ouvir palavras de conforto. Apesar do tempo decorrido, Sílvia ainda não se dera conta de que Clara terminara seu namoro com Augusto, presa que estava à lembrança do que perdera.

"Pobre mamãe", pensou, "construiu para si mesma um mundo pequeno onde, de verdade, só cabia a presença de papai e agora se sente perdida, não consegue encontrar um lugar dentro do seu coração para abrigar as pessoas que esperam seu amor".

— Vou ajudá-la, mãe, a senhora vai encontrar sua paz, seu espaço e sua felicidade na medida em que proporcionar tudo isso às outras pessoas; sentirá o quanto pode ser útil e importante para quem a espera com ansiedade.

Como se tivesse descobrido um caminho, Sílvia respondeu:

— Clara, e se eu me dedicasse ao trabalho voluntário, poderia me dedicar ao apoio às crianças com deficiência. O que acha?

Clara não acreditou no que sua mãe acabara de dizer.

— A senhora quer se dedicar ao trabalho voluntário com crianças com deficiência, é isso mesmo, mãe?

— Isso, filha, poderia ocupar minha cabeça e ser útil!

Com paciência, Clara comentou:

— Mãe, acho louvável sua ideia, deveria mesmo se dedicar aos que de uma forma ou de outra necessitam de atenção e carinho, mas...

— Mas...

— Por que a senhora não começa esse trabalho aqui em casa, ao lado de Nancy?

— Nancy?!

— Sim. Por que o espanto? Ela é deficiente, precisa de carinho e atenção, e o mais importante: é sua filha!

— Mas é justamente por ser minha filha que não me sinto confortável, Clara. Essa situação me incomoda. Quando as coisas nos atingem diretamente tomam outro sentido, é complicado e doloroso.

— Por quê?

— Porque temos a real dimensão do nosso fracasso.

— Mãe, o que está dizendo?

— Estou dizendo que fui eu quem a gerou assim, fracassei com ela, impus a ela uma vida sem vida.

— Mãe, que fracasso é esse? O que aconteceu com Nancy estava com certeza nos planos de Deus, na história dela e, consequentemente, na nossa história, por motivos nem sempre iguais. Também precisávamos participar de todo este contexto de vida de Nancy. O que devemos fazer é assumir nossa tarefa, sim, porque existe uma missão que devemos cumprir com coragem e fé, sem desanimar nem desacreditar da Justiça Divina. A senhora acabou de pedir ajuda e eu a estou ajudando e mostrando que a solução está bem próxima, somente a senhora não consegue enxergar, quer buscar lá fora o que Deus colocou ao seu lado, dentro de sua casa, para de alguma forma a senhora vencer e promover seu progresso espiritual.

— Mas o que você quer que eu faça além do que já faço?

— Dê a ela mais atenção, carinho, amor, toque, aconchego; é isso, mãe, que precisamos oferecer a ela. Temos de ajudá-la a passar por essa prova e vencê-la. Não é isso que quer dar às outras crianças deficientes?

— Mas as outras crianças não atingem meu coração, Nancy sim.

— Se não a atingem, desculpe-me, mãe, o que a impulsiona não é verdadeiro; é evidente que sua filha sempre irá atingi-la mais fortemente, é natural e esperado, mas quando nos dedicamos ao trabalho de consolo ao próximo só o fazemos da maneira plena e verdadeira quando nosso coração participa.

— Eu vou pensar em tudo o que me disse, filha. Vou tentar ser a mãe que Nancy espera que eu seja e que ela merece.

— Isso, mãe, a senhora possui um coração bom, ele vai falar mais alto.

Sílvia abraçou a filha.

— Clara, fico surpresa ao ver como você é transparente em seus sentimentos, verdadeira em suas atitudes; enfim, sinto muito orgulho de você, filha, assim como seu pai também sentia.

— De mim ninguém sente orgulho, é isso?

Ouviram a voz bem-humorada de Hugo.

— Filho, claro que seu pai e eu sempre sentimos orgulho de você!

— Sei disso, mãe, apenas falei para ganhar um carinho.

— Não seja por isso, irmão — disse Clara, abraçando-o e beijando seu rosto.

— Clara, quero mesmo conversar com você. Podemos?

— Evidente que sim — respondeu Clara.

— Incomoda se for na presença de nossa mãe?

— De maneira nenhuma, não guardo nenhum segredo — brincou —, pode falar.

— Hoje encontrei o Augusto e fiquei surpreso ao vê-lo com outra garota, ele me cumprimentou sem nenhum constrangimento, estranhei a situação. Vocês terminaram?

A pergunta fez com que Clara voltasse no tempo e seu coração, que ainda guardava o amor que sentia por Augusto, apertou em seu peito.

— Filha, você terminou com Augusto? — Sílvia repetiu a pergunta.

— Sim, terminamos.

— Quando foi isso, mana?

— Por ironia do destino no mesmo dia em que papai nos deixou.

— Como assim? — perguntou Sílvia. — Lembro-me de que ele e a mãe vieram até aqui em casa.

— Vieram e eu pedi que ele se retirasse levando a insuportável dona Janete.

— Por favor, explique-nos essa história direito — pediu Hugo.

— Explico.

Clara expôs à mãe e a Hugo tudo o que acontecera, sem omitir nada.

— Mãe, não consegui suportar a maneira impiedosa com que dona Janete discriminou Nancy.

— Estou pasmo! — exclamou Hugo. — Ela sempre me pareceu ser uma ótima pessoa!

— Ótima para aqueles que possuem o padrão exigido por ela, não de caráter, mas de aparência social.

— E por que terminou com Augusto? O que ele tem a ver com a intolerância da mãe?

— Ora, mãe, ele poderia e deveria ter ficado ao meu lado, defendendo meus conceitos, mas não ficou, e isso quer dizer que pensa igual à mãe, aceita as insanidades dela, e se é assim não o quero mais.

— Mas vocês não programavam se casar?

— Sim. Tudo aconteceu quando ele deu a notícia a seus pais. A reação dela foi que Nancy nunca participasse das suas reuniões familiares. Chegou mesmo a sugerir que a senhora a internasse, não queria correr o risco de que alguém da sua família a conhecesse. E quem não quer se envolver com pessoas desse tipo sou eu, mãe; Nancy sempre estará em primeiro lugar para mim.

Sílvia, ao ouvir a menção sobre a internação sentiu uma dor em seu peito.

— Eu jamais a internaria — disse revoltada.

— Então, traga-a para seu colo e deixe-a participar do mundo além da nossa casa. Ela tem esse direito, não era isso que estávamos conversando?

— Mas você ainda o ama? — perguntou Hugo.

— Sim, Hugo, ainda o amo, mas não posso construir uma família cujos conceitos estão baseados no preconceito; ainda se Augusto fosse diferente da mãe e me apoiasse, entendesse minha relação com Nancy, ou se pelo menos não abrigasse os mesmos sentimentos de rejeição contra pessoas que são diferentes eu ainda o aceitaria, mas não é o caso, Hugo; ele se calou, permitiu que eu fosse insultada, não levantou em momento algum a voz para me defender! Cheguei à conclusão de que como seu pai, ele não passa de um fraco.

Sílvia permaneceu calada.

"Será que sou assim como Janete, meu Deus? Será que também não tenho preconceito justamente com minha filha?", perguntava-se.

— O que a senhora acha de tudo isso, mãe?

— O que eu acho não mais importa, acho que a partir de agora tenho de lutar e vencer a mim mesma, sair de dentro da bolha onde me meti; não quero mais esconder o que sou de verdade. Ao contrário, quero me mostrar para o mundo, ter a coragem e o orgulho de dizer que tenho uma linda filha, que é especial, e quero ser para ela o que ela espera que eu seja, uma mãe de verdade, defendê-la, assim como Clara, das palavras e dos sentimentos maldosos e preconceituosos; mostrar ao mundo que ela tem uma família e é tão importante como todos os outros.

Emocionados, Clara e Hugo enlaçaram Sílvia em um afetuoso abraço.

— Vamos ser uma família completa, mãe: a senhora e seus três filhos; papai, do lugar em que estiver estará com certeza sorrindo e nos abençoando, este é o caminho.

— Quanto a você, filha, vai continuar sofrendo por causa de Augusto?

— Mãe, se estiver inserida na nossa história uma união, ela acontecerá, senão outros rapazes vão aparecer na minha vida e sei que serei feliz; o tempo dirá.

— Você é muito especial, maninha! — exclamou Hugo, beijando-a carinhosamente. — Sinto muito orgulho de tê-la como irmã, você é a luz de nossa casa.

Clara sorriu e afastando-se foi para seu quarto.

Tentava parecer o mais natural possível para que a mãe e Hugo não percebessem a dor que se apossara de sua alma desde o rompimento com Augusto. O amor verdadeiro não se desfaz tão rapidamente, e Clara sofria a ausência daquele que amava, agora com mais força por saber que ele estava com outra.

"Por que não percebi desde o começo que ele era tão dependente de sua mãe? Se tivesse prestado mais atenção nele, nada disso teria acontecido", falava consigo mesma.

Nessas horas, apesar das lágrimas que sempre apareciam, Clara tentava reagir.

— Ele me esqueceu muito depressa, está com outra e isso prova que de fato seu amor por mim não era tão forte, agora tenho certeza de que preciso vencer a mim mesma, preciso saber para onde ir, fazer com que os ventos sejam favoráveis para minha caminhada, sem correr o risco de entrar para o desvio que poderá anular o meu objetivo de vida.

Jogou-se na cama com a intenção de descansar e logo adormeceu.

> *O homem não pode gozar na Terra de uma felicidade completa, pois a vida lhe foi dada como prova ou expiação, mas dele depende abrandar seus males e ser tão feliz quanto se pode ser na Terra.*[6]

---

6. KARDEC, Allan. *O Livro dos Espíritos*. Parte IV, item I "Felicidade e Infelicidade Relativas". Questão 920. (N.M.)

Capítulo 5
Uma nova história

Janete e Pedro conversavam na varanda do apartamento. Dali observam a maravilhosa visão de uma serra majestosa, mas para Janete nada disso parecia ter importância, pois sua atenção se concentrava em Augusto e nas pessoas que se aproximavam dele.

— Não vejo razão para tanta preocupação, Janete. Augusto já tem idade mais que suficiente para escolher suas companhias e resolver seus problemas. Já é um adulto, esqueceu?

Como sempre, irritada, Janete respondeu:

— Não. Não me esqueci, mas percebi que desde o seu rompimento com Clara ele parece desnorteado, cada dia com uma namorada, e o que é pior parece não se importar com a condição social de nenhuma delas. Às vezes tenho a impressão de que faz isso somente para me agredir.

Pedro relutava em expor sua opinião, sabia que tudo o que ele falasse sem estar em acordo com o pensamento da esposa se transformaria em discussão e não raro em ofensas. Conhecia bem o gênio de Janete, sempre voluntariosa e presa às convenções sociais, analisava as pessoas pelo que possuíam de bens materiais e de beleza física.

"Augusto não consegue esquecer Clara e faz tudo para provocar a mãe, quer puni-la por ter destruído seu sonho de amor e felicidade", pensou.

— Pode me dizer o que está pensando?

— Posso sim, Janete, se você pelo menos ouvir o que tenho a dizer.

— Pois fale!

— Querida — disse com brandura — você foi muito dura com Augusto ao separá-lo de Clara e, creio eu, ele jamais a esqueceu. Penso que não vai conseguir; em vista dessa frustração ele se entrega ao divertimento leviano tentando de forma equivocada esquecer e compensá-lo pelo sonho desfeito.

— Como assim? Prossiga.

— Janete, os filhos não são propriedade dos pais, temos o dever de educá-los, mostrar-lhes o caminho seguro e prudente da caminhada terrena, mas não podemos interferir nas suas escolhas, eles precisam ter liberdade para construir e decidir seu futuro. É preciso deixá-los voar, mas estar sempre atentos a este voo para interferir no momento necessário.

Janete ficou pensativa por instantes.

— Pedro, você acha justo alguém lutar a vida inteira para construir uma família sólida, bonita, educada e, de repente, aparecer alguém para colocar tudo a perder?

— Do que está falando?

— Da família de Clara; não tenho nada contra ela, mas a família com aquela irmã que aonde vai causa constrangimento, com certeza colocaria tudo a perder.

— Tudo o que, Janete?

— Tudo o que sempre me esforcei para construir.

— E o que você construiu? Uma família de aparência; você fala em solidez, beleza e educação, mas analisando com frieza não temos nada disso, Janete.

— Por que diz isso?

— Onde está a solidez se vemos nosso filho perdido no desgosto de não ter a seu lado a mulher que ama? De que adianta ser bonita fisicamente? A beleza que realmente importa é a beleza interior, a beleza da bondade, compreensão e compaixão por aqueles que por motivos que quase sempre desconhecemos nasceram diferentes. Você humilha qualquer pessoa que não possui os requisitos que julga importantes.

— Você está sendo muito duro comigo, Pedro. Em vez de me defender, me ataca!

— Não estou atacando-a, querida. Tento apenas lhe mostrar que está equivocada em seus conceitos, pois todos estão relacionados apenas à aparência física, nenhum se relaciona com o que realmente faz as pessoas se tornarem dignas e decentes; é preciso olhar a todos com os olhos de amor e não de interesse.

— Espere aí, Pedro! Não estou entendendo a maneira como está falando. Antes você pensava como eu, agora vem com essa lição de moral sem propósito, como se fosse o melhor homem do mundo? Nós dois sabemos que não é assim! Quer que eu refresque sua memória? — falou indignada.

— Não. Não precisa, Janete, minha memória já me faz sofrer demais, mas tento me livrar dela comportando-me de maneira diferente, de acordo com o que estou aprendendo.

— Posso saber o que está aprendendo?

— Estou aprendendo a ser gente, só isso.

— E eu posso saber onde está aprendendo a ser gente? — Janete perguntou com sarcasmo.

— Não, não pode — dizendo isso, ele saiu e foi cuidar de suas plantas, distração que aprendera no núcleo que passara a frequentar sem que Janete sequer imaginasse.

"Ela não pode saber, senão minha vida vai virar um inferno", pensou.

Por sua vez, Janete também fazia suas conjecturas.

"Ele está me escondendo alguma coisa, mas vou descobrir; sou esperta o suficiente para não permitir que alguém, principalmente Pedro me esconda alguma coisa. Vou passar a prestar mais atenção nele, nas suas saídas, e vou descobrir", afirmou para si mesma.

※

Augusto, alheio ao que acontecia entre seus pais, continuava levando sua vida; sempre após o trabalho encontrava-se com amigos, bebia e se divertia com as garotas que os acompanhavam.

"Sempre sonhei com uma vida serena e feliz ao lado de Clara. Tiraram de mim esta possibilidade, agora não quero mais sonhar, e sim me divertir. Ninguém mais ocupará o lugar de Clara, o meu amor, a melhor pessoa que conheci, tão íntegra que não permitiu que minha mãe a destruísse; ao contrário de mim, que fui fraco o suficiente para deixá-la ir embora", pensava.

Nesses momentos de mágoa, a tristeza invadia seu coração e erroneamente ele se entregava à bebida, acreditando ser esse o caminho do esquecimento.

Recordava com saudade os dias passados ao lado de Clara, os sonhos que acalentavam nos momentos cheios de alegria, sorrisos e esperanças no futuro.

"Perdi tudo isso porque fui fraco; não tive autoridade sobre mim mesmo e cedi aos caprichos de minha mãe; a minha omissão jogou-me neste sofrimento no qual me encontro e não sei como sair", pensava.

— Ei, Augusto — ouviu a voz de Leandra —, está sonhando?

Olhou espantado e viu ao seu lado a figura esbelta e leviana de Leandra.

— Acorde — pediu a moça — vim ao seu encontro para me divertir e não para sonhar com você.

— Desculpe, Leandra, estava mesmo absorto, sente-se, já vai passar.

— Assim espero!

— Foi somente um momento de nostalgia, nada mais.

— Aposto que pensava em Clara, acertei?

— Sim. Como já disse, vai passar.

— Augusto, o que essa moça tem de tão especial que após tanto tempo você não conseguiu esquecê-la?

— Tudo, Leandra, tudo o que sonhei para minha vida; mas o sonho se desfez como um castelo na areia, e o pior é que fui o culpado.

— Como assim? Pensei que tinha sido sua mãe; não estou entendendo.

— Realmente foi minha mãe quem iniciou todo o processo de rejeição contra Clara, mas também tenho culpa, pois se eu não tivesse sido tão covarde hoje estaria com Clara e feliz.

Enfastiada, sem querer saber mais do episódio que já conhecia, Leandra respondeu:

— Por favor, Augusto, vamos mudar de assunto, este já me cansou. Além do mais, não tenho vocação para terapeuta e não sirvo para consolar homem chorão.

— Desculpe, vou pedir uma bebida, pode ser?

— Claro, vim aqui para isso.

As horas que se seguiram foram de risadas e inconsequências.

※

Janete, após a conversa que tivera com Pedro, não conseguiu dormir. Acomodou-se em um sofá da sala e esperou ansiosa a volta de Augusto.

Cochilava quando ouviu a chave na fechadura da porta. Ouvindo passos, perguntou ao acender a luz do abajur:

— É você, Augusto?

— Sim, mãe, sou eu — falou com dificuldade.

Olhando seu filho, Janete de imediato percebeu o quanto ele havia bebido.

— Você bebeu de novo, Augusto? Olhe seu estado!

— Calma, mãe, foi só um copo de cerveja, nada mais.

— Um copo? Você bebeu pelo menos três garrafas, veja como está.

— Preciso me divertir, dona Janete — respondeu querendo provocá-la.

— Posso saber com quem estava?

— Pode ficar tranquila, dona Janete, estava com uma moça do jeito que a senhora gosta; bonita, elegante, rica e leviana; daquelas cujo dinheiro cobre tudo, a senhora sabe bem como é isso.

Antes que a mãe respondesse, Augusto deu boa noite e se dirigiu ao quarto. Janete pareceu não se importar muito com as palavras do filho; deu de ombros e pensou: "Bem, pelo menos está se divertindo; assim tira de vez aquela insuportável da Clara da cabeça e com ela a sua família também. É melhor ir dormir!".

Augusto jogou-se em sua cama sem ao menos tirar a roupa que vestia. O excesso de bebida fez com que dormisse rapidamente.

— Augusto já chegou? — ouviu a voz de Pedro assim que entrou em seu quarto.

— Sim — respondeu —, acabou de chegar.

— Ele está bem?

— Claro, por que não haveria de estar?

— Não sei, preocupa-me a maneira como está se divertindo ultimamente; ele está bebendo muito.

— Era isso que eu tentava dizer a você hoje à tarde, mas você, em vez de me ouvir, crucificou-me!

— Não vou começar tudo de novo com você, Janete, é melhor dormir.

— Boa noite!

— Boa noite!

※

A noite cumprindo a sua rota permitiu que o dia amanhecesse. O sol, clareando o quarto de Clara, acordou-a docemente.

Olhando pela vidraça ela admirou a beleza do amanhecer, e seu pensamento procurou o Pai, agradecendo por mais um dia.

— Aconteça o que acontecer no dia de hoje — orou — obrigada, Senhor, por mais um dia; por mais uma oportunidade de promover meu progresso espiritual, de amar as pessoas como se não houvesse amanhã; de construir a ponte que vai me unir ao meu semelhante.

Levantou-se e em pouco tempo entrava no quarto de Nancy.

— Como ela dormiu, Vilma?

— Bem, Clara, muito bem. Dormiu tranquila a noite toda.

— O sono dos que vivem em paz, Vilma.

Aproximou-se da irmã e beijou seu rosto.

— Tenha um dia de paz, minha irmã querida.

Como Nancy ainda permanecesse dormindo, Clara foi ao encontro de sua mãe e seu irmão tomar o desjejum.

— Bom dia! — exclamou com alegria.

— Bom dia! — responderam com o mesmo entusiasmo Sílvia e Hugo.

Sentou-se e logo a mãe notou que alguma coisa a preocupava.

— O que a está preocupando, filha?

— Nada, mãe, por que acha que estou preocupada?

— Porque a conheço, minha filha. Alguma coisa está martelando nessa cabecinha.

— Nossa mãe tem razão — confirmou Hugo —, penso a mesma coisa. O que foi, maninha? Por que essa carinha de preocupação?

— Na verdade não é preocupação, mas apenas uma constatação.

— Podemos saber qual é?

— Claro! Vocês já perceberam que não temos o hábito de sair com Nancy?

— O que quer dizer, filha?

— Quero dizer que em momento algum levamos Nancy para passear, deixamos que o mundo dela se limite aos arredores de nossa casa, o máximo, o mais longe que ela vai é até a beira do rio onde, para dizer a verdade, não encontra ninguém.

— Clara — disse Sílvia —, de que adiantaria levá-la para passear? Submetê-la aos olhares curiosos e preconceituosos dos outros, causar constrangimento para ela mesma?

— Talvez mamãe tenha razão — disse Hugo.

— Os olhares curiosos não podem ser evitados, é natural que aconteça, mas será que o preconceito não está inserido em nós mesmos?

— Ela nunca pediu para sair — defendeu-se Sílvia.

— Eu sei, diz que passa mal; que não se sente bem fora da proteção que nossa casa proporciona; porém, mais do que nossa casa, somos nós que devemos dar-lhe proteção, fazê-la sentir-se segura, sentir-se que é tão importante quanto eu e o Hugo. Enfim, mãe, Nancy precisa viver além dos limites que seu corpo físico impõe, e as pessoas que podem proporcionar isso a ela somos nós.

— O que você quer dizer na verdade, Clara?

— Que podemos estender seus limites; oferecendo-lhe alegria, mostrando-lhe que existe um mundo lá fora do qual ela pode participar; infiltrar em seu coração sentimentos que independem de o corpo físico ser bonito ou não, como, por exemplo, a alegria que poderá sentir apesar do desconforto físico. Enfim, mãe, vamos nos esforçar e oferecer à Nancy a vida que ela merece.

Hugo observava sua mãe e pensava: "Clara é mesmo uma pessoa especial, consegue enxergar além do que nossos olhos podem ver; disse coisas nas quais eu nunca havia pensado como, por exemplo, o direito que Nancy tem de viver como tantas outras pessoas. Mas será que não ficará cansada se sair de casa? Poderá se cansar sim, pois seu corpinho é frágil, mas seu coração ficará cada vez mais fortalecido na certeza de que assim como os outros também pertence ao universo de Deus.

— Mãe, Deus confia em suas criaturas e não envia a elas nenhuma tarefa que não poderá ser cumprida; nada é imposto, tudo é uma consequência de algum ato praticado no pretérito; a luz da redenção só se consegue por meio da quitação das dívidas contraídas em algum momento da existência passada ou mesmo presente; nada é injusto ou em vão; Deus é sábio e bom e dá a todos os elementos necessários para salvar a si mesmo — completou Clara.

— Você é uma pessoa do bem, Clara. Não sei onde aprende essas coisas que fala, mas sinto que são verdadeiras; tenho muito orgulho de você, minha filha.

— Eu também, maninha! — concordou Hugo.

— Por favor, não concedam a mim créditos que não possuo, sou igual a todo mundo, talvez o que possuo de diferente é o imenso amor que sinto por Nancy e o desejo de vê-la um pouco mais feliz, nada mais que isso.

Foram interrompidos por Vilma.

— Clara, Nancy acordou e chama por você.

— Diga a ela que estou indo, Vilma. Ela já tomou seu café?

— Ainda não, vou levar nesse instante.

— Prepare e deixe que eu levo — disse Sílvia para surpresa de Clara.

> Nada acontece sem a permissão de Deus, porque foi Ele quem estabeleceu todas as leis que regem o universo. Dando ao espírito a liberdade de escolha, deixa-lhe toda a responsabilidade dos seus atos e das suas consequências; nada lhe estorva o futuro; o caminho do bem está à sua frente, como o do mal. Mas se sucumbir, ainda lhe resta uma consolação, a de que nem tudo acabou para ele, pois Deus, na sua bondade, permite-lhe recomeçar o que foi malfeito.[7]

---

7. KARDEC, Allan. *O Livro dos Espíritos*. Parte II, item V "Escolha das Provas". Questão 258 A. (N.M.)

A grande alegria é saber que recebemos de Deus todos os ingredientes para que possamos alcançar a luz da nossa redenção; necessário se faz abrir os nossos olhos, usar todos os nossos sentidos para escrevermos uma nova história alicerçada no amor universal. Esse é o caminho que devemos percorrer com coragem e plena confiança Naquele que nos criou e que espera pacientemente que Suas criaturas deem mais atenção ao caminho e não aos atalhos e possam compreender que é na escalada que se aprende.

Capítulo 6
Missão complicada

Enquanto Clara se dedicava a proporcionar a Nancy uma vida mais acolhedora, levando sua mãe e seu irmão a ficarem mais próximos dela, Janete, ao contrário, ainda se preocupava em afastar Augusto das lembranças de Clara temendo um reencontro; sabia que seu filho não conseguira esquecer a moça que amava e sonhara em tê-la como esposa.

"Não posso me descuidar" pensou Janete. "Ela é esperta, e Augusto, muito influenciável; é bem capaz de voltar a procurá-la e isso não vou admitir sob hipótese nenhuma. Preciso de alguém esperta, que goste de Augusto e que esteja disposta a me ajudar a afastar Clara de uma vez por todas da vida de meu filho. Talvez Leandra seja essa pessoa; preciso investigar quem é realmente; pelo que Augusto falou, deve ser de uma família rica e distinta. Quanto a ser leviana, o que importa? Imagino que deva ser implicância de Augusto. Que jovem hoje não gosta de se divertir, namorar? Enfim, deve ser com certeza uma moça que gosta de viver a vida e deve gostar de Augusto também. Só mesmo aquela tonta da Clara ousa desprezar um homem como Augusto e não dar importância aos prazeres que a vida está lhe proporcionando para ficar ao lado de uma deficiente que mal consegue se integrar ao mundo; prefere a presença da irmã à de Augusto; afastou-se de uma família honrada, vencedora; enfim, os perdedores sentem-se felizes com pouco, mas o que não me conformo é ver Augusto, que é e sempre será um vencedor, não conseguir esquecer uma menina tão medíocre, que não entende o que na verdade é a felicidade."

— O que a preocupa, Janete? Vejo-a aí sentada, absorta; posso saber em que está pensando? — perguntou Pedro se aproximando.

— Oi, meu bem — respondeu Janete demonstrando uma tranquilidade que estava longe de sentir —, penso em nosso filho.

— Algum problema com Augusto?

— Não, pelo contrário, parece-me feliz e bem-disposto, acho até que está de namorada nova.

— Folgo em saber — respondeu Pedro sentindo que por trás das palavras da esposa havia algo embutido.

"Janete, tem sempre uma segunda intenção em tudo o que diz", pensou.

— Que bom que finalmente ele está retomando sua vida sentimental, isso é muito bom.

— Concordo com você e acho que seria providencial promovermos um encontro com essa moça para conhecê-la melhor e, se for o caso, intervir se algo estiver fora dos padrões de ética e moral da nossa família. Precisamos saber quem é ela, saber sobre sua família, participar da vida de nosso filho, que já se enganou uma vez e pode se enganar pela segunda vez. O que você acha?

— Acho muito bom, desde que você não use esse encontro para interferir na escolha de Augusto como já fez com Clara.

— Nem me fale no nome dessa moça, Pedro. Por favor, não quero me lembrar das palavras ofensivas que ela dirigiu a mim; agora é outra situação, outro momento. Está decidido, vou falar com Augusto e pedir para trazê-la aqui em casa; ela se chama Leandra, bonito nome, não acha, Pedro?

— Bonito realmente — disse Pedro sem maiores comentários.

No fim da tarde, assim que Augusto chegou, a mãe pediu-lhe que convidasse Leandra para um jantar ou almoço. Ele se assustou sobremaneira.

— Mãe, o que é isso? Por que esse convite fora de hora e de propósito? A senhora não está pensando...

— Não estou pensando nada, filho, apenas quero conhecer a moça que está namorando meu filho. É errado?

— Vou dizer outra vez, mãe, não estamos namorando. Leandra é apenas minha amiga, nada mais que isso; portanto, não faz nenhum sentido este convite.

— Filho, se ainda não é sua namorada, poderá vir a ser!

"Minha mãe está arquitetando alguma coisa, conheço-a muito bem; seu interesse é outro", pensou.

— Então, vai convidá-la?

— Não sei, mãe, não sei se será bom esse convite — respondeu indeciso.

— Traga-a aqui no próximo sábado, estarei esperando-a para o almoço — dizendo isso, afastou-se sem esperar resposta do filho.

O tom autoritário de Janete intimidava Augusto, pois ela não dava nenhuma brecha para questionamento.

"É melhor não contrariá-la, realmente não tenho forças para enfrentá-la. Estou igual a meu pai, para não enfrentar... aceito", pensou.

※

Assim que Augusto fez o convite, Leandra aceitou de pronto e com naturalidade.

— Conhecer seus pais? Por acaso isso é um pedido de namoro?

— Não. Isso é um convite de minha mãe — respondeu Augusto —, e quando a conhecer perceberá por que é melhor não contrariá-la.

— Pois eu aceito, mesmo sabendo que não partiu de você.

— Ótimo. Sábado às treze horas encontro com você neste mesmo lugar, tudo bem?

— Tudo ótimo! Tenha certeza, Augusto, vou adorar conhecer seus pais.

Augusto retornou para sua casa, pensativo: "Minha mãe não me engana, é óbvio que ela quer ver com seus próprios olhos a aparência de Leandra, informar-se quanto à sua família e comprovar se ela possui os requisitos que julga importantes, descartando-a caso perceba uma única questão que não esteja de acordo com seus conceitos que, diga-se de passagem, nem sempre são louváveis. Meu Deus, quem sou eu que não consigo me posicionar diante da arrogante autoridade de minha mãe?".

No sábado, assim que Janete foi apresentada a Leandra, percebeu de imediato que encontrara uma cúmplice, uma aliada para seus propósitos.

— Tenho imenso prazer em conhecê-la — disse olhando nos olhos de Leandra que, enfrentando seu olhar, respondeu:

— Eu também, dona Janete, sinto que seremos boas amigas.

— Com certeza, tenho também essa impressão. Não me lembro de Augusto ter dito que você era assim tão bonita e elegante.

— Obrigada.

※

O encontro com Leandra foi melhor do que Janete esperava, acreditava mesmo ter encontrado a cúmplice ideal para tirar definitivamente Clara do pensamento de Augusto. Se ele ainda alimentava o sonho de reatar seu romance, ela daria um jeito de afastar qualquer oportunidade para que isso acontecesse.

A partir do dia em que conheceu Leandra uma grande amizade e cumplicidade nasceu entre as duas.

— Você entendeu direitinho como fazer para envolver Augusto?

— Claro, sogra — disse Leandra brincando com Janete —, pode deixar que em pouco tempo ele estará comendo na minha mão.

— Assim espero — respondeu Janete satisfeita.

Pedro não via com bons olhos o relacionamento de sua esposa com Leandra.

— Você não acha que essa menina é falsa, Janete? Tudo o que faz ou fala soa artificial, não sei, mas alguma coisa nela me diz que ela não é quem você pensa.

— Não seja implicante, Pedro. Você não gosta de ninguém. Leandra é uma boa moça: fina, educada e principalmente rica. O que mais podemos querer para nosso filho?

— Janete, dinheiro não é tudo, os valores reais são outros, muito distantes do dinheiro, que aprisiona o ser humano.

Como sempre, Janete se irritava cada vez que se sentia acuada. Ela tinha um propósito e nada, nem ninguém, a faria mudar de ideia, muito menos Pedro.

— Admira-me, Pedro, que logo você vem me falar de valores! Parece-me que eles ficaram esquecidos por um bom tempo por você, não?

— Janete, todos nós erramos, enganamo-nos, mas isso não nos impede de reconhecer nossos erros e tentar de uma forma ou de outra reavaliar, analisar a nós mesmos e consequentemente modificar nossa visão de vida.

— É, parece-me que você de uma hora para outra resolveu se santificar! — exclamou Janete de maneira irônica.

— Engano seu, minha querida, não foi de uma hora para outra. Foram os vários dias, meses e anos que passei ao seu lado, que me mostraram a inutilidade de tudo o que eu acreditava ser importante.

— Como, por exemplo...

— Como, por exemplo, pensar que o mais importante na vida é o acúmulo de dinheiro; a aparência que se esvai porque não se sustenta por si só. Um dia, a máscara cai e as pessoas se mostram como são na verdade.

— Você quer saber? Está me cansando com sua conversa; o que reservo para Clara está guardado, ou seja, jamais vou permitir que ela se case com nosso filho, e quem vai me ajudar nessa questão é Leandra e, por favor, não tente me convencer do contrário porque não vai adiantar.

— Sei muito bem que não! — exclamou Pedro se afastando.

— É um tolo — finalizou Janete vendo o marido se afastar.

※

Augusto se preocupava com a amizade entre a mãe e Leandra.

"Isso não vai dar certo", pensava. "Alguma coisa minha mãe está tramando. Conheço muito bem a Leandra para pensar que está metida nisso, seja lá o que for."

Embora se entregasse levianamente aos prazeres que Leandra, a bebida e os divertimentos lhe proporcionavam,

Augusto nem por um instante deixava de pensar em Clara e sofrer por causa dela.

"Por que tem de ser assim?", perguntava-se. "Tudo estava dando tão certo e de uma hora para outra tudo se modificou, meus sonhos se desfizeram e agora estou aqui tentando me consolar com coisas sem nenhuma consistência, ao lado de alguém que não amo, vivendo situações que não me agradam."

— Olá, Augusto, ouviu uma voz conhecida chamando-o.

Virou-se e deparou com Clara bem à sua frente.

— Clara! Que surpresa!

— Passava por aqui e quase esbarrei em você. Desculpe, não quero constrangê-lo, mas não vejo motivo algum para fingir que não o conheço, afinal já se passou um bom tempo. Você está bem?

Augusto sentiu dificuldade em se dirigir a Clara.

— Desculpe-me você, Clara. Não esperava que você pudesse se dirigir a mim com tanta naturalidade. Na verdade, não sei o que lhe dizer.

— Diga apenas olá.

— Olá!

Os dois sorriram.

— Como você está, Augusto? Nunca mais nos vimos.

— Estou bem, quer dizer, relativamente bem; considerando que nunca deixei de pensar em você, estou bem.

— Augusto, não vamos levar nosso encontro para esse lado; afinal, cada um está no lugar que deve estar e o melhor é não trazer de volta o passado.

— Você tem razão, mais uma vez lhe peço desculpas.

Constrangidos no primeiro momento, logo ficaram desenvoltos. Clara e Augusto conversavam quando ouviram uma voz bem conhecida de Augusto:

— Oi, meu amor, que surpresa encontrá-lo aqui! — Olhou para Clara e perguntou:

— Não vai me apresentar sua amiga?

— Esta é Clara — respondeu Augusto de pronto —, e esta é Leandra, uma amiga.

— Uma amiga! Por que esconder da sua amiga que somos namorados e vamos nos casar?

Chegando mais perto dele, envolveu-o em seus braços e deu-lhe um ardoroso beijo na boca.

Clara, sentindo-se agredida, afastou-se rapidamente sem ouvir o que Augusto dizia para Leandra.

— Por que fez isso? Não somos namorados, muito menos vamos nos casar; por que armou essa situação constrangedora?

— Augusto, sua mãe me disse que vamos nos casar; pensei que você soubesse!

— Não, não sei e quem decide se vamos ou não nos casar sou eu e não minha mãe. Aproveitando o momento, afirmo que não vou me casar com você, que isso fique bem claro.

— Isso é o que veremos, meu bem, ninguém me descarta quando quer, pelo contrário, quem descarta as pessoas sou eu.

— Igualzinha à minha mãe.

— Sim, igualzinha à sua mãe, e é melhor mesmo que eu seja igual a ela porque você já está acostumado.

Afastou-se, deixando Augusto boquiaberto.

— Meu Deus, com quem fui me meter! Preciso acabar com isso sem demora.

Leandra se dirigiu à casa de Janete, que se assustou com sua chegada.

— O que foi, querida? O que aconteceu para estar assim tão nervosa?

Em poucos minutos, Leandra colocou Janete a par do que acontecera.

— Você está me dizendo que ele estava conversando com Clara, é isso?

— Sim, dona Janete é isso. E para lhe ser franca, bem à vontade.

— Não posso acreditar que aquela medíocre está novamente entrando na vida de Augusto.

— É o que parece.

— Precisamos fazer alguma coisa, Leandra, antes que o mal cresça e Augusto se envolva novamente com ela, que optou pela deficiente. Agora, que deixe meu filho em paz.

— Sabia que podia contar com a senhora! — exclamou Leandra. — Sabia que iria me ajudar.

— Claro que vou ajudá-la, não duvide disso.

— E o que devo fazer?

— Vou pensar e depois a aviso; agora, não deixe que ele perceba nada, seja carinhosa e amiga, enfim, você sabe bem o que fazer.

— Está certo, dona Janete, agradeço-lhe muito, aguardo suas orientações. Agora, se me dá licença, preciso ir.

— Entrarei em contato com você.

Ambas se despediram.

— Não é possível que Augusto ainda sinta alguma coisa por Clara. Parece até uma praga, mas praga se acaba com veneno antes que se espalhe.

※

Clara chegou a sua casa e foi direto ver Nancy.

— Preciso ver minha irmã, é ela quem me dá forças para superar muitas questões que me perturbam, como, por exemplo, ter encontrado com Augusto e saber que ele namora firme. Isso quer dizer que de fato ele me esqueceu e eu devo me esforçar para fazer o mesmo.

Segurou o bracinho torto e mutilado de Nancy e beijou-o com carinho.

— Irmã querida, vou fazer tudo o que puder nesta vida para fazê-la feliz dentro do que você pode ter ou ser.

Nancy olhou-a com carinho e respondeu:

— Clara, embora não pareça, sou feliz, pois tenho você e Vilma, que me querem bem, isso me basta. Não adianta sofrer pelo que não se pode ter, não é isso que você e Vilma sempre afirmam?

— Sim, Nancy, é isso.

Olhou fortemente para sua irmã e perguntou:

— Você gostaria de passear um pouco, Nancy?

— No rio?

— Não. Em um lugar onde tem muita gente. Gostaria?

— Clara, mamãe não gosta que eu saia, eu acho que ela tem vergonha de mim; mas não a culpo, eu também tenho vergonha de mim.

Espantada com as palavras da irmã, Clara respondeu:

— Nancy, por que está dizendo isso? Quem lhe disse que mamãe tem vergonha de você? Ninguém tem motivos para se envergonhar de você!

— Eu sei que tem, Clara, meu corpo é feio e disforme, as pessoas se constrangem ao me ver, acho melhor ficar em casa como sempre fiz.

Clara abraçou a irmã com emoção, percebia que cada vez mais Nancy se mostrava lúcida e demonstrava entendimento das coisas e das situações, e percebia também o sofrimento dela.

— Nancy, vamos combinar uma coisa, o dia em que você se sentir disposta a sair, avise-me e nós duas vamos passear pelos parques da cidade, sentir a beleza da natureza, que não se faz presente somente às margens do rio que você tanto ama; pelo contrário, as marcas de Deus estão em todos os lugares do universo. Esse é o presente que Deus dá às suas criaturas: poder sentir a intensidade da Sua criação.

Vendo que Nancy não respondia, ela olhou para a irmã e notou seus olhos fechados, como sempre fazia quando queria dar por encerrada alguma conversa.

— Sei que você ainda está me ouvindo, Nancy; portanto, ouça o que vou lhe dizer: você não é motivo de vergonha para ninguém, muito pelo contrário, é motivo de orgulho pela sua coragem, pela aceitação de sua vida, enfim, pelo seu coração que é pleno de amor e generosidade; coração que nunca se revolta, mas que se cala diante da vontade soberana de Deus. Vou levá-la para passear, sim, e mostrar para o mundo a grande irmã que tenho.

Os olhos fechados de Nancy umedeceram sensibilizados pelo amor de Clara.

"Meu coração muitas vezes questiona a razão de eu ter nascido assim, Clara", pensou Nancy. "A tristeza várias vezes invade a minha alma de uma maneira tão intensa que prefiro me isolar em mim mesma tentando de alguma forma apaziguar a minha dor. Receio não ser essa pessoa que você imagina, mas tento ser o melhor que eu posso", pensando assim, adormeceu.

— Impressiona-me o poder que você possui, Clara, de acalmar Nancy! — exclamou Vilma.

— Na verdade, o que a acalma, Vilma, é o sentimento verdadeiro que sinto por ela, e Nancy, na sua sensibilidade, sente e isso a deixa tranquila por saber que é amada.

— Você tem razão — concordou Vilma —, as pessoas como Nancy devem desenvolver mais que qualquer outro os seus sentidos, e os usam com mais intensidade, principalmente a percepção dos reais valores dos sentimentos dos outros.

— Também penso assim, Vilma.

— Posso lhe fazer uma pergunta?

— Evidente que sim, Vilma.

— Quando você disse a Nancy que vai levá-la para passear foi verdadeira? Você pretende sair com ela?

— Claro que pretendo, não iria prometer algo a ela que não tivesse a intenção de cumprir.

— Não fica assustada sabendo que poderá enfrentar os olhares, as perguntas; enfim, o questionamento das pessoas?

— Não, Vilma, isso não me assusta. Penso que nem todas as pessoas agem com tanto preconceito como dona Janete.

As pessoas podem até se sentir constrangidas em algum momento, isso é natural, mas expressar esse constrangimento é pouco provável, mesmo porque se isso acontecer estarei ao lado dela para defendê-la.

— Admiro-a muito, Clara. Você se importaria que eu a acompanhasse?

— Claro que não, a sua companhia só vai me dar prazer e para Nancy também; ela vai se sentir feliz, você vai ver.

> *A finalidade da encarnação é levar o espírito à perfeição. Para uns é uma expiação e para outros uma missão. Mas, para chegar a essa perfeição, eles devem sofrer todas as vicissitudes da existência corpórea: nisto é que está a expiação. A encarnação tem ainda outra finalidade, que é a de pôr o espírito em condições de enfrentar a sua parte na obra da criação. É para executá-la que ele toma um aparelho em cada mundo, em harmonia com a sua matéria essencial, a fim de nele cumprir, daquele ponto de vista, as ordens de Deus. E dessa maneira, concorrendo para a obra geral, também progride.*
>
> *A ação dos seres corpóreos é necessária à marcha do universo. Mas Deus, na sua sabedoria, quis que eles tivessem, nessa mesma ação, um meio de progredir e de se aproximarem dele. É assim que, por uma lei admirável da sua providência, tudo se encadeia, tudo é solidário na Natureza.*[8]

---

8. KARDEC, Allan. *O Livro dos Espíritos*. Parte II, item I "Objetivo da Encarnação". Questão 132 e comentário de Kardec. (N.M.)

Capítulo 7
Cada flor tem um perfume

Clara, assim que se levantou, abriu as janelas de seu quarto e se encantou com a linda manhã de domingo.

— Que linda manhã!

Logo se lembrou de Nancy.

— É hoje, sim, é hoje que vou levá-la ao parque, está um dia perfeito para passear.

Animada, arrumou-se e desceu para tomar seu café. Encontrou com a mãe sentada à mesa, pensativa, absorta em seus pensamentos.

— Bom dia, mãe!

— Bom dia, filha. Dormiu bem?

— Dormi sim, mãe, mas acordei bem melhor.

— Como assim?

— Mãe, hoje o dia está perfeito para sairmos com Nancy. A manhã está linda, ensolarada e podemos levá-la ao parque.

Com certeza, ela vai se encantar com os pássaros, as flores, as pessoas... O que a senhora acha?

Sílvia ficou pensativa.

— O que foi mãe, não gostou da ideia?

— Não é isso, filha. Receio que não dê certo expormos Nancy aos olhares das pessoas. O mundo é cruel com as pessoas que são diferentes.

— As pessoas são cruéis ou é a senhora que está privando Nancy da oportunidade de viver como todo mundo?

— Clara, já lhe disse que não é isso. Preocupo-me com Nancy, com o que ela pode vir a receber do mundo lá fora, só isso.

Clara segurou as mãos de sua mãe e afirmou:

— Mãe, Nancy já ficou escondida tempo demais, é hora de ela conhecer o mundo fora dos muros de nossa casa. Ela tem esse direito, precisa enfrentar a vida porque é por meio do contato com as pessoas que ela vai se fortalecer. Poderá sofrer sim, mas também terá momentos de alegria, de superação; enfim, poderá sair do casulo em que foi mantida para ressurgir na vida conhecendo exatamente como ela é e vendo que de uma forma ou de outra também temos de superar as dificuldades.

— Clara, é impressionante como você possui sempre argumentos para me convencer.

— E muito válidos, mãe. Ninguém pode viver a vida de outra pessoa nem sufocá-la, protegendo-a a ponto de impedir sua evolução por meio da superação de si mesma.

— Mas para Nancy é muito difícil, diria até que impossível fingir que nada acontece de diferente com ela.

— Mãe, não é fingir que nada acontece, é aceitar o que acontece e o que não se pode mudar, pincelando tudo isso com as cores alegres da vida, por saber que Deus dá em abundância tudo de que necessitamos para nossa redenção. Para Nancy, o caminho que deve percorrer é esse; a nós cabe estar ao seu lado ajudando-a a caminhar e não querendo fazer o percurso por ela.

— Filha, você é meu porto seguro. Desde que seu pai se foi está sendo muito difícil para eu caminhar sozinha, sem a presença do companheiro que tanto amei.

— Se a senhora o ama tanto, mãe, liberte-o para que ele possa seguir sua evolução e, no momento em que Jesus considerar adequado e útil para os dois lados, poder auxiliar àqueles que ele também ama e que permanecem ainda no plano físico.

— Na verdade, pouco se sabe da vida e da morte, acertamos algumas vezes e nos enganamos muitas outras! — exclamou Sílvia.

— Mas Deus nos proporciona oportunidade de aprender muitas coisas, mãe. O homem não sabe tudo e está muito distante de sabê-lo, mas tem conhecimento suficiente para viver com generosidade e dignidade cristã; é preciso apenas optar por viver de acordo com as Leis Divinas.

Querendo voltar ao assunto inicial, Clara disse à sua mãe:

— Então, mãe, vamos passear com Nancy?

Sílvia ficou um pouco receosa, mas sentindo o olhar de Clara sobre ela, respondeu:

— Vamos, filha. Vamos levar Nancy para conhecer o mundo lá fora.

Clara, sem esconder sua satisfação, abraçou-a.

— Obrigada, mãe. A senhora vai ver o dia maravilhoso que teremos hoje. — Eufórica, continuou: — Vou avisar Nancy, ela precisa se preparar, quero que fique bem bonita.

— Vá, minha filha, deixe sua alegria contagiar sua irmã!

— Bom dia, preguiçosa — disse com entusiasmo para Nancy. — O dia está lindo lá fora, vou arrumar você bem bonita e vamos passear no parque.

Nancy abriu os olhos e, encarando a irmã, respondeu:

— Não sei se quero ir, Clara. Tenho medo.

Clara ficou surpresa.

— Você disse que tem medo? Posso saber de quê?

— De sair!

— Querida, não quero que nosso passeio lhe cause medo, mas sim alegria, não há motivo para temer, mamãe vai conosco. Vamos ter um dia maravilhoso e de muita alegria. Vai conhecer um mundo até então desconhecido, sentir a vida lá fora, ver pessoas, enfim, sentir a vida como ela é.

Nancy ficou pensativa.

— A Vilma também vai?

— Claro que sim, querida, vamos todas juntas; anime-se, verá que o seu receio não tem o menor sentido; confie em mim.

— Eu confio, Clara, mas sei que sou muito feia e as pessoas vão ficar me olhando.

— Acredito que vão olhar para você sim, mas vão perceber o quanto você é uma pessoa especial, corajosa, valente e que é mais, muito mais que apenas um corpo físico. Mostre-se para a vida, Nancy, e a vida vai recebê-la.

— Belas palavras, Clara — disse Vilma entrando no quarto.

— Você vai conosco, não vai, Vilma?

— Você acha que iria perder um lindo passeio ao lado da minha menina? Lógico que vou. E tem mais: vamos tirar muitas fotos para guardarmos de lembrança desse dia, que sei será especial.

Depois de todas prontas, saíram animadas rumo ao parque. Nancy seguia em sua cadeira de rodas cuidadosamente arrumada por Clara. Ia em silêncio, olhando tudo o que via à sua volta.

— Filha, está tudo bem com você? — perguntou Sílvia.

— Está, mãe.

— Está tão quieta...

— Eu estou um pouco cansada, só isso.

— Cansada, filha? Você acabou de se levantar, não dormiu bem esta noite?

— Não sei!

— Como não sabe, Nancy? Todos nós sabemos se dormimos bem ou não!

— Mas eu não sei! — respondeu Nancy um tanto irritada.

Clara passou as mãos nos cabelos da irmã e disse:

— Nancy, você dormiu bem. O que está sentindo não passa de medo de enfrentar o desconhecido. Durante todos esses anos você praticamente não saiu, até o doutor ia vê-la em nossa casa. O seu mundo se tornou pequeno. É um mundo que você criou e isso faz com que agora sinta medo, fique fragilizada, mas estamos juntas e vamos protegê-la de qualquer situação que a perturbe. Relaxe e comece a enxergar o que a vida vai lhe proporcionar, vai sentir o quanto Deus foi generoso ao dar-nos olhos para enxergar a sua maravilhosa criação.

— O que eu faço então?

— Nada, apenas observe tudo à sua volta, exponha o que sente, enfim, aja com naturalidade como se estivesse em nossa casa. Está ao lado de pessoas que amam você; portanto, veja o momento como de grande felicidade.

— Vou tentar, Clara.

Sentaram-se ao lado de uma linda fonte onde os peixes coloridos iam e vinham, dando beleza ao local.

— Veja, mãe, os peixes de que eu gosto tanto, são lindos!

— Verdade, filha, são lindos — concordou Sílvia sem deixar transparecer sua ansiedade, pois para ela tudo também era novidade. Nunca saíra com Nancy, nunca a levara a lugar algum. Naquela situação percebeu o quanto fora omissa em relação à filha. Observando suas reações, viu que a filha era lúcida e que se escondera dentro de si mesma para fugir das pessoas, do olhar de pena que dirigiam a ela. Sílvia, agora se recriminava por ter sido tão distraída a ponto de não enxergar a própria filha.

"Meu Deus", pensava, "sinto que falhei em relação a Nancy. Fui fraca, tive medo de assumir totalmente a sua deficiência, dei mais importância ao que as pessoas pudessem pensar do que no bem-estar dela, nas suas necessidades afetivas, nos seus sonhos e anseios; enfim, dei-lhe tudo materialmente e esqueci que seu corpo deformado também possui um coração que sofre e ama como qualquer um de nós. Só peço a Deus que ainda possa lhe dar tudo o que ela espera de mim. A partir de hoje vou colocá-la em primeiro lugar, mostrá-la ao mundo, dar-lhe condições de desenvolver algum talento escondido, sufocado, sem saber como se fazer notar".

— Mãe!

Ouviu a voz de Clara.

— O que foi, filha?

— Percebo que há tempo está distraída, absorta, parece-me longe; aconteceu alguma coisa?

— Sim, Clara, aconteceu.

— O que foi, mãe, diga-me.

— Aconteceu que juntei os fatos dos últimos dias, as palavras que você me disse, a reação de Nancy pelo simples ato de sair de casa e percebi que falhei muito em relação à filha que mais precisava de minha atenção e do meu carinho. Nunca dei a ela o suporte necessário para se sentir integrada à família; envergonho-me, Clara, e estou pensando no que posso fazer para recuperar o tempo perdido. Isso se ainda houver alguma coisa que possa ser recuperada.

— Desculpe me intrometer, dona Sílvia — disse Vilma —, mas a senhora foi e é uma boa mãe, apenas se confundiu em algumas questões; é compreensível o ser humano não saber lidar com a realidade e se esconder oferecendo tudo o que pode nas questões materiais e esquecendo que em qualquer situação o afeto, a atenção e o carinho devem sempre ocupar o primeiro lugar. A senhora não é a primeira nem a última a agir dessa maneira, mas feliz daquele que percebe o engano e retorna ao início do caminho, como a senhora está fazendo, pois sempre é tempo de mudar nossas atitudes em relação ao nosso próximo, principalmente quando ele está inserido na nossa história.

Sílvia cada vez mais se surpreendia com as palavras de Clara e Vilma.

— Posso saber onde vocês aprendem tudo isso que falam?

Clara e Vilma se olharam. Vilma respondeu:

— Na vida, dona Sílvia, observando as pessoas, suas reações, prestando atenção aos sinais que elas nos dão, entendendo que seu silêncio pode ser muitas vezes o maior grito de socorro; enfim, na verdade não falamos nada de mais, apenas o óbvio.

— Não sei não, Vilma. Às vezes penso que vocês fazem algum curso, sei lá. Clara, você não está indo a nenhuma casa de Espiritismo, está?

— Não, mãe — mentiu a garota.

— Por uns instantes me pareceu. Por favor, filha, não se meta com essas coisas, acho muito perigoso.

— Fique tranquila, mãe, só frequento lugares que me trazem algo de bom, lugares onde aprendo coisas dignas e nobres, fique sossegada — disfarçou.

— Vamos continuar nosso passeio? — perguntou Vilma, querendo encerrar o assunto.

— Vamos — respondeu Clara animada.

Nancy permanecia quieta, mas observava tudo à sua volta. Admirava a paisagem exuberante das flores, os pássaros e as pessoas que circulavam por ali.

"Tudo isso é muito bonito", pensava. "Engraçado, as pessoas me olham, mas parecem achar natural o meu corpo, é como se eu fosse apenas mais uma pessoa em meio a tantas."

— Vamos tirar fotos? — questionou Vilma.

— Vamos — concordou Sílvia.

Assim, todas se entregaram ao prazer de fotografar tudo ao redor. Pela primeira vez Nancy deixou-se fotografar sem reclamar, achando tudo natural.

Em dado momento, surgiu uma senhora segurando pelas mãos uma criança.

— Mamãe — disse a menina — olha essa menina, não tem pernas e só tem um bracinho; como faz para comer?

— Sua mãe dá para ela a alimentação.

— Quero ver de perto.

Sem que alguém tivesse qualquer reação, a menina se aproximou de Nancy, olhou-a de cima abaixo e falou:

— Mãe, posso brincar com ela?

— Querida, ela não brinca, é bem mais velha que você e não tem como brincar, você não vê?

— Não importa, mamãe, eu quero falar com ela.

A senhora aproximou-se de Nancy e fingindo compaixão falou:

— Desculpe, querida, minha filha não entende que você não consegue fazer nada, isso para ela é novo, sei que não tem condições, só queria pedir se ela pode tirar uma foto com você para mostrar para as amiguinhas dela. Sabe como é criança, adora mostrar que conheceu coisas diferentes. Pode ser?

Antes que Clara, Sílvia ou Vilma reagissem, Nancy respondeu:

— Não, não pode ser. Sou uma pessoa, não uma boneca ou uma coisa que serve de brinquedo para as crianças; não tenho pernas e tenho só um braço atrofiado, mas tenho sentimento. Deus me colocou aqui por um motivo mais nobre do que servir de brinquedo ou curiosidade para as pessoas, principalmente para crianças cuja mãe não sabe ensinar o que é respeito pelo próximo. Se sou assim é porque Deus confiou em mim de alguma forma que ainda não sei, mas que um dia vou saber.

Surpresa pela resposta de Nancy, e ao mesmo tempo admirando a irmã, Clara ia responder quando a senhora se pronunciou:

— O que é isso, garota? Além de deformada ainda é mal-educada? Você não conhece seu lugar? Olhe minha filha e olhe para você!

Nervosa, Clara segurou a cadeira de Nancy, empurrou-a e disse:

— Infelizmente não posso pedir que se retire daqui porque estamos em um lugar público, mas nós podemos nos afastar de uma pessoa tão mesquinha e cruel que não tendo o que exibir, exibe a própria ignorância.

Os olhos de Nancy marejaram-se de lágrimas.

No caminho, Nancy disse à irmã:

— Não fique brava, Clara. Ela tem razão, eu sou mesmo diferente da filha dela, é só olhar para nós duas e percebemos isso sem nenhum esforço.

— Nancy, estou orgulhosa de você, suas palavras, a convicção com que falou; enfim, minha irmã, você se assumiu como é e disse uma grande verdade: Deus tem um propósito muito maior para você, tão nobre que somente as pessoas especiais podem suportar e merecer a confiança Dele para essa prova.

Andavam lentamente, conversando, e não perceberam uma senhorinha que as acompanhava andando discretamente ao lado. Em dado momento, ela se aproximou de Clara e perguntou:

— Desculpe, mas você não se chama Clara?

— Sim. A senhora me conhece?

— Talvez você não se lembre, mas meses atrás conheci você dentro de um ônibus. Estava triste, diria até desesperada. Conversamos um pouco e... enfim, gostaria de saber como está e se superou a dor daquele dia.

Espantada, Clara perguntou:

— A senhora é a dona Carmen?

— Sim. Que bom que se lembra do meu nome.

— Eu nunca esqueci as palavras que me disse e que tanto me ajudaram.

Depois das devidas apresentações, elas se sentaram num banco do jardim e Carmen falou:

— Não pude deixar de presenciar a cena lamentável daquela senhora em relação à sua irmã e, se me permitirem, gostaria de falar sobre isso com essa linda menina.

Antes que alguém dissesse alguma coisa, Nancy respondeu:

— Eu quero falar com ela!

— Obrigada, querida.

Carmen segurou delicadamente a mão da menina e, com muito carinho, afirmou:

— Você acertou ao dizer que Deus tinha um propósito maior e mais nobre para você, e o talento destinado a você, minha querida, mostrou-se hoje por meio das suas próprias palavras. Você percebeu o conteúdo delas?

— Eu não sei como tive coragem de dizer aquelas coisas que tirei da minha cabeça! — respondeu Nancy timidamente.

— O seu momento está chegando; você não precisa ficar se escondendo em si mesma, é preciso colocar para fora, mostrar para as pessoas que tudo podemos suportar quando confiamos na bondade e na justiça de Deus e quando sabemos que evolução se faz com superação. A sua missão, minha querida, é fazer com que as pessoas prestem atenção à sua volta para poderem achar alternativas de caminho.

— A senhora está querendo dizer que Nancy poderá se tornar se quiser uma tarefeira de Cristo, levando a palavra do Mestre no coração endurecido de muitas pessoas, desesperadas e sofredoras, é isso?

— Sim, é isso. Sua mente recebe facilmente as orientações dos amigos espirituais e ela poderá ser a voz da espiritualidade. Ninguém melhor do que ela para essa tarefa.

— Mas eu sou muito diferente das pessoas, senhora. Não posso me comparar a elas. Como dizer alguma coisa para alguém que é melhor do que eu? Que experiência de vida eu tenho para ensinar alguma coisa, se eu mesma não sei nada?

— Você sabe muitas coisas, Nancy. Sabe, por exemplo, o que é viver com limitações sem se deixar abater nem deixar de acreditar Naquele que nos criou; exemplifica que é preciso apenas ter amor pelas pessoas, aceitar com humildade a sua tarefa na Terra e acima de tudo amar a Deus.

— Mas se eu for me comparar com as outras pessoas eu...

— Nancy, não se compare com as outras pessoas, cada um de nós possui sua beleza. Repare na beleza das matas, as árvores não são iguais, uma é maior do que a outra, mas todas são bonitas e úteis na natureza; elas não se comparam, não disputam lugar, apenas crescem e se tornam frondosas dentro da sua constituição, assim também devemos agir, sem nos comparar com ninguém, mas fazendo o que nos cabe dentro da nossa existência. Ninguém é maior ou menor que o outro, as pessoas são apenas diferentes umas das outras. Você é diferente sim, mas possui seu valor e sua beleza.

Sílvia, que ouvia tudo sem dizer uma só palavra, decidiu perguntar para Carmen.

— Pelo que a senhora falou, Nancy deve aderir ao Espiritismo, é isso?

— Nancy deve aderir ao amor desinteressado, dona Sílvia, oferecer ao próximo o que ela esperou durante todos esses anos, ou seja, alguém que a direcionasse no caminho da redenção. Nancy vive escondida em si mesma, preferiu assim para suportar a falta que sente das palavras e dos gestos que aliviariam sua angústia, mas ela possui o talento de ir ao encontro das almas enfermas, e essa é a sua missão.

— Desculpe, dona Carmen, mas mamãe não gosta do Espiritismo, diz que tem medo e que lá não se aprende nada de bom.

— Por que a senhora não vai conhecer uma Casa Espírita? Pode tirar novas conclusões e se livrar do preconceito sobre algo que, penso eu, não conhece.

— Não conheço ninguém que frequenta esse tipo de reunião!

— Conhece sim, dona Sílvia: eu — respondeu Vilma. — A senhora me julga apta para cuidar de Nancy, pois eu lhe digo que nessas reuniões aprendi a ser melhor, a compreender o coração do meu semelhante e saber que, assim como eu, ele também sofre de angústias e medos. Foi a Doutrina Espírita, dona Sílvia, que me mostrou o caminho e me afastou do egoísmo de pensar somente em mim.

Tomando coragem, Clara aproveitou a oportunidade e também se revelou:

— Mãe, eu também frequento com assiduidade as mesmas reuniões que Vilma e, como já lhe disse, só participo de eventos que podem me tornar uma pessoa melhor. Acredito que a senhora não possui nenhuma queixa sobre a minha maneira de ser, estou certa?

— Está sim, minha filha. Estou surpresa quanto a tudo isso; não sabia de nada; aliás, estou tomando consciência de que sei muito pouco de tudo o que me envolve.

Carmen, considerando cumprida sua interferência em relação à Nancy, despediu-se abraçando-a com firmeza e finalizando:

— Minha menina, não fuja da sua história; pelo contrário, saia dela vitoriosa. Se seu corpo físico pouco ou nada pode fazer, sua alma pode muito, pois possui os elementos necessários para semear sementes férteis no coração das pessoas.

— Obrigada, senhora, gostaria de vê-la mais vezes — respondeu Nancy emocionada e com certa timidez.

— Vamos nos ver sempre que houver necessidade, pode acreditar.

Vendo Carmen se afastar, Sílvia comentou:

— Que mulher sábia e generosa. Falou com tanto carinho com Nancy, parece até que nosso encontro não foi uma coincidência.

— Dona Sílvia, quando necessário, por um motivo justo e benéfico, os espíritos do bem nos orientam, inspirando-nos o lugar onde nossa presença se faz necessária. Acredito que dona Carmen possui amigos espirituais que confiam em sua bondade e a levam ao encontro das pessoas que necessitam de orientação.

— Sim, Vilma — concordou Clara. — Deve ter sido uma providência divina meu encontro com ela no ônibus em um momento de profunda tristeza, em que me falou, sem me conhecer, palavras que até hoje carrego em meu coração.

— Tudo isso fortalece a nossa certeza de que não caminhamos sozinhos como muitos pensam, nossos momentos de dor são aliviados com o remédio que as pessoas generosas possuem: o amor!

— Estou achando muito interessante o que vocês estão falando — comentou Sílvia —, tudo isso é novidade para mim.

— Dona Sílvia, a vida é uma escola; devemos aprender a agir com generosidade e amor ao próximo e temos de colocar em prática tudo o que aprendemos, pois quem estuda e não pratica é como o homem que ara a terra e não semeia, é isso que a Doutrina Espírita nos ensina, ou seja, devemos ser semeadores de sementes férteis para que o amor cresça entre os homens.

— Vilma, já presenciei muitas pessoas serem julgadas, criticadas e injustiçadas quando na realidade somente queriam fazer o bem. Como você me explica isso?

— Dona Sílvia, as pessoas só atiram pedras em árvores carregadas de frutas; muitos querem trazer as pessoas para a própria cegueira em que vivem.

— Mãe, podemos ir embora? Estou me sentindo cansada — pediu Nancy.

— Claro, filha, desculpe, ficamos conversando e nos esquecemos que você deve estar estafada.

— Nancy, estamos orgulhosas de você, sempre que quiser podemos repetir o passeio.

— Obrigada, Clara, mas se não se importar quero ir embora.

Preparavam-se para ir embora quando, causando surpresa a todos, a criança que se aproximara de Nancy chegou correndo com uma flor que ofereceu a Nancy.

— Eu gosto de você e quero lhe dar esta flor! Vou pedir ao Papai do Céu para cuidar sempre de você!

Antes que Nancy demonstrasse qualquer reação, a garotinha saiu correndo e foi ao encontro de sua mãe. Nancy, segurando a flor com a mão que possuía em seu bracinho deformado, chorou de emoção.

Sílvia, Clara e Vilma observavam a reação dela, seus sentimentos eram de alegria e esperança com aquela adolescente que nada conhecia do mundo e que, de repente, viu coisas importantes acontecerem em sua vida, em um único dia. O véu se levantou e permitiu a entrada da esperança para aquele coração sofrido.

O momento da grande transformação de Nancy chegara de mansinho, sem que ninguém o programasse, a não ser Deus, em Sua infinita sabedoria e bondade.

As três olhavam para Nancy, que relutava em tirar os olhos da pequenina flor que a criança lhe oferecera; para ela, mais que para qualquer outra pessoa, esse gesto tinha um significado muito maior: significava que não importa o tamanho da flor, cada uma tem o perfume próprio da sua constituição. Nancy aceitou isso e decidiu que a partir daquele dia jamais se esconderia do mundo; pelo contrário, iria se mostrar como era e dizer para quantos a quisessem ouvir que a vida, por mais atribulada, por mais difícil que seja, sempre vale a pena ser vivida, porque é esse viver que nos dá a luz da redenção.

Capítulo 8
Ninguém é vítima

Janete atendeu ao telefonema de Leandra ansiosa para saber como andava seu relacionamento com Augusto. A notícia que esperava havia algum tempo era confirmar se Leandra e Augusto estavam namorando. Leandra preenchia todos os requisitos que ela exigia para ser sua futura nora; a ela pouco importavam valores que não fossem visivelmente notados.

"Valores espirituais", pensava sempre, "para que servem se na verdade vivemos em um mundo material onde vence aquele que traz como identidade beleza e condição social confortável, os outros são utopias, pseudoverdades que se desfazem no primeiro desejo contrariado. Não, para mim as coisas precisam ser palpáveis e não ilusórias".

— Como está, Leandra? Espero que tenha boas notícias.

— Dona Janete, estou lhe telefonando para contar-lhe o que presenciei dois dias atrás.

Interessada, Janete respondeu:

— Pelo visto deve ser alguma coisa bem interessante, por favor, fale.

— Estava passeando pelo parque com uns amigos e presenciei algo que me deixou chocada.

— Por favor, Leandra, conte de uma vez.

Leandra, dando à própria voz um tom de falsa piedade, relatou o ocorrido com Clara e sua família, principalmente com Nancy. Nada omitiu.

— Foi a primeira vez que vi a menina, dona Janete; fiquei impressionada com sua figura e mais ainda com a coragem de sua mãe e irmã em expor a pobrezinha a um constrangimento daqueles. Ela foi alvo de olhares de todos que passavam, fiquei realmente muito chocada.

— É preciso que Augusto saiba disso, Leandra. É esse constrangimento que ele quer trazer para sua vida, ou melhor, para nossa vida. Você já contou isso para ele?

— Ainda não, vamos nos encontrar somente à noite. A senhora acha que devo contar? Não seria expor demais a menina? — perguntou, tentando imprimir à voz uma preocupação que não existia.

— Expor mais do que a própria família expôs? Pessoas assim, Leandra, merecem nossa compaixão, mas são pessoas que deveriam ficar dentro de casa, evitando certas situações como a que você presenciou. Augusto precisa saber, pode ser que ele caia na realidade e acabe de uma vez por todas com o sonho que alimenta e que não tem nenhuma possibilidade de realizar.

— Está bem, dona Janete, vou contar para ele.

Assim que desligou o telefone, percebeu Pedro ao seu lado.

— O que faz aí, Pedro? Deu para escutar minha conversa ao telefone? Será que não tenho mais privacidade em minha própria casa?

— Não foi de propósito, Janete, mas ouvi o que falava com Leandra. Será que não pode deixar Clara e sua família em paz? O que você tem a ver com problemas que não são seus?

— Com os problemas de Clara realmente nada, mas quando coloca em risco o futuro de Augusto tenho o direito de me intrometer.

— Do que você está falando, Janete? Quem está colocando em risco o futuro de Augusto?

— Ora, Pedro, você sabe muito bem do que estou falando, dessa irmã de Clara que, se eu não tomar cuidado, quando perceber, Augusto já a terá colocado aqui dentro de casa.

— Não seja exagerada e principalmente não dê tanto crédito a essa menina que não sabe nada de si mesma, que dirá dos outros. Vive no seu mundo sem fazer mal a ninguém; é preciso ter piedade e não receio.

— Desde que ela não apareça na minha vida, Pedro, por mim tudo bem.

— Janete, temos um filho maravilhoso, perfeito, inteligente; enfim, não podemos reclamar de nada. Você já imaginou se ele fosse diferente, uma pessoa especial? Você deixaria de amá-lo?

— Essa pergunta para mim não tem resposta, se Deus nos deu um filho como Augusto é porque merecemos. Somos pessoas de bem, Pedro, vivemos a vida que conquistamos; cada um tem o que merece. Por favor, vamos parar com essa conversa que está me deixando irritada.

Pedro percebeu que não adiantava apresentar argumento para sua esposa; Janete era irredutível em seus conceitos, os quais acreditava serem corretos e justos; não se dava conta do quanto era preconceituosa, arrogante e cruel com as pessoas que não pensavam como ela. Uma nuvem de tristeza invadiu o coração dele: "Meu Deus, eu também já fui assim prepotente, orgulhoso, focado apenas nos meus desejos e conquistas! Quantos erros e enganos cometi em nome do que imaginava ser correto e natural; enfim, a vida me mostrou que pedras do caminho se retiram com trabalho, ética, compreensão e paciência, com a finalidade de construir algo novo e dentro dos princípios da moral".

Janete percebeu que o silêncio do seu marido estava povoado com suas lembranças.

— Pedro, está novamente relembrando o passado? Acho bom, porque assim você percebe que não é a pessoa mais indicada para pregar a moral ou dar conselhos a ninguém, principalmente a mim.

Sem responder, Pedro se afastou, pensando: "Preciso ter paciência, ela não deixa de ter razão, o meu passado vai me condenar pelo resto de minha vida. Esse é o preço que se paga quando se age com indignidade".

Lembrou-se de Vilma e do quanto ela o ajudara a superar suas angústias.

"Se não fosse ela a me mostrar um caminho, jamais teria tido forças para continuar minha vida com esse arrependimento que me consome. Se Janete desconfiar que somos amigos, que frequento a mesma reunião que ela, não sei do que seria capaz. Como a vida prepara meios de nos mostrar alternativas para sairmos das teias que nós mesmos tecemos! Conheci Vilma por acaso, sem saber que era a pessoa que cuidava de Nancy... a afinidade nos uniu em uma amizade verdadeira, aceitei seu convite para conhecer a casa espírita que frequenta e, graças às reuniões ministradas semanalmente, conheci outro lado da vida, o lado do amor ao próximo e do respeito às diferenças. Aprendi que nada muda em nossa vida se não mudarmos primeiro; enfim, ninguém tem o direito de julgar ninguém porque todos somos falíveis, erramos muitas vezes e acertamos algumas, porque como dizem os espíritos: estamos todos no aprendizado de nós mesmos, caminhando rumo à evolução."

Voltou a si ao ouvir a voz de Augusto:

— Posso saber por onde estava viajando sr. Pedro?

— Oi, filho, não senti sua presença, estava pensando na vida, em como somos frágeis diante de certas situações.

— O que quer dizer, pai?

— Nada, filho, nada de importante. E você, como está com Leandra?

— Não estou nem deixei de estar pai.

— Como assim, Augusto, vocês não estão namorando?

— Na cabeça dela e de minha mãe. Mas na minha, somos apenas bons amigos, nada mais que isso.

— Pode explicar melhor?

— Pai, eu já disse milhões de vezes para minha mãe e para Leandra que não quero me envolver com ninguém. A única pessoa que me interessa e sempre vai me interessar é

Clara. Esse tempo todo que se passou não apagou meu amor por ela e nada vai apagar; sei que a perdi por uma fraqueza, por medo de enfrentar o vendaval que é minha mãe, mas não vou me envolver seriamente com ninguém, muito menos com Leandra, que parece filha da dona Janete.

— Filho, você tem razão, não comprometa seu futuro com alguém que não preencha totalmente seu coração, deixe o tempo passar, somente ele poderá trazer ou não Clara de volta para você. Enquanto isso, não se perca em comportamentos e compromissos que poderão envergonhá-lo mais tarde ou lhe trazer arrependimentos que poderão machucar seu coração.

Augusto, mais uma vez, sentiu algo estranho na fala de seu pai.

— Pai, às vezes sinto tanta amargura em sua voz, na maneira como fala! É como se alguma coisa estivesse cravada em seu peito, fazendo-o sangrar; posso ajudá-lo?

— Obrigado, filho, por se preocupar comigo, mas não quero afligi-lo com meus problemas, pois quem precisa resolvê-los sou eu, que os criei; porém, é muito bom saber que posso contar com você.

— Sempre, pai.

Ambos se abraçaram, dando vazão ao amor que sentiam.

— Tome cuidado, filho, pois com a vida desregrada que está levando, você pode se dar mal.

— Pai, vou ser sincero com o senhor, essa é a única maneira que encontro para suportar a saudade que sinto de Clara. Sei que estou bebendo em excesso, mas a bebida me faz esquecer minha mágoa.

— E Leandra, qual o papel que ela representa em sua vida?

— Papel nenhum, pai, ela é igualzinha à minha mãe: voluntariosa, autoritária; enfim, estar com ela é como sair de um vendaval e entrar em uma tormenta.

— Por que então sai com ela?

— Porque, apesar de tudo, ela me diverte e ajuda-me a esquecer de Clara por alguns momentos. Além disso, ela não dá chance para eu me afastar, chegando a ponto, pai, de dizer para todo mundo que somos noivos. Veja que maluquice!

— Não sei, filho, receio que isso ainda venha a lhe causar mais sofrimentos. Vocês agem de uma maneira muito inconsequente e perigosa; seu argumento de dizer que é para esquecer não tem fundamento, pois o esquecimento pode vir de outra maneira ou não, mas isso não justifica, como já disse, colocar em risco sua saúde e sua vida, assim como a dela também.

Augusto pensou: "Meu pai deve ter razão. Preciso aceitar tudo o que aconteceu, uma vez que já passou um bom tempo e eu continuo na mesma posição de inconformação".

— O senhor acha que eu poderia tentar falar novamente com Clara?

— Tentar sempre é possível, mas é importante estar preparado para a reação dela, que poderá não ser a que você deseja.

— Não sei, pai. Acho que vou procurá-la mais uma vez, se nada acontecer tiro de vez qualquer esperança em relação a nós dois.

— Faça isso, meu filho.

— Faça o quê? — ouviram a voz de Janete. — A bobagem de ir novamente implorar o amor daquela insuportável? É isso?

— Mãe! Não a vi chegar!

— Ainda bem que cheguei a tempo de ouvir tamanho disparate: meu filho ir implorar o amor de alguém que não se importa com ele! Sim, porque se se importasse, não teria se afastado tão facilmente de você.

— Facilmente? A senhora tem a coragem de dizer facilmente depois de tudo o que fez com Clara?

— O que fiz? Apenas constatei uma situação clara e notória que ela queria impor a todos nós, ou seja, trazer para nossa família alguém que nada tem a ver conosco, com nossa condição social, intelectual; enfim, vocês deveriam me dar razão e agradecer por ter livrado todos nós desse constrangimento. Quero que saiba, Augusto, que não se fala mais nisso. Esse caso está definitivamente encerrado, nós não precisamos e não queremos a presença dessa moça, e peço que não me contrarie.

Augusto afastou-se sem dar nenhuma resposta à mãe; sabia que por mais que explicasse ela não compreenderia nem aceitaria Clara.

"Mesmo assim, vou falar com Clara", pensou, "devo isso a mim mesmo".

Janete, sem perder tempo, foi telefonar para Leandra.

— Preciso muito falar com você — disse —, pode vir até minha casa?

— Claro, dona Janete, estou aí em um instante.

Pedro, ouvindo o telefonema da esposa, deduziu:

— Ela vai aprontar alguma, sei que vai!

Assim que Leandra chegou, Janete levou-a até o jardim de sua casa.

— Vamos conversar aqui, Leandra. As paredes têm ouvidos, não quero que Pedro ouça a nossa conversa.

Ambas se sentaram, e em poucas palavras Janete colocou Leandra a par de tudo o que ouvira.

— É isso, Leandra, quero que procure Clara e diga-lhe que é noiva de Augusto. Precisamos impedir que os dois se entendam.

— Mas eu nunca conversei com ela!

— Isso não importa, Leandra. Quero que ela saiba que Augusto está comprometido. Sendo assim, com toda a dignidade que ela diz que tem jamais aceitará se interpor entre vocês; a ética dela vai além do aceitável.

Leandra pensou: "Preciso tomar cuidado com dona Janete, é melhor tê-la como amiga, fazer o que me pede; afinal, a beneficiada sou eu; se ela quiser que eu me case com Augusto, isso com certeza acontecerá, pois ele não tem coragem de medir forças com ela".

— Onde eu posso encontrá-la?

— No mesmo lugar que a encontrou outro dia, lembra?

— No parque?

— No parque, não é lá que ela leva a irmã para passear?

— Pode deixar comigo, dona Janete, farei tudo direitinho.

Janete sorriu e pensou: "Essa é das minhas! Assim como a minha, a sua ética é bastante questionável".

Conversaram mais um tempo e Leandra partiu.

— Sua amiga já foi? — perguntou Pedro que, conhecendo a mulher que tinha, desconfiou do motivo que a levou a chamar Leandra até sua casa.

— Já. Ela estava com pressa.

— Você se dá bem com ela, não, Janete?

— Ela é a nora que gostaria de ter: elegante, educada, bonita e...

— Sem nenhum escrúpulo! — exclamou Pedro.

— Por que está dizendo isso, Pedro, posso saber?

— Pode. Se ela tivesse escrúpulo não aceitaria suas regras, não se imporia a Augusto, que todos sabemos que não gosta dela. Amor não se compra, Janete, conquista-se.

— Não sei por que está dizendo tudo isso, até parece que eu domino a vida de Leandra e Augusto.

— É isso o que você faz, Janete, sua especialidade é dominar a vida de todo mundo como se fosse a senhora do destino de todos.

— Não vou perder meu tempo ouvindo suas asneiras — disse Janete afastando-se.

"Você perde seu tempo sempre, Janete, e é difícil recuperá-lo", pensou.

"Preciso tomar mais cuidado, Pedro está desconfiado", pensou Janete, "se ele confirmar suas suspeitas vai contar para Augusto".

※

Sabemos que não somos vítimas, muito menos inocentes, somos responsáveis por nossos atos. As consequências de nossos erros, enganos e da nossa leviandade chegam sempre, mais cedo ou mais tarde. Julgar o semelhante é julgar a si mesmo, pois como disse Jesus seremos julgados com a mesma força com a qual julgamos o próximo. Todos erramos, algumas vezes consciente outras inconscientemente, mas ninguém está livre de se envolver em consequências funestas.

O preconceito age como um câncer que corrói a alma de quem sente e machuca como uma lâmina afiada aqueles que são alvos dele.

As pessoas que chegam ao mundo como especiais, ou se tornam assim por conta de acidentes durante o percurso da vida física, precisam de tratamento adequado e amparo emocional, que pode ser expresso no toque das mãos, nas palavras de incentivo, no modo de fazer despertar a esperança e amenizar a angústia que sentem.

O amor ao nosso semelhante nos torna humanos. É prudente escolher sempre o lado do amor e da fraternidade, pois ninguém sabe o que está reservado no dia de amanhã. Sabemos o que podemos construir hoje, portanto, é preciso valorizar o tempo de que dispomos, pois a única certeza que temos é o momento presente, e cada hora desperdiçada jamais voltará.

Ser feliz é uma opção de cada um! Mesmo que não tenhamos nada de material, sempre teremos a palavra e o amor para oferecer àqueles que muitas vezes nem isso possuem, mas que ainda guardam bem forte dentro de si a presença de Jesus.

Não nos esqueçamos de que cada dia que nasce nos traz a oportunidade de um novo recomeço.

Capítulo 9
Evitando pensamentos ruins

Clara, entusiasmada, foi acordar Nancy para o passeio que se tornara rotina todos os domingos.

Pensava em como Nancy fora prejudicada durante aqueles anos em que viveu escondida em um mundo que só pertencia a ela.

"O que faz a vergonha e o preconceito!", pensava. "Tantas pessoas iguais a ela circulam pela vida naturalmente, participam do dia a dia da família, da vida de pessoas em geral, mostram que são capazes de se superar, de realizar coisas dentro das suas possibilidades! Contudo, Nancy ficou confinada a um espaço limitado por conta de pensamentos preconceituosos... Não quero nem posso julgar ninguém, mas todos precisamos compreender que não devemos privar as pessoas da oportunidade de viver mesmo que tenham limitações".

— Vamos, Clara, quero ficar bem bonita para nosso passeio — pediu Nancy.

— Claro!

— Mamãe vai conosco?

— Claro que vou — respondeu Sílvia chegando e beijando-a — acha que eu iria perder a oportunidade de ver minha filhota brilhar?

Clara e Vilma perceberam alguma coisa diferente em Sílvia. Ela estava mais alegre e mais próxima de Nancy; enfim, notaram que ela parecia mais confiante.

— Mãe, aconteceu alguma coisa, a senhora parece diferente, mais natural. Não sei explicar.

— Aconteceu sim, minha filha.

— Podemos saber do que se trata?

Sílvia fez um sinal pedindo que Clara e Vilma a acompanhassem e que Nancy as aguardassem.

— Fale, mãe, o que aconteceu?

— Fui falar com o dr. Jaime.

— E daí? — perguntou Clara com ansiedade.

— Calma, filha, vou lhe explicar. Estava preocupada com tudo o que a sra. Carmen afirmou, principalmente em relação ao dom de Nancy para falar com as pessoas; pareceu-me estranho, por saber que ela nasceu com uma pequena lesão cerebral. Considerei impossível que ela conseguisse coordenar vários pensamentos e passá-los às pessoas.

— E aí, mãe? Por favor, explique tudo isso. O que a senhora fez?

— Contei ao dr. Jaime tudo o que havia acontecido e principalmente o que Nancy anda falando há algum tempo e que me surpreende, pois tudo tem lógica.

— E ele, mãe, o que respondeu?

— Disse-me que realmente Nancy possui alguma dificuldade em aprender, ou melhor, em gravar na sua memória; mas tem capacidade para se expressar normalmente, principalmente sobre questões que traz em si mesma, que elaborou por si própria usando os recursos que possui. Por conta dos muitos anos que ficou ausente, excluída do mundo, das pessoas, fechou-se cada vez mais em si mesma. A partir do momento em que se sentiu acolhida, começou a se deixar envolver pela vida. O doutor me disse que ela aprendeu muito devido ao sofrimento de se sentir excluída, e que possui muitas coisas para passar adiante, que serão úteis para outras pessoas, deficientes ou não. Questionei-o se o que dona Carmen havia dito tinha procedência, e ele respondeu:

"Evidente que sim. Essa senhora teve sensibilidade suficiente para perceber o que está latente em Nancy; talvez seja essa a tarefa que ela precisa cumprir. Portanto, não tenha medo, deixe-a firmar seu lugar como tantas outras pessoas iguais a ela firmaram. Quanto mais seu cérebro for estimulado, mais irá responder".

— Foi isso que conversei com ele e lhes afirmo que me sinto aliviada e feliz por Nancy, ao mesmo tempo em que me culpo por ter sacrificado sua existência por todos esses anos.

Clara abraçou a mãe e completou:

— Estou orgulhosa da senhora, mãe. Não se culpe, o importante é que percebeu o engano, aceitou de verdade Nancy, sem questionar sua aparência. Foi muito bom ter ido falar com o dr. Jaime, assim fica mais tranquila em relação às palavras de dona Carmen.

— Todos aprendemos, dona Sílvia, principalmente que o amor não possui aparência, mas sim energia que faz bem a quem o recebe e a quem o sente.

— Bem, vamos pegar Nancy? — perguntou Clara. — Ela já deve estar ansiosa.

— Vamos!

Em pouco tempo, estavam prontas e dirigiram-se ao parque.

Nancy observava tudo com interesse. Notava-se facilmente a alegria estampada em seu rosto.

— Mãe, os pássaros são diferentes de nós, eles podem voar e os homens não!

Sílvia olhou para Clara e Vilma demonstrando surpresa com as palavras de Nancy.

— Sim, filha, os pássaros possuem uma constituição diferente dos homens, por essa razão eles podem viver no ar e os homens não.

Nancy silenciou por alguns minutos, depois voltou a dizer:

— Os peixes também! Eles só vivem na água!

— É, filha, os peixes também são diferentes.

— Foi Deus quem criou todos nós, eu sei, Ele colocou cada um em seu lugar, não é, mãe?

— Exatamente, filha. Deus criou cada ser para viver no lugar que deveria.

Sílvia olhou para Clara pedindo socorro, receava não saber responder às perguntas de Nancy. Clara sorriu e a incentivou:

— Perfeito, dona Sílvia, respostas simples para uma mente simples. Parabéns, mãe.

— Vamos caminhar até a fonte? — convidou Vilma.

— Você quer ir, Nancy?

— Quero, adoro ver a água "dançando".

No caminho, foram interpeladas por Leandra.

— Você é a Clara, não?

— Sim, sou eu. O que quer? — Clara já não se lembrava mais da moça.

— Pedir que deixe meu noivo em paz — respondeu Leandra de forma arrogante.

— Desculpe, mas eu conheço o seu noivo?

— Não se faça de inocente, odeio pessoas sonsas que fazem tudo em surdina.

— Você deve ser maluca, não a conheço, muito menos sei quem é seu noivo.

— Pois vou refrescar sua memória... Sou noiva de Augusto; vamos nos casar em breve e gostaria de pedir que o deixasse em paz. Tenha a delicadeza de nos deixar em paz.

Clara sentiu faltar o chão.

"Ele vai se casar!", pensou.

Esforçando-se para não deixar transparecer a angústia que invadiu seu coração, Clara respondeu:

— Não sei de onde você tirou essa ideia, que não tem o menor fundamento. Seu noivo não me interessa mais, quero mesmo que faça bom proveito da personalidade fraca dele e sejam felizes; agora, se me dá licença...

Ia se afastando quando ainda ouviu:

— O recado está dado, aconselho-a a não me desafiar.

Sem responder, Clara continuou empurrando a cadeira de Nancy, com lágrimas escorrendo pelo rosto.

Sílvia e Vilma ficaram chocadas com o que presenciaram.

— Aposto que tem as mãos de dona Janete — disse Vilma.

— Pode apostar que tem — concordou Sílvia.

— Dona Sílvia, às vezes fico pensando como podem existir pessoas tão insensíveis à dor do próximo; o que Nancy fez para dona Janete para ela sentir tanta repulsa?

— Nancy não fez nada — respondeu Clara. — Dona Janete está fazendo mal para si mesma nutrindo em seu coração o orgulho que a leva ao engano de se achar melhor que as outras pessoas. Pobre mulher, não sabe que tudo pode mudar na nossa vida se Deus assim o quiser! O orgulhoso pode cair do pedestal onde se colocou e o humilde pode subir ao pódio levado por corações agradecidos.

— Tem razão, filha, o tempo resolve todas as questões e coloca cada um em seu devido lugar, rico ou pobre, não importa, todos um dia estarão recebendo o que lhes compete.

Querendo retomar a alegria anterior, Clara sugeriu:

— Que tal tomarmos um sorvete?

— Clara, eu não consigo segurar um sorvete! — exclamou Nancy. — Você esqueceu?

— Não, querida, mas posso dar para você, não posso?

— Pode, mas as pessoas vão ficar olhando!

— Claro que vão — respondeu Clara. — E vão pensar: que menina linda tomando sorvete! — Nancy sorriu. — E, depois, você não vai deixar de tomar sorvete por causa das pessoas, vai?

— Não! Não vou!

Entraram na sorveteria e se deliciaram com os saborosos sorvetes caseiros.

— Clara, você ficou triste depois que aquela moça falou com você. Ela a magoou?

— Não, Nancy, ela não me magoou. Na verdade, ela não sabia o que estava dizendo e eu não vou levar para casa suas palavras; portanto, vamos continuar nosso passeio.

Só Deus sabia o que Clara sentia em seu coração: "Agora sim, perdi Augusto para sempre. Não pensei que fosse se esquecer de mim tão depressa a ponto de se casar. O melhor é me esforçar e esquecê-lo".

Percebendo o cansaço de Nancy, todas voltaram para casa. Assim que chegaram, Vilma levou a menina para o quarto.

— Vilma, a Clara não quis dizer, mas eu vi que a moça a magoou muito. Foi por minha causa?

— Lógico que não, Nancy, que ideia a sua! Por que alguém ofenderia Clara por sua causa? Por que pensa assim?

— Sabe, Vilma, percebo que existem pessoas que não gostam de me ver, acham-me estranha, feia. E acho até que elas têm razão.

— Não, Nancy, elas não têm razão. A beleza verdadeira é a que trazemos no nosso interior, porque ela não acaba, não morre, como a beleza externa; o mais importante nesta vida é ser belo dentro dos padrões de Deus, não nos dos homens.

— Eu também penso assim, mas a maioria das pessoas dá mais importância ao que pode ver, e poucas conseguem enxergar com os olhos do coração.

Aproveitando o momento, Vilma perguntou:

— Querida, você gostaria de ir comigo à Casa Espírita que frequento?

— Gostaria sim — respondeu — se mamãe deixar e a Clara for também; acho que essa reunião deve ser muito bonita.

— Vamos combinar com a Clara e com sua mãe para irmos na próxima semana?

— Vamos!

— Que bom, Nancy, creio que fará muito bem a todas nós.

— E, Hugo, por que não o chamamos também?

— Boa lembrança, Nancy, vou falar com ele. Agora, descanse um pouco, foi um dia muito feliz, mas cansativo para você, não foi?

— Foi. Vou dizer uma coisa para você, Vilma, estou muito feliz de poder passear como todo mundo.

— Que bom, querida, agora vai passear sempre, ou melhor, agora você vai viver realmente.

O sorriso de Nancy foi um carinho no coração de Vilma.

Ao contrário da irmã, Clara ainda levava em seu coração as marcas das palavras de Leandra.

"Não consigo aceitar que Augusto tenha me esquecido, não depois de tudo o que vivemos juntos, dos planos que fizemos e dos sonhos que embalaram nosso amor. Meu Deus, por que as pessoas agem de maneira tão cruel com as outras? Tenho certeza de que tudo não passa de uma armação de dona Janete! Ela quer destruir qualquer sombra de reaproximação entre nós dois; e o pior é que não consigo esquecê-lo".

Sílvia contou a Hugo tudo o que aconteceu.

— Mãe, não é possível que dona Janete não se esqueceu de Clara! O que ela quer mais? Já não basta ter destruído a relação dos dois?

— Não sei, filho, o que me preocupa é o sofrimento de sua irmã, ela não consegue esquecê-lo.

— Mãe, questiono a atitude de Augusto. Ele não lutou por ela, é completamente submisso à mãe; Clara, ao contrário, luta pelo que quer, é uma batalhadora, defende seus princípios com a autoridade de quem sabe o que quer; enfim, talvez tenha sido melhor assim. Poderia não dar certo.

— Não sei, filho, pode ser que você tenha razão, mas como diz Vilma: o que está escrito nas estrelas ninguém muda.

— Vou falar com Clara.

— Faça isso, Hugo, ela está no quarto dela.

Hugo abraçou a irmã com carinho. Clara, sentindo-se acolhida, encostou sua cabeça no ombro do irmão e chorou.

— Pensei que fosse importante para ele, Hugo, mas não sou; o amor dele por mim era bem menor que o meu por ele, senão ele não estaria se casando tão rapidamente com outra.

Hugo se compadecia com o sofrimento da irmã.

— Clara, dê tempo ao tempo, dessa forma terá todas as respostas. Precisa esperar; afinal, você o ouviu dizer que vai se casar?

— O que você quer dizer?

— Estou perguntando se foi ele quem lhe disse que iria se casar.

— Evidente que não, Hugo, foi a noiva dele quem se aproximou de mim no parque e disse com todas as letras que ambos iriam se casar.

— Não sei se devo dizer isso para você, Clara; não quero lhe dar esperanças, mas não acha esquisito a noiva dele procurá-la para dizer que eles vão se casar? Vocês se conheciam?

— Já a havia visto uma vez.

— Não sei, mas isso está me parecendo coisa armada. É muito estranho que ela a procure somente para dizer isso, para magoá-la, não acha?

— Não pensei nisso, Hugo, mas de qualquer modo eles vão se casar e eu não posso mudar isso.

— Será mesmo?

Assim, saiu, deixando Clara pensativa.

※

Janete, na sua inconsequência, não se dava conta do quanto interferia na vida das pessoas, manipulava-as conforme seu desejo. Em seu delírio egoísta, precisava sentir-se dona absoluta do destino do filho, sem se importar se ele era feliz ou não, se tinha planos ou desejos; enfim, sua mente vazia impulsionava-a a escolher e a determinar o que julgava ser o mais importante para a vida de Augusto. Ela o manipulava como se fosse um brinquedo, achava-se dona daquele que trouxera ao mundo; nada mais sabia fazer do que controlar Augusto e Pedro.

"Deu certo", pensava satisfeita. "Leandra conseguiu acabar com Clara, destruiu qualquer possibilidade de reconciliação. Agora será muito difícil um entendimento entre os dois. Leandra é a nora perfeita; pensa como eu e, o melhor, não tem tanto escrúpulo como Clara, assim é mais fácil ser controlada. O importante agora é não deixar Augusto desconfiar que houve esse encontro entre as duas, ele colocaria tudo a perder."

✵

Assim como o perfume de uma flor atrai as borboletas, a mente vazia corre o risco de se tornar viveiro de moscas com as quais se afina. Devemos ocupar o nosso tempo, a nossa mente, com o trabalho salutar e pensamentos de amor e harmonia, evitando trazer à tona fatos e pensamentos desagradáveis.

A vida nos testa a cada dia e é preciso prudência e equilíbrio para não cair na escuridão na qual o orgulho e o egoísmo nos colocam.

Capítulo 10
Decisão importante

Clara estava tão distraída que se assustou quando sentiu em seu braço a mão de Augusto.

— Augusto!

— Desculpe se a assustei, não tive a intenção.

— Realmente você me assustou.

— Como está, Clara?

— Muito bem, e você?

— Caminhando, Clara, para dizer a verdade completamente sem destino.

— Por que tanta amargura, Augusto? Deveria estar feliz.

— Feliz, eu? E por que deveria estar se perdi a única oportunidade de realmente ser feliz?

O coração dela disparou diante das palavras de Augusto.

"Meu Deus! Será que ele se refere ao nosso relacionamento?", pensou.

— A proximidade de seu casamento não é um bom motivo para deixá-lo feliz? Não é o que você está desejando?

O espanto de Augusto surpreendeu Clara.

— O que está dizendo, Clara? Meu casamento? De onde tirou essa ideia maluca?

— De lugar nenhum, ouvi de sua própria noiva.

— Minha própria noiva? Que noiva é essa se não tenho nenhuma?

"Meu Deus, o que é isso? Vou ficar maluca", pensou.

Em poucas palavras, Clara relatou tudo o que acontecera no parque e o que Leandra lhe dissera sem omitir nada.

— Não posso acreditar no que está me dizendo. Somos amigos, nada mais que isso, jamais namoramos e nunca passou pela minha cabeça casar com ela, e sabe por quê? Porque a única pessoa com a qual me casaria não me quer mais.

— Por que alguém mentiria dessa forma, o que ela ganharia com isso?

— Clara, a única explicação se chama dona Janete. Tenho certeza de que minha mãe está por trás disso. Leandra é tola o suficiente para compactuar com as loucuras da minha mãe. Mas vou tirar isso a limpo e acabar de vez com a intromissão de minha mãe na minha vida, mas antes preciso saber uma coisa muito importante, que determinará o que me ocorre fazer se a resposta for afirmativa.

— Que coisa é essa?

— Clara, já se passou um bom tempo e eu não consigo esquecê-la, amo-a do mesmo jeito, com a mesma força e o mesmo desejo de torná-la minha esposa. Se você me aceitar e disser que também me ama, sei muito bem que atitude tomar em relação à minha mãe. Você me ama?

Sem saber o que responder, Clara ficou em silêncio.

— Devo considerar seu silêncio como uma resposta negativa?

— Não. Deve considerar como uma dificuldade em dizer sim devido à emoção que estou sentindo por novamente estar perto do homem que sempre amei, ouvindo-o dizer que ainda me ama.

— Querida — disse Augusto abraçando-a fortemente. — Nunca deixei de amá-la, em momento algum. Sei que fui um fraco, mas acredite, vou mudar essa situação, por nós dois, pela nossa felicidade; o sofrimento me fortaleceu.

— O que pretende fazer? Sua mãe jamais vai concordar com nossa reconciliação. Estará sempre buscando motivos para nos separar.

— Hoje mesmo vou tirar essa história a limpo, com minha mãe e com Leandra, e comunicar à minha mãe que estou saindo de casa. Já estou bem crescidinho para assumir minha vida.

— Você faria isso por nós?

— Faria, não; vou fazer! E sabe por quê?

— Por quê? — perguntou Clara já sabendo a resposta.

— Porque não vou permitir que ninguém mais se intrometa em nossa união, nem mesmo minha mãe; nosso amor foi testado e venceu. Isso quer dizer que está programado para nós uma linda história; vamos construir uma família feliz que vai se unir à sua e à minha, se dona Janete aceitar.

Clara não sabia o que dizer diante da felicidade que sentia.

— Mas, e quanto a Nancy? Você vai aceitá-la?

— Claro, meu bem. Nunca a rejeitei nem poderia, porque não existe motivo para isso, errei em não enfrentar minha mãe, foi isso o que aconteceu, aceitei seus argumentos sem fundamentos, fui fraco e omisso, cometi o maior engano da minha vida. Você me perdoa?

Clara abraçou-o com força e disse:

— Como não perdoar o único homem que amei na minha vida e vou amar por toda a eternidade?

Apesar de tudo, Augusto percebeu uma sombra de preocupação no rosto de Clara.

— O que foi, meu bem, está preocupada?

— Augusto, você se importaria de ir falar com minha mãe e meu irmão? Acho que eles também gostariam de ficar cientes de toda essa história.

— Vou com prazer, acho que é minha obrigação dar uma satisfação a eles. Você apenas se esqueceu de dizer o nome de mais uma pessoa.

— Esqueci?

— Sim, Nancy. Quero que ela também esteja presente; afinal, é minha cunhadinha.

Os dois sorriram felizes com o reencontro.

※

A vida pode separar os olhares, mas não separa o amor quando este é verdadeiro.

Na casa de Clara, todos ficaram surpresos ao saberem do ocorrido.

— Filha, é isso mesmo que você quer? — perguntou Sílvia preocupada e receosa de que a filha voltasse a sofrer.

— Mãe, a senhora sabe mais do que ninguém que nunca deixei de amar Augusto; tudo foi esclarecido e vocês vão ouvir dele mesmo as explicações necessárias; não vou dizer mais nada, prefiro deixar que ele exponha os fatos.

— Está bem — disse Sílvia —, quero apenas vê-la feliz, traga-o para jantar conosco um dia desses, teremos muita satisfação em recebê-lo.

— Assim que combinar com ele eu a aviso, está bem?

— Estaremos esperando — respondeu Sílvia, pensando: "Meu Deus proteja minha filha, não permita mais sofrimentos para ela".

※

Augusto entrou em casa nervoso.

— O que foi, filho, algum problema?

— Todos os problemas do mundo — respondeu sem paciência.

— O que aconteceu, pode me explicar?

— Posso.

— Então, por favor, faça isso. Sabe que não tolero mau humor.

— E eu não tolero que se metam na minha vida. É muito bom que a senhora saiba disso, porque daqui para a frente não vou aceitar nenhuma interferência sua em nenhum sentido. Da minha vida cuido eu. Fui claro?

— Não sei do que está falando; o que eu fiz?

— Na verdade quem fez foi Leandra, mas tenho absoluta certeza de que foi sob o seu comando, como você sempre faz. Sua especialidade é manipular as pessoas, tudo precisa acontecer conforme o seu desejo, sua determinação, mas agora chega, mãe!

"Ele deve estar se referindo ao encontro de Leandra com Clara", pensou. Mas como soube se somente nós duas tínhamos conhecimento? A não ser que se encontrou com Clara... Sim, só pode ser isso". Assim considerou que a melhor defesa seria o ataque:

— Escute aqui, Augusto, não sei do que está falando, mas seja o que for estou fora disso e não admito que você ouse me acusar de algo que não tenho a menor ideia do que seja. Sou sua mãe e mereço respeito. É melhor pararmos com essa conversa antes que eu tome outra atitude. Se foi a insuportável da Clara que falou sobre algum encontro com Leandra, ela só pode estar mentindo. Não sei de encontro algum nem me interessa saber, aliás, nada que venha daquela família de deficiente me interessa.

Augusto ficou ainda mais indignado.

— O que a faz pensar que estou me referindo a algum encontro de Leandra com Clara? Eu não disse nada; isso quer dizer que tenho todas as razões do mundo para afirmar que a senhora está metida nisso até a raiz dos cabelos, não é, dona Janete?

Janete, a princípio se intimidou, mas logo retomou o autodomínio.

— Pois muito bem, Augusto. Estou metida nisso sim, já afirmei várias vezes que não vou tolerar a presença dessa família na minha vida. É muito bom que ela saiba de uma vez que você vai se casar com um moça de ótima família, assim não alimenta ilusões de reconquistá-lo.

Pedro, que apenas ouvia a discussão entre o filho e a esposa, pensou: "Meu Deus, Janete a cada dia mais se perde na inconsequência".

— A senhora compara sempre as duas famílias, e nessa comparação a de Leandra sempre está na frente como a perfeita, a distinta, enfim, a senhora não sabe nada da família dela, mãe, muito menos quem é Leandra na verdade, pois se soubesse jamais a aceitaria.

— Sei o suficiente, Augusto. Ela é de uma família que tem posses, bem-nascida, educada; enfim, o que sempre sonhei para você.

— Mãe, em nenhum momento a senhora falou de amor, de dignidade, de respeito e principalmente de caráter; pensei que fossem essas as qualidades que a senhora iria considerar.

— Augusto, pense comigo, filho, se você se casar com Clara a possibilidade de ter um filho com a mesma deficiência da irmã dela é muito grande! Eu não quero ser avó de aleijado.

— A senhora não sabe o que está falando, o seu preconceito é tanto que a deixa cega, fala sem conhecimento de causa, conhecimento este que eu também não tenho, mas existindo ou não essa possibilidade, mesmo assim não vou desistir do meu amor, da pessoa que escolhi para viver comigo por toda a minha vida; enfim, mãe, não perca seu tempo porque vou me casar com Clara sim, e nada vai impedir, muito menos a senhora — respondeu de forma explosiva e indignada.

— Isso é o que vamos ver! — exclamou ela, ameaçando o filho. — Vou deixar bem claro que não vou tolerar essas pessoas dentro da minha casa, muito menos a deficiente. Não se esqueça de que esta casa é minha!

— A senhora não deixa ninguém se esquecer disso, mas não se preocupe, não vou trazê-los aqui na sua casa, eles vão frequentar a minha casa.

Janete se assustou.

— O que quer dizer com isso?

— Quero dizer que estou indo embora desta casa.

Janete percebeu que estava perdendo a batalha.

— Posso saber para onde vai e como vai se sustentar? Sim, porque a partir do momento que sair daqui, não contará com nenhuma ajuda financeira.

— Primeiro, vou para um hotel até encontrar um apartamento para alugar; quanto a ajuda financeira, não preciso mãe, eu trabalho e posso me sustentar com dignidade; só lhe peço que não tente mais interferir na minha vida se quiser que eu tenha ainda algum respeito pela senhora — Olhando com tristeza para a mãe finalizou: — Vou arrumar minhas coisas, quero deixar bem claro que não queria esse desfecho, mas é necessário, para não acabarmos de vez com nossa família.

— Filho — afirmou Pedro —, entristece-me vê-lo sair de nossa casa, mas admiro sua coragem; lute pelo seu sonho, se o amor que sentem um pelo outro for mesmo verdadeiro, vocês serão felizes.

— Obrigado, pai. Desejo muito que o senhor também possa se libertar um dia para conseguir viver em paz.

— Quem sabe, filho!

Janete tentou mais uma vez fazer com que Augusto desistisse de sair de casa.

— Augusto, você é nosso único filho, não pode fazer isso conosco; eu lhe peço que fique.

— Mãe, meu amor por vocês continua o mesmo, mas preciso me definir na vida, construir minha base; enfim, posicionar-me no mundo como meu próprio provedor; quem sabe daqui a algum tempo tudo não está diferente? Não vou deixar de ser seu filho por morar em outra casa; acredite, é importante eu tomar essa atitude.

— E quanto a Leandra?

— Não tenho compromisso algum com ela e já disse muitas vezes: quero que ela também encontre seu caminho e deixe de interferir no meu.

Assim, ele dirigiu-se ao seu quarto. Também sofria por tudo o que estava acontecendo, mas sabia que era importante tomar uma atitude, sair do útero da mãe e comandar sua vida.

✳

Uma semana se passou.

Leandra, inconformada com o afastamento de Augusto, foi procurá-lo.

— Você não podia ter feito isso comigo! — exclamou irada. Quem você pensa que é para me humilhar dessa maneira?

— Leandra, nunca tivemos nada além de amizade. Não sei por que está tão nervosa, isso iria acontecer mais cedo ou mais tarde. Você sempre soube que eu amo a Clara. Nós nos entendemos, apesar de sua armação, portanto, gostaria que não insistisse em um envolvimento que nunca vai existir.

— Isso não vai ficar assim, pode acreditar, Augusto, tenho dinheiro suficiente para conseguir tudo o que desejo e meu maior desejo é você. Vou tê-lo custe o que custar.

— Conhecendo você como conheço eu até acredito que fará qualquer coisa.

Leandra afastou-se com passos fortes e o coração magoado e cheio de ódio.

— Vou falar com Janete, fiz tudo o que ela me pediu. Ela me garantiu que daria certo, que Augusto estava começando a gostar de mim, mas tudo não passou de uma grande mentira, ela também me paga!

Vendo Leandra partir, Augusto disse a si mesmo: "Meu Deus, como fui perder meu tempo com ela, que não possui nem um pouco de caráter. Felizmente, a vida está me dando nova oportunidade de ser feliz com a pessoa mais íntegra que conheço; e não vou perder essa chance".

Lembrou-se de que aquele era o dia do jantar na casa de Clara.

— Preciso explicar tudo o que aconteceu para a dona Sílvia; espero que ela compreenda e não cause nenhum obstáculo na minha relação com Clara.

Ao pensar em Clara, sentiu uma sensação de paz em seu peito.

— Como pude ser tão fraco a ponto de aceitar as imposições de minha mãe? Não quero ficar como meu pai, acomodado, sem lutar pelos meus sonhos. Alguma coisa mais séria o prende à minha mãe, ele nada diz, mas é notório que não se sente feliz ao lado dela, o receio de enfrentá-la o deixa omisso, mas assim como eu, ele também um dia vai se libertar.

※

Na casa de Clara, Sílvia se entregava aos cuidados com o jantar que ofereceria a Augusto.

— Quero que tudo corra bem. Minha filha está feliz e é tudo o que quero, portanto, se ela aceitou as desculpas de Augusto não serei eu a criar problemas, por menor que seja. Como bem disse Vilma, as pessoas erram incessantemente porque são humanos e passíveis de enganos. O que importa é que Augusto tomou consciência do próprio erro e ouviu seu coração.

— Dona Sílvia — ouviu a voz de Vilma — Nancy reclama sua presença, não sei qual a razão, mas hoje ela está um pouco agitada.

— Vou vê-la!

Acompanhou Vilma até o quarto da filha e assustou-se ao vê-la chorando.

— Nancy, o que houve, por que está chorando?

— Eu soube que hoje o namorado de Clara vem jantar aqui em casa e eu gostaria muito de estar com vocês nesse jantar, mas penso que é impossível.

— O que está dizendo, filha? Por que acha que será impossível estar com sua família?

— Sei que ele ficará constrangido, como todo mundo fica quando me vê!

Sílvia experimentou uma angústia em seu coração. Acariciou o rosto de Nancy, passando a mãos em seus olhos úmidos, e lhe disse:

— Filha, é claro que você estará conosco no jantar; em momento algum você foi excluída e nunca será. Augusto quer muito estar com você, Nancy, se não quisesse, não viria aqui. Filha, ninguém mais vai machucá-la, mamãe já lhe pediu desculpas por todos esses anos que a mantive confinada dentro de casa. Envergonho-me da minha atitude leviana, mas quero que saiba que mesmo agindo assim nunca deixei de amá-la. Fui inconsequente e mais uma vez peço que me perdoe, mas tenha certeza de que tudo isso já passou; tenho orgulho de você, da sua lucidez, das coisas que diz; enfim, quero-a ao meu lado em todos os momentos, principalmente nos momentos de festa.

Nancy encostou sua cabeça no peito de sua mãe.

— Mãe, quero lhe pedir uma coisa.

— Fale, filha, o que é?

— Quero ir com Vilma àquela casa aonde ela vai toda semana, posso?

Sílvia olhou para Vilma, que balançou a cabeça pedindo que deixasse.

— Por mim tudo bem, filha. Quem decide é Vilma, se quiser pode levá-la.

— Você quer, Vilma?

— Com o maior gosto, Nancy. Por que não convida sua mãe para ir conosco?

— É verdade, a senhora quer ir conosco, mãe?

— Quero — respondeu Sílvia sorrindo — preciso mesmo aprender muitas coisas; assim aprenderemos juntas, não, Nancy?

— Que bom, mãe!

— Você quer ir até a beira do rio, Nancy? — perguntou Vilma.

— Quero, quero muito.

— Então vamos, deixemos sua mãe ocupada com os preparativos do jantar.

Separaram-se e Vilma dirigiu-se com Nancy até o lugar onde ela mais gostava de ficar. Sílvia, vendo-as, pensou: "Meu Deus, como fui tola, inconsequente, leviana, não sei... por que só agora me dei conta da filha maravilhosa que tenho? Deixei-me levar pelo preconceito, pela vergonha de ter uma filha deficiente! Olhava somente para seu corpo disforme e não conseguia ver quem ela era na verdade, ou seja, muito mais que um corpo, uma alma perfeita e corajosa que passa por esta prova tão penosa e não se deixa abater. Não enxerguei o que ela tem para oferecer, que é mais do que possui tantas pessoas 'perfeitas'. É fácil amar aqueles que são perfeitos, fisicamente bonitos e divertidos; mas nem sempre gostamos das pessoas que nos incomodam ou nos fazem sentir desconfortáveis por não possuírem os padrões de beleza que nós mesmos definimos".

※

Dentro de cada alma existe uma rosa; as qualidades dadas por Deus vão crescendo em meio aos espinhos de nossas faltas.

Se olharmos apenas para os espinhos, os defeitos, tanto nossos quanto dos outros, vamos nos desesperar e passaremos a achar que nada de bom pode vir do interior de cada um.

Não raro, somos nós que nos recusamos a regar o bem que existe dentro de nós e, em consequência disso, ele morre.

A característica do amor verdadeiro é a capacidade de olhar para alguém, perceber suas fraquezas e aceitá-lo como desejaríamos ser aceitos.

Devemos reconhecer a beleza de todos, não importando se estão presos a um corpo deficitário ou não. É nosso dever ajudá-los a superar seus limites, mostrar-lhes que o corpo perfeito e belo nem sempre abriga uma alma perfeita e bela, pois as graves imperfeições são aquelas que atingem o espírito e são responsáveis por retardarmos nosso progresso espiritual.

Capítulo 11
Tudo conforme o plantio

Clara esperava ansiosa a chegada de Augusto.

— Calma, filha — disse Sílvia.

— Isso mesmo, Clara, fique calma; afinal ele não vai fugir. Pelo menos espero! — exclamou Hugo brincando com a irmã.

— Por favor, Hugo, não fale isso nem brincando.

Sílvia sorriu, divertia-se com a ansiedade da filha.

"Ela o ama de verdade", pensou. "Espero que ele corresponda a esse amor para que minha filha não sofra mais do que já sofreu."

Ao som da campainha, Clara correu para abrir a porta.

Vendo-se diante de Augusto, ficou parada olhando-o sem nada dizer.

— Não vai me convidar para entrar?

— Claro, entre Augusto — respondeu com um lindo sorriso.

Sílvia e Hugo receberam-no com gentileza, percebiam que Augusto sentia-se um pouco desconfortável e tudo fizeram para deixá-lo à vontade.

— Obrigado, dona Sílvia, por me receber em sua casa — foi dizendo —, sei que deve estar achando estranho eu estar aqui após tanto tempo, mas prefiro deixar claro logo de início que minha intenção é a melhor possível. Clara e eu conversamos bastante, pedi a ela que me desculpasse por minha fraqueza e omissão; disse-lhe o quanto a amo e como a desejo para minha esposa; portanto, peço-lhe desde já a mão de Clara em casamento.

Sílvia e Hugo não conseguiram disfarçar o riso.

— Augusto, temos muito prazer em recebê-lo aqui em nossa casa. Sugiro que fique à vontade e deixe seu pedido para mais tarde; deixo claro que se Clara o desculpou, se seu coração pertence a você, só podemos abrir os braços e recebê-lo com muito carinho. O que importa para mim, Hugo e Nancy é a felicidade de minha filha, ou melhor, de vocês; portanto, sente-se e sinta-se como se estivesse em sua própria casa.

— A senhora tem razão, estou ansioso, mas é melhor mesmo deixar esse assunto para mais tarde; afinal, Nancy não está presente e faço questão da sua presença.

Clara segurou a mão de Augusto e disse:

— Obrigada, meu amor!

— Não tem por que me agradecer, se vou pedi-la em casamento é natural que toda a família esteja presente; acho importante que todos me aceitem.

Sentaram-se e conversavam animadamente. Sílvia, chamando Vilma, pediu-lhe que trouxesse Nancy.

Assim que a viu, Augusto levantou-se e, aproximando-se dela, disse com carinho:

— Então você é a famosa Nancy? Conheço-a de nome, Clara fala muito da irmã que ama acima de tudo, e agora tenho o prazer de estar assim tão pertinho de você e poder ver como seu rosto é bonito.

Nancy sorriu.

— O rosto pode ser bonito, mas o resto...

— O resto é obra de Deus, Nancy. Ele quis que a beleza da sua alma se mostrasse em seu rosto porque ela é muito maior e contagia todos que a conhecem.

Todos se surpreenderam com as palavras de Augusto.

— Augusto — exclamou Clara — nunca pensei que você fosse ligado a essas coisas de religião.

— Não era, Clara, mas depois de tudo o que nos aconteceu tive grandes momentos conversando com meu pai e uma das coisas que ele me disse foi exatamente essa: não importa a nossa aparência externa, o amor sempre será mais importante; portanto, não devemos dar tanta atenção à beleza física, mas sim à beleza íntima, da alma, porque essa não se extingue jamais.

— Estou perplexa com você, meu amor! E também com seu pai, ele me parecia tão submisso à sua mãe, jamais imaginei ouvi-lo dizer coisas desse tipo.

— Estamos também impressionados — completou Hugo.

Nancy tudo escutava com atenção. Augusto continuou:

— Você tem razão, Clara. Meu pai não era assim, e eu também nunca poderia supor que ele tivesse essa lucidez; mas, de uns tempos para cá, ele começou a frequentar, óbvio que sem minha mãe saber, a mesma Casa Espírita que a Vilma frequenta, e seus conceitos foram se modificando. Ele percebeu a inutilidade dos sentimentos e das atitudes que tomava de acordo com a imposição de minha mãe e, aos poucos, foi se transformando em uma pessoa mais humana; foi ele quem me deu forças para enfrentar minha mãe e seguir minha vida da maneira como desejo.

Todos estavam admirados com a sinceridade de Augusto.

"Ele parece ter realmente mudado", pensou Clara.

Augusto aproximou-se mais de Nancy e a abraçou dizendo:

— Quero que me aceite como seu cunhado e principalmente como amigo.

— Eu já o aceitei — respondeu Nancy —, gostei de você e sei que vai fazer minha irmã feliz, só lamento não poder entrar na igreja levando as alianças! — exclamou sorrindo. — Mas elas estarão aqui bem dentro do meu coração embaladas pelo meu mais sincero desejo de felicidade.

Todos sorriram felizes.

Iniciava-se ali uma vida de união e felicidade, e também de muitos obstáculos.

※

— Nancy, você gostou de Augusto? — perguntou Clara assim que ele partiu.

— Gostei muito, Clara; ele é muito bonito, não só no físico, mas também em seu interior.

Clara ficou pensativa e, em seguida, disse para Vilma:

— Você não acha que está na hora de Nancy iniciar sua missão, como disse dona Carmen?

— Acho sim — respondeu Vilma —, cada vez tenho mais certeza de que o caminho que Nancy vai percorrer é por meio da sua palavra; estou mais atenta a tudo o que ela diz, à maneira como se expressa, e concordo com dona Carmen: ela possui o dom de sensibilizar as pessoas. Poderíamos ir o quanto antes à reunião. Lá é o lugar apropriado para o desenvolvimento desse dom de Nancy.

— Podemos ir amanhã? — perguntou Nancy, que prestava atenção à conversa e sentia dentro do seu coração que um novo caminho se abriria para ela; o caminho de se comunicar com as pessoas compartilhando com os outros os seus pensamentos.

— Claro, se você quiser, Nancy, e estiver disposta, podemos ir sim.

— Quero muito. Quero me sentir igual a todo mundo, provar que posso emitir opinião, ser escutada, mesmo que seja por curiosidade.

Clara sorriu.

— Minha irmã, as pessoas vão ouvi-la porque você tem muito a dizer e a ensinar, porque possui a vivência de aceitação da vontade de Deus. Dizer às pessoas o que pensa, o que traz dentro do seu coração há tantos anos é superar a si mesma. E esse comportamento as pessoas admiram e com ele aprendem a valorizar os talentos recebidos que, não raro, permanecem escondidos pelo fato de andarem distraídas com o brilho efêmero da matéria.

— Você acha mesmo que eu vou conseguir?

— Não acho, tenho certeza — respondeu Clara. — Sua deficiência não conseguiu anular quem você é na realidade.

Nancy, como sempre fazia, deu por encerrado o assunto.

— Estou cansada, quero dormir.

Sem mais explicações, fechou os olhos e encerrou-se em si mesma.

Clara e Vilma olharam aquele pequeno corpo disforme e sentiram um amor mais forte ainda por Nancy.

— Às vezes me pergunto, Vilma, o que será que está inserido no passado para alguém reencarnar carregando uma prova tão difícil?

— A princípio, pode parecer, Clara, que aí está uma grande injustiça de Deus, mas sabemos que isso jamais acontece, pois o Criador não possui dois pesos e duas medidas; nenhum de nós é vítima do acaso, recebemos o que semeamos e, na maioria das vezes, não prestamos muita atenção à semeadura, mas a semente cresce e produz os frutos de acordo com o plantio.

— Isso quer dizer que em vez de injustiça aí está presente a suprema bondade do Criador, que permite ao lavrador imprudente fazer uma nova semeadura.

— Exatamente, Clara, escrevemos nossa própria história e somos os únicos a vivenciá-la porque, na verdade, somos herdeiros de nós mesmos. Portanto, feliz daquele que consegue superar e vencer as provas exercitando o amor.

— É por tudo isso que o único sentimento que transforma o homem é o amor, não é, Vilma?

— Sim. É por essa razão que devemos aceitar a vida como ela é e por meio dessa aceitação modificar o que podemos, ou seja, nossa conduta em relação ao semelhante e a nós mesmos, com o trabalho, o amor ao próximo e a caridade plena.

— Mas não devemos deixar de sentir compaixão pelos irmãozinhos que de uma forma ou de outra trouxeram em seu corpo as marcas da inconsequência de outrora — exemplificou Clara —; afinal, todos temos dívidas a saldar e cada um carrega em si a parcela da culpa a que faz jus.

— Tem razão, nada na vida acontece em vão. Deus nada faz que não tenha uma finalidade justa, de progresso espiritual. Nem sempre recebemos o que esperamos, o que queremos, mas sempre o que precisamos. Deus não atende às nossas vontades e sim às nossas necessidades — completou Vilma.

Percebendo que Nancy se entregara ao sono reparador, saíram do quarto em silêncio. Levavam no coração a certeza de que algo mudaria na vida de todos.

> *A expiação consiste nos sofrimentos físicos e morais que são a consequência da falta cometida, seja desde a vida presente, ou seja, depois da morte, na vida espiritual ou ainda numa nova existência corpórea, até que os traços da falta tenham desaparecido.*[9]
>
> *As expiações, todavia, são impostas, irrecusáveis, por constituírem a medicação eficaz, a cirurgia corretiva para o mal que agravou.*[10]

9. KARDEC, Allan. *Revista Espírita*, 219. Julho de 1864. (N.M.)

10. FRANCO, Divaldo P. Joanna de Ângelis. *Plenitude*. Capítulo 3, "Origens do Sofrimento". (N.M.)

Provação é a luta que ensina ao discípulo rebelde e preguiçoso a estrada do trabalho e da edificação espiritual.

Nem tudo o que acontece se inclui como prova para o indivíduo. Muitas vezes, é fruto das próprias circunstâncias em que vive e da situação do próprio orbe. Podem-se considerar programados ou previstos os acontecimentos de grande monta que exercem influência decisiva na vida do indivíduo.[11]

---

11. XAVIER, Francisco Cândido. Emmanuel. *O consolador*. (N.M.)

Capítulo 12
Erros e consequências

Janete se surpreendeu com a chegada de Leandra em sua casa, devido à maneira como se apresentou.

— O que é isso, Leandra? Nunca a vi assim tão nervosa, diria irada. Aconteceu alguma coisa com você?

— Aconteceu — respondeu impaciente. — E vai acontecer com você se não me der uma boa explicação.

— Explicação? Posso saber de quê?

— Pode e vai saber. Que história é essa de Augusto ter saído de casa e estar novamente com aquela garota?

— Leandra, o que aconteceu foi que Augusto descobriu que você foi procurar a Clara dizendo que iriam se casar. É óbvio que ele não gostou. Nunca o vi tão nervoso! Nós discutimos e percebi claramente que ele estava se desligando de qualquer influência minha, deixando notória a sua intenção de colocar um fim na minha interferência em sua vida. Vou lhe ser franca, nada pude fazer a seu favor.

— Você podia ter usado sua autoridade como sempre faz quando quer alguma coisa, ter insistido que não aceitaria uma reconciliação entre os dois; enfim, por que não fez nada?

Exasperada, pois não tinha a menor paciência para discutir um assunto quando sabia que não havia nenhuma chance de firmar sua vontade, Janete respondeu secamente:

— Leandra, sei entender quando perco. Da maneira como Augusto se comportou, as coisas que disse com tamanha convicção, não havia a menor chance de diálogo. Achei melhor aceitar por enquanto sua vontade. Se você quer mesmo saber, estou sofrendo muito com a ausência dele, que é meu único filho.

— Pois bem, dona Janete — falou Leandra com ironia —, a senhora não pensou em mim, colocou-me de lado sem nenhuma consideração depois de tudo o que fiz para ajudá-la! Saiba que isso não vai ficar assim, ninguém me despreza sem sofrer as consequências; portanto, pode esperar que a consequência virá, isso eu lhe garanto.

Assim, a jovem saiu impetuosamente, deixando Janete estupefata.

"Ela é mais voluntariosa do que eu pensava, vou ter de ficar atenta", pensou.

Leandra saiu levando em seu coração o desejo de vingança.

— Dona Janete e Augusto vão me pagar por tanta humilhação!

A vingança é uma paixão inferior que domina os homens atrasados moralmente; a vingança não é compatível com a perfeição; enquanto uma alma abrigar e conservar esse sentimento, ficará nos porões do mundo dos espíritos. André Luiz a define como "alma da magia negra" e completa: "Mal por mal significa o eclipse absoluto da razão".

※

Nancy estava intimamente eufórica esperando o momento de ir à reunião. Deliciava-se com a oportunidade de estar entre as pessoas, conviver com o mundo, poder se comunicar.

"Sei que serei alvo dos olhares de todos", pensava, "mas não faz mal, não posso recriminar ninguém, nem eu mesma gosto de me olhar no espelho! Como disse dona Carmen, cada um é fruto de seu passado, e eu não sou diferente das pessoas nessa questão, edifiquei em terreno falso e herdei as consequências dos meus erros".

— Um centavo pelos seus pensamentos — disse Vilma entrando.

— Não estou pensando em nada — respondeu.

— Duvido, Nancy, aposto que sua cabecinha está cheia de questões e seu coração de expectativas, acertei?

— Vou dizer que sim, mas... É natural que eu me sinta assim, não é?

— Evidente. Nesses últimos tempos muitas coisas novas surgiram em sua vida, principalmente a sua inclusão na vida lá fora.

— É verdade, Vilma, sentia-me tão desmotivada, triste e completamente solitária... Agora se descortina na minha frente uma nova vida, ou melhor, uma vida como deve ser vivida, depois de tantos anos em confinamento dentro da minha casa.

Vilma percebeu que havia algum tempo, Nancy estava mais lúcida, mais presente; diminuíra seus momentos de introspecção, tornara-se mais participativa e interessada; sem dizer que surpreendia a todos com suas palavras coerentes, que direcionavam os pensamentos das pessoas para o bem maior; a fé e a coragem para enfrentar as aflições sem desespero e revolta. "Sei que tudo passa", dizia, "nada é para sempre!"

Querendo prolongar o assunto, Vilma perguntou:

— Nancy, como você consegue dizer coisas tão esclarecedoras para as pessoas? Mostra um entendimento que às vezes me surpreende; enfim, de onde tira toda essa compreensão?

— Também gostaria de saber, Vilma. Na verdade, as palavras brotam no meu cérebro como se estivessem sempre ali, não sei dizer a você como sei, por que sei, mas garanto que tudo o que falo é verdade e é o caminho para o bem e o equilíbrio, não só para mim, mas para todas as pessoas. Não acha estranho?

"Não resta a menor dúvida, Nancy tem sensibilidade, ela é médium", pensou e respondeu à pergunta da menina:

— Pode parecer estranho, Nancy, mas na realidade ouso afirmar que você possui mediunidade.

— O que é isso, Vilma?

— É o dom que algumas pessoas possuem, de uma maneira bem acentuada, de se comunicarem com o mundo invisível, sentirem a influência dos espíritos em qualquer grau de intensidade, serem sensíveis às intuições e inspirações que recebem e poderem passar tudo isso para o mundo físico.

— Você acha que eu possuo isso?

— Acho sim, Nancy.

— Mas por que somente agora isso foi aparecer?

— Não sei explicar com exatidão, mas pode ser que agora chegou o momento de você iniciar uma tarefa com as pessoas; sair do mundo em que vivia prisioneira e se projetar em direção ao próximo que necessita ouvir palavras de conforto. Penso que chegou a hora de se colocar como intermediária entre os espíritos e os homens. Há médiuns que o são desde a infância, enquanto outros se tornam depois de adultos; portanto, não há idade nem tempo determinado.

— E isso é bom, Vilma?

— Sim. Mas, é preciso permanecer com o coração cheio de amor e respeito com o próximo. Dessa forma, os maus espíritos não ousam tentar enganar o médium; e se assim agirem, serão facilmente desmascarados.

— E o que fazer para se proteger desses espíritos?

— Ter amor, força moral, desejo firme e sincero para fazer o bem de maneira desinteressada e principalmente usar a defesa mais poderosa que existe: a prece. Como disse Jesus: "Orai e vigiai". Tudo isso os afasta.

— Sabe, Vilma, pode ser que você tenha razão, antes eu não sentia vontade de ir a lugar algum, passava mal todas as vezes que saía de casa. Gostava de permanecer em meu mundo admirando o caminhar das águas do rio... Agora, sinto em mim uma força que até então desconhecia, não me importo com a reação das pessoas quando me olham, pois sei que algum motivo existe para que eu esteja nessa situação de dependência, praticamente total. Sinto que posso fazer alguma coisa útil, ou seja, me comunicar.

— Estou muito feliz por você, Nancy, sei que se inicia um novo tempo em sua vida. Peço que não tenha medo, pois este é um sentimento avassalador, que mina as forças da alma e se acentua nas almas que não cultivam a fé, tornando-as mais suscetíveis às influências inferiores e atraindo o indesejável.

Nancy estava impressionada com as palavras de Vilma, mas sentia em seu coração crescer ainda mais a vontade de ser, de alguma maneira, útil às pessoas.

"Vou me esforçar", pensou.

— Quero ser o que Deus espera que eu seja: uma guerreira, que luta com as armas que possui, e não fica desejando algo que nunca poderá ter, porque meu Deus quis assim e os motivos um dia vou conhecer, se Ele permitir.

— Alegra-me sua maneira de falar, Nancy. Na verdade, Deus nos mostra o caminho, percorrer é opção de cada um.

A chegada de Clara alegrou ainda mais o rosto de Nancy.

— E aí — perguntou Clara —, animada?

— Muito — Vilma respondeu — para lhe ser franca animada em excesso, mas muito tranquila ao mesmo tempo.

— Que bom! Esperava mesmo isso. Trago uma boa notícia: Hugo vai conosco.

O rosto de Nancy se iluminou com um lindo sorriso.

— Verdade? Nunca saímos assim, todos juntos, não é legal, Vilma?

— É sim, Nancy, muito bom mesmo.

No horário combinado, todos saíram rumo à Casa Espírita.

Assim que entraram, foram recebidos pelo orientador que havia sido devidamente esclarecido por Vilma.

— Sejam bem-vindos à nossa casa — disse com cortesia.

— Obrigada, senhor...

— Jonas!

— Senhor Jonas — repetiu Sílvia —, sou muito grata por nos receber em sua casa.

— Senhora, esta casa não é minha, mas sim dos espíritos que trabalham no Evangelho de Jesus. Sou apenas o cuidador terreno, e em nome da espiritualidade dou-lhes as boas-vindas e desejo que se sintam acolhidos na casa do Senhor.

Todos se acomodaram e observaram tudo ao redor. O que viram agradou aos seus olhos e ao coração. Tudo estava na mais perfeita ordem e limpeza. Não havia nada que não fosse adequado; existia uma mesa com alva toalha e um pequeno vaso com flores brancas no centro; em um canto uma mesa pequena com uma jarra de água rodeada de copinhos já devidamente cheios com a água para que fosse fluidificada; o Evangelho em cima da mesa, um quadro do Divino Mestre e a música suave, que embalava o coração dos presentes.

Todos os que ali estavam foram convidados a entrar na sala conjugada, onde uma luz azul proporcionava serenidade. Lá, receberiam o passe magnético.

Após o procedimento, Jonas fez a leitura do Evangelho, e, em seguida, passou às explicações.

Nancy não tirava os olhos do orientador, bebia suas palavras como se fosse mel. Em certo momento, Jonas perguntou aos ouvintes se gostariam de fazer alguma pergunta ou observação; para surpresa geral, Nancy foi a única que disse:

— Eu gostaria, senhor. Tenho algumas dúvidas que gostaria que me esclarecesse.

— Pode falar ou perguntar o que deseja — respondeu Jonas com gentileza.

— Por que nasci assim?

— Assim como? — respondeu Jonas com outra pergunta.

— Como o senhor me vê!

— Você sabe como eu a vejo?

— Claro; como todas as pessoas me veem: com uma aparência feia que constrange e causa desconforto em todos.

— Não, Nancy. Não a vejo assim, os meus olhos mostram-me um pequeno corpo que está cumprindo a Lei de Causa e Efeito, mas meu coração consegue vê-la como você realmente é, ou seja, uma tarefeira tão valente e corajosa que escolheu passar por uma tarefa difícil, pois sabia que venceria. O que importa, na verdade, mais que o nosso corpo, é a nossa alma sã, perfeita, lúcida, plena de conhecimentos divinos e apta a percorrer com valentia os caminhos que devem ser percorridos rumo à redenção.

— Fale um pouquinho mais — pediu Nancy.

— As recompensas que sonhamos alcançar no reino dos céus são resultados obtidos pelo espírito que observa e pratica as leis de Deus; da mesma forma, os resgastes, as reparações, são consequências da violação dessa lei. Todas as criaturas trazem em sua história fatos que não foram muito felizes no pretérito, e a bondade e justiça divina proporcionam a todas a oportunidade de refazer sua história de maneira mais correta, digna e coerente com as leis do Criador. Não é só você, Nancy, que recebe sua cota de reparação, somos todos nós, cada um em acordo com o que necessita, mas ninguém pode anular a Lei de Ação e Reação.

— Devo ter feito algo muito cruel para receber uma cota tão pesada!

— Não nos cabe julgar a nós mesmos, Nancy, sobre o que fizemos no pretérito, mas sim nos esforçar para construir algo melhor, seguir a direção divina sem nos preocupar com o que fizemos no passado, mas sim com o que podemos fazer agora, no presente, para nos elevarmos como criaturas de Deus por meio da fé, do trabalho e do amor exercitado em favor do nosso semelhante. Esse é o caminho; por mais que sejamos atingidos por deficiências e limitações, sempre vai nos restar o caminho da prece, que nos aproxima de Deus.

Em silêncio, todos acompanharam a vibração feita para os necessitados e enfermos. Ao término da reunião, despediram-se de Jonas. Cada um levava em seu coração a energia salutar recebida dos amigos espirituais.

— Mãe, quero voltar a essa reunião — disse Nancy.

— Vamos voltar, filha, temos muito o que aprender!

Capítulo 13
Revendo o passado

Leandra permanecia inconformada com a separação de Augusto. Sabia que ele jamais havia prometido ou dado sinais de que desejaria mais do que uma simples amizade, mas sempre sentira por ele uma atração muito forte e sonhara ser um dia, principalmente com a ajuda de Janete, importante para ele.

O sentimento de rejeição falava alto em seu coração, e cada dia que passava se fortificava mais e mais.

— Ele não podia ter-me descartado assim tão facilmente! Não sou mulher de levar desaforo para casa; isso não vai ficar assim. Se ele pensa que vai se casar com Clara está muito enganado, eu não vou deixar; se não for meu, não será de ninguém.

O pensamento de vingança ia pouco a pouco tomando forma em sua mente.

— Vou falar com Janete — decidiu —, eu a ajudei quando me pediu, agora chegou sua vez de me ajudar. E vai ser agora!

Arrumou-se e sem demora chegou à casa de Janete; que demonstrou surpresa com sua presença.

— O que a traz aqui, Leandra?

— Janete, preciso de sua ajuda — respondeu com ansiedade.

— Em que posso ajudá-la? Está com algum problema?

— Estou, mas posso resolver se tiver a sua ajuda.

— Fale, Leandra, o que posso fazer por você?

— Janete, estou ficando desesperada, não suporto mais a ausência de Augusto. Você sabe que sou apaixonada por ele e não consigo aceitar o seu desprezo; temos de fazer alguma coisa para trazê-lo de volta para mim.

Janete, percebendo em Leandra o forte sentimento de vingança, sentiu receio em se unir a ela, apesar de também querer separar Augusto de Clara.

— Mas, Leandra, o que podemos fazer a essa altura dos acontecimentos? Augusto não mora mais aqui, vejo-o pouco e, sinceramente falando, não possuo mais nenhuma autoridade em relação à sua vida. Ele não permite mais a minha intromissão, portanto, não vejo nenhuma chance de poder opinar.

— Calma, Janete, precisamos pensar; armar algum plano para que Clara novamente desconfie dele; enfim, não sei na verdade o que fazer, mas sei que posso e devo fazer alguma coisa pela minha felicidade.

— Muito bem, pense em algo e voltaremos a conversar; mas que seja algo com grande chance de dar certo, pois não vou me arriscar se não tiver certeza da vitória. Combinado?

Satisfeita, Leandra respondeu sorrindo:

— Combinado. Assim que tiver alguma coisa mais concreta volto a falar com você.

— Está bem.

Saiu sem perceber que Pedro ouvira toda a conversa. Assim que a esposa ficou sozinha, Pedro aproximou-se e, indignado, disse:

— Não posso acreditar que a própria mãe compactue com um plano para destruir a felicidade do filho!

Janete assustou-se com a chegada do marido.

— O que você está dizendo, Pedro? Não imagino sobre o que está falando.

— Não perca seu tempo tentando me convencer que estou imaginando coisas, Janete. Ouvi muito bem a sua conversa com Leandra e adianto a você que não vou permitir que mova um dedo para atrapalhar os planos e a vida de nosso filho.

— Já disse que não sei do que está falando, mas, mesmo assim — respondeu completamente irritada —, já vou lhe adiantando que não está em condições de questionar o que faço ou não, muito menos de se achar no direito de permitir ou não alguma coisa, esqueceu?

Pedro estremeceu diante da ameaça da esposa. Lembrou-se de tudo o que aprendera nas reuniões que frequentava e pensou: "Chegou a hora de me decidir; ou me liberto de uma vez por todas pagando pelo meu erro, ou ficarei preso a ela eternamente. Aprendi muitas coisas e uma delas é saber que a vontade de Deus nunca vai me levar aonde a Sua graça não vai me proteger; portanto, chegou a hora de assumir um erro cometido há mais de vinte anos".

Com coragem e firmeza, disse:

— Não perca seu tempo me ameaçando, Janete. Fique à vontade para fazer o que quiser, ou melhor, para me denunciar, não me importa mais, o que me interessa na verdade é me livrar de sua prisão emocional; por essa razão, afirmo novamente, não vou permitir que nem você, nem Leandra façam alguma coisa para prejudicar Augusto e Clara. Espero que tenha entendido que seu reinado sobre mim acabou!

— Não totalmente — respondeu Janete completamente irritada —, antes vou desmascará-lo diante de Augusto e depois denunciá-lo na delegacia. Satisfeito?

— Esteja à vontade, Janete. Meu tempo de omissão já se esgotou, estou pronto para assumir e pagar pelo que fiz. Essa culpa está pesando muito nos meus ombros; portanto, faça o que achar melhor.

Saiu sem ouvir as palavras ofensivas de Janete.

"Foi melhor assim", pensou. "Chega uma hora que temos de acertar nossas dívidas com a sociedade e, principalmente, com as Leis Divinas; essa é a minha hora; chega de covardia!"

Janete estava impressionada com a valentia de Pedro.

"O que deu nele?", perguntava-se. "Agora sou eu quem está em dúvida sobre o que fazer." Lembrando-se de Leandra disse a si mesma: "Por que essa menina tinha de vir até aqui me cobrar alguma coisa? Ela que faça o que quiser sozinha, se tiver sucesso, sorte minha que conseguirei o que quero sem mover um dedo para me comprometer".

※

Leandra, alheia a tudo o que acontecia na casa de Janete, deliciava-se ante a perspectiva de conseguir acabar de uma vez por todas com a relação de Augusto e Clara.

— Você vai pagar caro, Augusto, se não voltar para mim. Será a última chance que vou lhe dar para se arrepender da maneira como me tratou — dizia. — Sou bonita, rica e bem-nascida, tudo o que a Clara não tem e jamais terá, seu rosto nada mais é do que uma belezinha comum e sem graça. Preciso arranjar um bom argumento para dar motivo à Clara de terminar o namoro com Augusto. Tem de ser algo que não deixe dúvidas quanto ao comportamento dele; afinal, ela é toda certinha e não tolera nenhum deslize... É aí que eu vou plantar a desconfiança.

Sempre que alimentamos pensamentos negativos de vingança, ódio, inveja ou tantos outros que afetam nossa alma, abrimos uma porta para que a energia negativa e destruidora tome conta de nosso ser, enfraquecendo nossa vontade e nos impulsionando cada vez mais para a inconsequência.

O respeito deve estar inserido em todas as nossas atitudes em relação ao próximo e a nós mesmos, pois é ele que nos dá limites. Quando respeitamos nosso semelhante, jamais teremos atitudes desastrosas que levem sofrimento a quem quer que seja.

Cada um possui a liberdade para agir como quiser, mas quem age conforme as leis de amor e fraternidade, com certeza sentirá a alegria de estar em paz consigo mesmo.

Leandra, na sua inconsequência, cedia cada vez mais aos apelos da inveja, na sua inconformação por não viver a ventura que Clara vivia ao lado de Augusto.

— Por que Augusto a escolheu? Tenho tanto direito a essa felicidade quanto ela, por que fui eu a deserdada dessa sorte?

Sabe-se que os invejosos e os ciumentos estão em um estado de febre contínua, pois criam para si suplícios voluntários, por conta de se acharem melhores e mais merecedores que o outro.

※

Janete, esquecendo-se de Leandra, direcionou sua preocupação para Pedro.

— Não sei o que faço, meu Deus. Se eu nada fizer vou perder totalmente minha autoridade com ele, mas se denunciá-lo à polícia vou prejudicá-lo porque com certeza irá para a prisão. Não sei o que fazer!

Em nenhum momento, Janete pensou que durante todos aqueles anos não havia perdoado Pedro, ao contrário, fizera-o prisioneiro da sua arrogância, da sua posse; enfim, nunca se importara de verdade com os sentimentos dele; abusara de sua fraqueza e submissão.

— Não entendo como ele pôde me enfrentar sem medo; pergunto-me de onde vem essa valentia se sempre se intimidou diante da minha autoridade. Vou descobrir o que ele está fazendo e em que lugar está indo para estar assim tão seguro de si.

Por sua vez, Pedro, assim como Janete, também questionava:

— Enfrentei Janete, agora é esperar pela tempestade que, com certeza, virá. O que tenho a fazer agora é conversar com Augusto, colocá-lo a par da minha situação, triste e vergonhosa, mas da qual não posso mais fugir. Preciso enfrentar as consequências, mesmo depois de mais de vinte anos.

Decidido a acabar de uma vez com a angústia e o arrependimento que o acompanhavam, foi ao encontro do filho; confiava em seu amor por ele e sentia que poderia contar com sua ajuda para enfrentar o que poderia vir.

— Não pensei que um dia tivesse de enfrentar essa situação que acreditava estar resolvida, mas Janete nunca entendeu, sempre usou isso em benefício próprio, fazendo-me um cordeirinho manso diante de sua autoridade.

Nada se perde no caminho da vida, um dia o véu se levanta e os enganos e leviandades que pareciam estar bem guardados no fundo de um baú ressurgem cobrando resoluções. Nesse momento surge a oportunidade de quitar os erros cometidos mudando nosso caminho com o bem, recomeçando a caminhada com a dignidade que nos faz crescer como criaturas de Deus.

※

— Pai, que surpresa! — disse Augusto abraçando Pedro. — O que o traz aqui?

— Em primeiro lugar, a saudade de meu único filho; em segundo, a necessidade de conversar com você longe de sua mãe.

Augusto demonstrou preocupação.

— O que está acontecendo pai? Parece preocupado. Alguém está doente?

— Do corpo não, filho, apenas de alma.

— O senhor está me assustando!

— Fique tranquilo, filho. Preciso me abrir com você, afinal sempre me disse que desconfiava que eu tivesse medo de sua mãe por estar de alguma forma preso a ela, não é isso?

— Sim, pai. Nunca entendi tanta submissão em relação à minha mãe. Cada dia ela se impõe mais ao senhor, dá ordens, exige; enfim, o senhor tudo aceita sem reclamar, como um subalterno.

— Hoje você saberá a razão, filho. Mas advirto-o que vai se decepcionar com seu pai e eu não vou culpá-lo, pois acho natural que isso aconteça.

Augusto, cada vez mais se preocupava; sentia que alguma coisa muito grave envolvia aquela questão.

— Por favor, fale de uma vez, estou ficando nervoso e angustiado; seja o que for, confie em mim. O senhor é meu pai e não vou julgá-lo.

Encorajado, Pedro iniciou o relato.

— Durante muitos anos trabalhei em uma empresa de transportes. Você era criança nessa época, mas deve se lembrar, pois inúmeras vezes o levei comigo para o trabalho. Você se encantava com o tamanho dos caminhões e dizia que quando crescesse iria dirigir um deles.

Augusto o interrompeu, dizendo:

— Lembro sim, pai, depois o senhor abriu sua própria empresa. Não foi?

— Sim, filho, mas o que preciso lhe contar foi como consegui abrir essa empresa.

— Como assim? O que quer dizer?

— Filho, os pais também erram, fazem coisas reprováveis como qualquer ser humano, e eu cometi um erro pelo qual sofro até hoje, pois não sei como poderia reverter esse acontecimento, que manchou minha reputação diante de mim mesmo. Nesses anos todos, não me dei conta da gravidade do ato praticado, mas hoje tenho plena consciência e me envergonho muito.

— Pai — disse Augusto —, já passou tanto tempo, penso não haver necessidade de falar sobre isso. Vamos esquecer o passado e dar importância ao presente, ninguém mais deve se lembrar.

— Não, Augusto. Não posso mais esconder o que fiz no passado, mesmo que ninguém se lembre, eu me lembro, sou consciente do meu erro e não posso mais esconder esse fato, muito menos de mim mesmo; quero limpar de alguma forma a leviandade praticada; portanto, ouça-me.

— Está bem, pai, mas quero que saiba que não vou julgá-lo. Não tenho esse direito, mas estarei pronto para ajudá-lo se for preciso. Continue.

— Certa ocasião recebi uma quantia muito alta referente a uma entrega. Sem pensar nas consequências ou no ato desprezível apossei-me do dinheiro, depositando-o em minha conta particular, ou seja, dei um desfalque na empresa em que trabalhava. Envergonho-me de dizer que foi com esse dinheiro que consegui abrir meu próprio negócio.

Augusto, no primeiro momento, empalideceu e com a voz trêmula perguntou:

— E como explicou a falta dessa verba nos cofres da empresa?

— Era eu quem movimentava a parte financeira, por essa razão foi fácil explicar que não havia recebido o dinheiro, que havia negociado com o cliente que ele poderia pagar em vezes a partir do mês seguinte. Nesse ínterim, pedi demissão alegando problema sério de saúde e dizendo que o tratamento exigia cuidados especiais... aceitaram minhas desculpas.

— E o que aconteceu depois?

— Posteriormente, aconteceu que a culpa caiu sobre o empregado da empresa devedora.

— Mas, pai, o senhor não acusou o recebimento?

— Sim, filho, mas tive o cuidado de fazer apenas uma rubrica que em nada parecida com minha assinatura usual. O rapaz não questionou a atitude de quem ele achava superior.

Augusto sentia em seu peito a dor de saber que seu pai fora capaz de uma atitude tão desonesta e cruel em relação a uma pessoa inocente. Perguntou — Pai, ninguém pediu à você uma explicação, visto ser o responsável pela parte financeira?

— Claro que pediram, Augusto. Fizeram uma acareação entre nós dois e eu afirmei categoricamente que não havia recebido a quantia. Que havia feito um acordo e não tinha assinado documento algum. Todos conheciam minha assinatura e não duvidaram de mim. Diante da afirmativa do rapaz de que havia entregado o dinheiro, o diretor disse: "O sr. Pedro trabalha há muitos anos em nossa empresa, nunca houve qualquer deslize de sua parte; portanto, não tenho motivo algum para desconfiar dele. Para mim, a palavra dele merece crédito.

— E o que o senhor fez diante da situação?

— Nada.

— E o que aconteceu com o homem?

— Foi demitido; abriram um processo contra ele. Mas agora vem o mais terrível, Augusto.

— O que mais aconteceu, pai?

— Antes mesmo que o processo fosse concluído ele se matou por não aguentar o peso da desonra diante de sua família, sua mulher, sua mãe e seus dois filhos.

— Pai, o que o senhor fez?

— Perdoe-me, filho, pelo amor de Deus. Nem eu mesmo consigo me perdoar. A culpa e o arrependimento devassam minha alma sem piedade.

— E minha mãe?

— Sua mãe sabe de tudo e é isso que me prende a ela, sempre me ameaçou dizendo que ia contar a você essa história se eu não lhe obedecesse, mas agora chegou a hora de me libertar dela, embora não possa me libertar da culpa.

Por alguns instantes Augusto ficou em silêncio, na verdade não sabia o que dizer para aliviar a dor do pai; lutava entre a decepção e o amor que sentia por ele.

De repente, perguntou:

— Pai, o senhor tem como encontrar a família dele?

— Assim de imediato não, filho, mas sei que se chamava João e onde morava na época desse acontecimento. Por quê?

— Porque sei uma maneira de aliviar sua culpa.

— Posso saber no que está pensando?

— Pai, vamos procurar a família desse rapaz, sua mulher e seus filhos, ver como vivem e dar a eles um suporte, uma indenização pelo mal que lhes foi feito.

— Mas como vamos achar essas pessoas? Já se passou muito tempo.

— Ora, pai, procurando, usando os meios dos quais dispomos para encontrá-los, enfim, esforçando-nos para isso.

Pedro gostou da ideia.

— Você tem razão — disse —, mas primeiro preciso saber se você me perdoa.

Augusto abraçou seu pai e respondeu:

— Pai, não vou mentir dizendo que não estou surpreso e um pouco decepcionado com sua atitude, mas não vou julgá-lo; acho que a consequência maior o senhor já tem: a culpa e o arrependimento que carrega; porém meu amor pelo senhor continua o mesmo, vou ajudá-lo a amenizar esse sofrimento, vamos procurar essa família, tenho certeza de que se nos esforçarmos encontraremos.

Pedro segurou as mãos de Augusto e emocionado agradeceu:

— Obrigado, filho, não suportava mais o peso do meu erro. Peço-lhe desculpas.

— Agora, pai, vamos tentar amenizar o mal que foi feito por meio do pedido de perdão para essa família.

Mais uma vez, ambos se abraçaram selando firmemente o amor que os unia.

Pedro chegou a sua casa aliviado. No seu coração, misturavam-se os sentimentos de tristeza e alegria por ter conseguido assumir seu ato inconsequente do passado.

— Augusto é um ótimo filho, merece toda a felicidade deste mundo e eu não vou permitir que Janete faça algo que o impeça de ser feliz.

— Posso saber onde estava esse tempo todo? Saiu sem me dizer aonde ia.

— Fui até a casa de Augusto.

— Posso saber para quê?

— Pode. Fui contar a ele todos os meus erros do passado, uma história da qual me envergonho, mas que não podia mais esconder.

— Você o quê? — perguntou Janete completamente irritada.

— Isso mesmo que ouviu, fui contar a Augusto toda a minha vida.

— E ele?

— Apoiou-me e também me deu a solução; portanto, Janete, não precisa me ameaçar mais, estou livre da sua chantagem; a partir de agora vivo a minha vida da maneira que mais me aprouver.

— Você se esquece de que se eu for à delegacia denunciá-lo tudo muda de figura.

— Não perca seu tempo, fui me informar e sei que com o passar do tempo esse crime, se posso chamar assim, já prescreveu; portanto, vamos esquecer esse assunto, é o melhor que você faz.

Disse e pensou: "Não sei se isso é verdade, mas é melhor que ela pense que é. Chega de autoritarismo, é preciso que ela perceba que não é a dona de tudo e de todos. Quanto a mim, vou procurar essa família e não descansarei enquanto não encontrar para, de alguma forma, indenizá-la.

— Pedro, eu quero lhe dizer que...

— Não diga nada, Janete, vamos começar outra etapa da nossa vida, mas quero que saiba que não permitirei nenhuma armação para destruir a felicidade de Augusto e Clara; deixe-os em paz.

Janete achou melhor não insistir e se dirigiu para seu quarto.

"É melhor assim", pensou Pedro vendo-a sair.

Capítulo 14
Aceitando os espinhos

Desde a conversa com seu pai, Augusto não conseguia pensar em outra coisa que não fosse a família de João, o rapaz que fora tão cruelmente prejudicado por seu pai.

— Meu Deus, como meu pai foi capaz de praticar ação tão cruel com alguém inocente, um pai de família, trabalhador, com o único intuito de se dar bem financeiramente? Preciso achar essas pessoas, vou contratar um detetive, será a única maneira de encontrá-las.

Amadureceu a ideia e foi atrás de um profissional que pudesse ajudá-lo, mas antes procurou o pai para conseguir algumas informações necessárias que ele talvez ainda tivesse na lembrança. Depois, informou tudo a Arnaldo, o detetive contratado.

— Assim que tiver alguma pista concreta entro em contato — avisou Arnaldo.

— Ficaremos aguardando.

Clara percebeu a preocupação de Augusto e questionou:

— O que está acontecendo, amor, de uns dias para cá sinto-o um pouco distante, sou responsável por isso?

— Meu amor, de forma alguma, estou sim preocupado, mas nada com você, apenas me envolvi com alguns problemas de meu pai.

— Posso saber do que se trata?

— Desculpe, Clara, mas trata-se de questões particulares de meu pai e não tenho o direito de falar sobre isso; você me entende? O direito de falar ou não pertence a ele.

— Claro, meu amor, você está certo. Mas não fique assim tão pensativo, nem imagino o que seja, mas tudo dará certo.

— Tem razão, vamos falar de nós dois. Você ainda me ama? — perguntou Augusto sorrindo.

— Se eu ainda o amo? Não gostei da palavra ainda. Eu amo você, Augusto, e nunca vou deixar de amá-lo.

Ambos se abraçaram embalados pelas juras de amor eterno.

Não podiam sequer imaginar que estavam sendo alvos de energias negativas frutos dos pensamentos poluídos de Leandra.

"Augusto vai me pagar pelo descaso", pensava Leandra constantemente. "Se Janete desistiu, eu não vou desistir enquanto ele não passar pelo sofrimento que estou passando. Meu momento vai chegar, tenho certeza."

Envolvida por energias sinistras, Leandra a cada dia mais se firmava no propósito de vingança.

Alheios a tudo que não fosse a felicidade de estarem juntos, Clara e Augusto faziam planos que incluíam Nancy, que se apegara a Augusto devido à atenção que recebia.

※

— Nunca imaginei que a vida de Nancy tomasse novo rumo — disse Sílvia à Vilma.

— É verdade, dona Sílvia, tudo mudou na vida dela e para melhor, saiu do seu mundo particular e agora enfrenta sem medo os olhares e a surpresa das pessoas. Ela está feliz e a frequência às reuniões está lhe fazendo muito bem.

— Sabe, Vilma, ouvindo-a falar nas reuniões com tanta desenvoltura mal posso acreditar que seja minha menina que está mostrando às pessoas o caminho da fé, da coragem de lutar para vencer a si mesma.

— Tem razão, dona Sílvia, Nancy surpreende a todos, suas palavras de fé e aceitação, sua voz doce e a maneira gentil de se expressar encantam e comovem todos os que a ouvem.

— Sabe, Vilma, às vezes sinto vontade de saber a razão de Nancy ter nascido com essa deficiência. Por que uma prova tão severa com uma menina meiga e conformada com sua própria sorte? Às vezes, parece uma injustiça, se ela nada fez de mal, nem pedir para nascer ela pediu!

Vilma considerou que seria um bom momento para falar de coisas espirituais para Sílvia, da relação que todos temos com o passado longínquo que esquecemos, mas que não se perde no tempo e que nos cobra reparação.

— Gostaria de conversar sobre isso, dona Sílvia?

— Gostaria sim, Vilma, penso que já é hora de me informar sobre os temas que ouço nas reuniões da Casa Espírita.

Entusiasmada, Vilma explicou:

— Dona Sílvia, não sei muita coisa, mas posso lhe afirmar com certeza que todos nós herdamos os nossos atos, bons ou maus que praticamos e eles estão inseridos na Lei de Causa e Efeito, ou seja, tudo o que fazemos, todas as nossas ações geram uma reação e temos de consertar o estrago que promovemos em nós mesmos ou em nosso semelhante. Não existe vítima, dona Sílvia, nem pessoa injustiçada, tudo está perfeitamente ligado ao que fizemos na nossa existência passada ou presente.

— Como assim?

— A senhora acha mesmo que o Criador cometeria injustiça com alguma criatura que Ele criou? Com certeza, não! A semente do que recebemos foi plantada por nós mesmos em algum lugar do pretérito.

— Mas por que Deus precisa dar uma prova tão severa a algumas pessoas?

— Não é ele que dá o castigo, dona Sílvia, Ele dá a oportunidade de redenção para todos que falharam; permite que cada um de nós reescreva sua história, aprendendo a ser humilde, fraterno e generoso; respeitando e amando seu semelhante, mas se não sofrermos na pele o que fizemos nosso próximo sofrer, como saberemos a dor que infligimos a ele? Quem nunca passou fome jamais saberá o sofrimento que passam os que não têm o que comer, ou o que vestir; enfim, só conseguimos aprender com a nossa própria dor.

— Estou impressionada com você, Vilma.

— Por quê?

— Admiro sua sabedoria, o modo como entende a vida.

— Não sou sábia, sou apenas uma aprendiz do Evangelho de Cristo.

— Uma aprendiz que coloca em prática a teoria dos ensinamentos do Evangelho; agradeço-lhe por estar sempre conosco, Vilma.

— Obrigada, dona Sílvia, sempre considerei vocês a minha família.

※

Nancy pediu a Vilma que a levasse até o rio.

— Por favor, acordei com vontade de sentir ás águas borbulhando pelo caminho, elas acalmam minha alma.

— Vamos sim, Nancy, também gosto de estar ali, no silêncio; ouvindo o barulho natural do rio dou vazão aos meus pensamentos, reavalio meus atos e fortaleço-me.

Seguiram felizes. Ao chegarem à margem do rio, Nancy solicitou:

— Por favor, coloque-me no chão.

Vilma se espantou com a solicitação de Nancy, nunca ela havia feito um pedido assim, não gostava de se sentir impotente por não conseguir se locomover. Tentou argumentar, mas Nancy foi firme e voltou a pedir o que desejava.

Vilma esticou a manta na grama bem próximo à margem e colocou Nancy. Ficou atenta, observando a reação dela.

Percebeu que a menina tentava movimentar seu tronco; no início bem levemente, depois seu movimento foi aumentando conforme se sentia mais segura.

— Nancy, você está bem?

— Estou, Vilma, não fique preocupada, nada faço que não seja o normal para pessoas como eu, que dependem apenas de um tronco para se locomover.

— O que deu em você? Nunca quis sair da sua cadeira.

— O que me deu, Vilma, é que agora tenho maior consciência de que não posso me colocar na posição se vítima. Quantas pessoas são como eu e fazem coisas extraordinárias sem constrangimentos, usando suas limitações; por que não posso também? Fiquei muito tempo vendo apenas a vida passar diante dos meus olhos, agora quero viver intensamente mesmo sendo como sou; Deus me fez assim e é assim que preciso aprender a viver, perdi tempo demais esses anos todos.

Vilma estava completamente surpresa.

— Sua mãe, Clara e Hugo vão achar tudo isso inacreditável, mas ficarão muito felizes, tenho certeza, do mesmo jeito que eu estou vendo o quanto você está se superando.

— Como posso falar de superação para as pessoas, Vilma, se não supero a mim mesma? Como falar de Deus se não cumpro com coragem minha tarefa aqui na Terra? Aprendi que o exemplo ensina mais que mil palavras vazias, Vilma.

Vilma realmente estava impressionada com a atitude de Nancy.

"Não pode ser que ela tenha aprendido isso sozinha", pensou.

— Quem está ensinando tudo isso a você, Nancy?

— Se eu lhe contar um segredo, Vilma, não vai rir de mim?

— Evidente que não, Nancy, jamais faria isso!

— Tenho uma amiga espiritual que me ajuda a entender as coisas que falo nas reuniões. É ela que me diz o que devo falar e como falar, não sei como isso se chama, mas é assim que acontece, de repente estou falando coisas que nem conheço, mas sinto que é a verdade.

— Eu já imaginava isso, Nancy. Você é inspirada por um amigo espiritual, possui sensibilidade para captar as inspirações e transmiti-las às pessoas. Esse amigo já se identificou?

— Sim, é uma amiga; ela diz chamar-se Hortênsia. Eu já consegui vê-la, é um espírito muito bonito e suave.

— Você tem medo?

— Não, nem um pouco, me faz bem saber que alguém do outro lado da vida se preocupa comigo e confia em mim; por esse motivo, Vilma, disse que preciso fazer o que falo para os outros.

— Foi ela quem lhe ensinou isso?

— Sim, isso e outras coisas, principalmente me aceitar integralmente como sou, pois esse é o caminho da minha redenção.

Vilma estava emocionada.

— Você é realmente uma pessoa especial, Nancy.

— Não, Vilma, não sou especial, pelo contrário, sou uma devedora que recebeu de Deus as ferramentas para se redimir do passado.

Com lágrimas nos olhos, Vilma falou:

— Conte sempre comigo, Nancy. Admiro sua fé e força para lutar, saiba que estarei sempre perto de você, acredite nisso.

— Acredito, Vilma, e lhe agradeço. Você me faz muito bem e sei que se em algum momento eu fracassar, você vai me sustentar e me levar de volta para o caminho seguro.

Ambas não perceberam a presença de Hortênsia e de Tomás, que, elevando o pensamento ao Mais Alto, oraram.

"Obrigado, Senhor, por estarmos conseguindo direcionar essa irmãzinha para o seu caminho, que a Vossa luz a ilumine sempre em suas buscas!"

Quebrando o encanto do momento, Vilma avisou:

— Muito bem, mocinha, já é hora de voltarmos para o almoço. Vamos?

Nancy concordou e ambas retornaram para a casa, levando no coração a certeza cada vez mais forte de que ninguém passa por espinhos se não desprezou as rosas em algum lugar do passado.

Assim que chegaram, Vilma disse animada:

— Nancy tem uma surpresa para vocês!

— Surpresa? O que será que minha irmã preparou? — perguntou Hugo.

Sem responder, Nancy pediu a Vilma que a colocasse no chão. Espantados, todos disseram ao mesmo tempo:

— Nancy, o que vai fazer?

— Por favor, minha filha, não faça isso! — exclamou Sílvia apreensiva.

— Mãe, deixe-me viver a minha história, esse é o meu mundo e não quero mais fugir dele, pelo contrário, quero que ele seja do jeito que é. Não posso fazer muita coisa, aliás, bem pouca, mas posso ser um pouquinho mais independente. Veja.

Para surpresa de todos ela começou a balançar seu tronco fazendo-o movimentar-se para todos os lados.

— Veja mãe, posso andar, claro que da minha maneira, mas é uma forma que descobri para locomover-me.

Sílvia não suportou a emoção. Abraçou fortemente a filha e misturou suas lágrimas às de Nancy, que também ficou emocionada.

— Tem certeza de que é isso que quer?

— Tenho, mãe. Descobri que posso fazer isso e quero fazer, não me impeça, por favor.

— Não, filha, estamos todos do seu lado, aprendendo com você a sermos mais humanos.

Hugo aproximou-se de Clara e sussurrou em seu ouvido:

— Você percebeu como Nancy está mais lúcida, mais presente do que antes?

— Percebi, Hugo. Quase não se percebe mais sua limitação cerebral. Às vezes penso que era ela quem se impunha a distância das pessoas, vivendo em um mundo só seu, sem dar abertura para que ninguém chegasse até ela.

— Exceto você e Vilma! — afirmou Hugo.

— Talvez porque sentisse confiança em nós, apoio, enfim, razões que somente ela conhece.

— Mas estou muito feliz por ela!

— Eu também! — concluiu Clara.

A doença que agride nosso corpo, que o machuca, que o fere até sangrar pode ser o princípio, mas também o fim. Passando pela estrada espinhosa com humildade, sem revolta, tendo consciência de que somos responsáveis pelos nossos atos, chegaremos ao fim dos nossos débitos, e o fim dos débitos equivale ao princípio da nossa elevação espiritual. O princípio e o fim se misturam através da quitação de nossas dívidas e da construção do progresso espiritual.[12]

---

12. TOZZI, Sônia. Irmão Ivo. *Renascendo da dor*. São Paulo: Lúmen Editorial. (N.M.)

Capítulo 15
Perdoar é uma dádiva

Janete não se importava mais com a relação de Augusto e Clara. Estava preocupada com Pedro, que mudara firmemente sua postura em relação a ela. Leandra não vivia outra situação que não a relacionada com Augusto. A cada dia mais se envolvia com o pensamento de vingança, pois sua vaidade não admitia ter sido trocada por outra. Decidida, voltou a procurar Janete.

— Você precisa me ajudar, afinal sempre me quis como sua nora. Por que agora me despreza?

— Eu não a estou desprezando, Leandra. Acontece que estou muito cismada com Pedro.

— Por quê?

— Ele está esquisito, não me obedece mais, deixou de ser submisso e ostenta uma valentia e segurança que preciso saber de onde vêm.

— Por que não pergunta para ele, ponha as cartas na mesa, dona Janete. Mostre-lhe que não aprova sua conduta e ouça o que ele tem a dizer.

— Leandra, ele não me ouve, muito menos me explica alguma coisa. É como se minha opinião não importasse mais. Tenho a sensação de que fica me vigiando o tempo todo. Ele escutou nossa conversa outro dia e disse que não vai permitir que eu faça qualquer coisa que prejudique Augusto.

— Estranho não, dona Janete?

— E o que é pior: vive de segredo com Augusto.

Leandra que não estava acostumada a discutir problemas que não fossem os seus, por essa razão logo deu por encerrada a visita.

— Bem, dona Janete, a gente se fala outro dia, se tiver novidade a senhora me telefona, está bem?

— Está, Leandra, até outro dia!

Assim que Leandra saiu, Janete pensou: "Não sei como fui me meter com essa garota! Agora, não vai mais me deixar em paz. Não quero mais me preocupar com Augusto, se o que ele quer é fazer parte de uma família sem berço, correndo o risco de ter um filho deficiente, que corra esse risco. Quanto a mim, não vou mover um dedo para ajudá-lo no caso de precisar.

Pedro, assim que recebeu o telefonema de Augusto, correu ao seu encontro ansioso.

— Então, meu filho, o detetive descobriu alguma pista da família de João?

— Parece que sim, pai. Vamos até seu escritório, ele nos espera.

Seguiram ansiosos. Pedro mal podia esperar, lembrava-se do ocorrido e sentia forte arrependimento e vergonha por ter agido de uma forma tão vil.

— Meu Deus, será que mereço perdão?

— Pai — disse Augusto — agora a hora é de tentar amenizar sua má ação, senão com João, que já não está mais aqui, pelo menos com sua família. Temos de saber como vivem e tentar de alguma forma uma reparação.

— Tem razão, meu filho. Quando agimos impensadamente geralmente cometemos desastres, não raro, irreparáveis.

Chegaram ao escritório de Arnaldo, que de imediato colocou-os a par de sua investigação.

— Ao que tudo indica, sr. Pedro, encontrei a família que procura e, para lhe ser franco, não foi difícil, pois ainda residem na cidade.

Augusto se animou.

— Podemos vê-los?

— Se quiserem podemos ir agora.

Pedro se assustou, teve receio de encontrar as pessoas que tanto prejudicara no passado.

— Como será que seremos recebidos? — perguntou assustado.

— Só indo até lá para sabermos, pai. Fique calmo, vamos agir com cautela para não colocar tudo a perder.

— Seu filho tem razão. Vamos fazer tudo com cautela respeitando-os e entendendo que quando souberem do motivo poderão assumir uma atitude um pouco áspera em relação ao senhor.

— Os filhos já devem estar adultos!

— Claro, pai, já se passaram mais de vinte anos, na época deviam ser crianças bem pequenas. Elas ainda moram com a mãe?

— Sim. A mãe é uma senhora.

— Vamos?

No caminho, Pedro não conseguia disfarçar sua apreensão. A culpa o deixava ansioso e receoso pelo que encontraria.

Quem abriu a porta foi uma jovem de estatura mediana, cabelos pretos desalinhados, rosto bonito, mas marcado pela luta diária de trabalho exaustivo.

— O que desejam? — perguntou com educação.

— Gostaríamos de falar com a dona da casa. Pode ser?

Sem responder, ela chamou a mãe. Apareceu uma senhora de fisionomia cansada, que estampava a dor e o sofrimento pela doença que fragilizava seu corpo franzino.

— Pois não, em que posso lhes ser útil?

— Podemos entrar? — perguntou Arnaldo, desenvolto, acostumado com situações como aquela.

Sem responder, Lucinda chamou sua sogra:

— Dona Carmen, a senhora pode vir aqui um instante?

Apareceu uma senhorinha cujo rosto pareceu familiar a Augusto.

— O que foi, Lucinda?

— Esses senhores querem entrar, mas não os conheço.

— Posso saber o que desejam? — perguntou Carmen com gentileza.

Arnaldo adiantou-se e respondeu:

— Desejamos falar sobre seu filho João.

Perceberam que o rosto de Carmen se contraiu.

— O que desejam? Ele está morto há mais de vinte anos.

— É sobre isso que desejamos lhe falar. Poderia nos atender?

Carmen titubeou um pouco e por fim respondeu:

— Entrem.

Assim que se acomodaram, Arnaldo falou:

— Poderia nos falar sobre o seu filho João?

— Posso, se me derem um motivo lógico para isso. É um assunto que não me agrada, traz-me profundo sofrimento, embora já tenha passado muito tempo.

— Desculpe, senhora, mas é um assunto que se faz necessário e creio que vai trazer benefícios a toda a sua família.

— Está bem. O que desejam saber?

— Se não se importa, sobre a vida dele e a razão da sua morte.

Perceberam os olhos umedecidos de Carmen.

— Desculpem, mas não consigo falar de meu filho sem me comover. Ele era um rapaz trabalhador, esforçado e direito. Certa vez ele foi fazer um pagamento para a firma em que trabalhava, era uma quantia muito alta, e a pessoa da empresa credora recebeu o dinheiro, forneceu um recibo com uma rubrica planejadamente ilegível e posteriormente negou ter recebido o dinheiro. Para encurtar a história, João foi acusado de ter ficado com o dinheiro e ninguém acreditou que ele era inocente. O homem que realmente havia ficado com o dinheiro, nada fez ao vê-lo ser acusado. Não suportando a dor e a vergonha diante da família, meu filho, que sempre foi honesto, matou-se, preferiu a morte a ser visto pelos seus filhos como um ladrão.

Augusto olhou para o pai e se preocupou com a palidez estampada em seu rosto. Apertou discretamente sua mão e lhe disse:

— Calma!

Arnaldo continuou:

— A senhora conhece a pessoa responsável por esse ato?

— Não, mas gostaria de conhecer para poder dizer tudo o que penso a esse respeito.

— E se ele a procurasse para pedir seu perdão, a senhora iria perdoá-lo?

— Ele jamais faria isso, não depois de tantos anos, mesmo porque deve ser uma pessoa sem caráter, se assim não fosse jamais faria o que fez.

Lucinda e a filha permaneciam em silêncio, não ousavam dizer uma só palavra, nunca conseguiram se recuperar da tragédia que se abateu sobre a família. A lembrança dolorosa ainda sangrava como uma ferida recente.

Arnaldo repetiu a pergunta:

— Vocês perdoariam essa pessoa se ela se apresentasse para pedir perdão?

— Não sei, não imagino isso acontecendo.

— Vovó tem razão — completou Terezinha —, para que pensar em algo que jamais acontecerá?

Tomando coragem, Pedro se revelou:

— Engano de vocês. Estou aqui para pedir perdão pelo ato infame que cometi no passado; sei que possuem todos os motivos do mundo para estarem magoadas e revoltadas, não lhes tiro a razão. Mas, se puderem, peço que me perdoem. Quero saber como posso ajudá-las, quero reparar o mal que lhes causei e de alguma forma ser-lhes útil, fazer alguma coisa por vocês.

As palavras de Pedro caíram como uma bomba naquela casa. Ninguém conseguia dizer nada, tamanho o impacto.

Pedro, tentando quebrar o silêncio, voltou a dizer:

— Peço que acreditem na minha sinceridade. Entendo que é difícil, pois vinte e poucos anos nos separam desse fato lamentável, que cometi por ser inconsequente, mas penso que nunca é tarde para reconhecer o próprio erro. Se queriam a punição para mim, podem crer que eu mesmo construí minha prisão no arrependimento e na culpa.

Carmen, refeita da surpresa, retrucou:

— Devo confessar que passei muito tempo odiando o senhor, mesmo sem conhecê-lo, mas agora, olhando-o, não sinto ódio nem rancor, pois aprendi que o ofensor sofre mais do que o ofendido; portanto, aceito seu pedido de perdão.

Lucinda respondeu indignada:

— A senhora não pode dizer isso, dona Carmen, meu marido morreu por culpa dele. Vivi todos esses anos na saudade e no sofrimento de ver meus filhos sem pai! Agora, por causa de um monte de palavras bonitas a senhora diz que o perdoa? Ele matou seu filho!

— Lucinda, não é a mim ou a você que esse senhor precisa pedir desculpas. Tem de se entender com Deus, pois agiu contra as leis de amor. João deu testemunho da sua falta de fé

Naquele que o criou e optou por desertar da vida sem lutar com coragem para provar sua inocência.

Terezinha, que a tudo ouvia em silêncio, apenas chorava, sem saber o que dizer ou pensar.

Pedro não ousava dizer mais nada. Augusto admirava a coragem de seu pai em assumir sua culpa. E foi Arnaldo quem reconduziu o assunto com delicadeza.

— Senhoras, o sr. Pedro quer recompensá-las de alguma forma e gostaria de saber do que estão precisando.

— Não precisamos de nada — respondeu Carmen — somos pobres, mas temos o suficiente para viver com dignidade; não precisamos mais do que temos.

Surpreendendo a todos, Terezinha falou:

— Eu preciso!

— Filha, o que quer desse senhor? — perguntou Lucinda.

— Quero que ele arrume um emprego para mim; quero ganhar a minha vida com meu suor, mas não consigo arranjar trabalho. É só o que quero, mãe.

Augusto aproximou-se do pai e lhe sussurrou ao ouvido:

— Por que não a leva para ajudar mamãe? Nossa casa é tão grande! Ela poderia ajudar Sabina.

Pedro gostou da ideia.

— Eu posso ajudá-la, Terezinha. Se quiser pode ir trabalhar na minha casa.

— Eu quero — respondeu de pronto.

Lucinda interveio e falou enérgica:

— Não vou permitir que trabalhe na casa desse senhor. Por favor, não insista porque não vai adiantar.

Augusto, que até aquele momento nada havia dito, falou:

— A senhora não precisa se preocupar. Ela será bem--tratada, minha mãe precisa de alguém para ajudar na limpeza da casa. Será bom para as duas partes.

Lucinda, irritada, respondeu:

— Já disse que ela não vai; portanto, ponto final nessa história.

— Aceito e respeito a decisão da senhora — falou Pedro — mas gostaria de indenizá-la de alguma forma, se me permite.

Percebendo que a mãe iria negar a ajuda, Terezinha se adiantou:

— Aceitamos sim, sr. Pedro. Não somos pessoas interesseiras, mas estou desempregada, meu irmão também; vivemos de bicos que ele e minha mãe fazem, e minha avó não tem mais idade para trabalhar; enfim, não cabe aqui orgulho, que não vai nos levar a nada.

— Sábia decisão! — concordou Arnaldo. — É justo que seja assim.

Sem esperar reação de Lucinda, Pedro fez um cheque e entregou nas mãos de Terezinha.

— Acredito que essa quantia deve ajudá-los até você e seu irmão conseguirem um emprego fixo.

Terezinha aceitou e, ao olhar a quantia, disse surpreendida:

— Senhor, é uma quantia muito alta, não precisamos de tanto!

— É o mínimo que posso fazer depois de ter prejudicado tanto a vida de vocês.

Carmen, dirigindo-se a Pedro, comentou:

— Pode ir em paz, o seu pedido de perdão foi aceito. Quero que encontre o seu próprio caminho, que o conduzirá à paz desejada.

— Não lhe quero mal, espero que o senhor seja feliz — completou Lucinda.

Pedro, emocionado, agradeceu:

— Obrigado, espero que João onde estiver também possa me perdoar.

Ao se levantarem para sair, Augusto, aproximando-se de Carmen, disse:

— Desculpe, senhora, mas tenho a impressão de que a conheço de algum lugar. Seu rosto me é familiar.

— Tenho também essa impressão. Parece que já o vi no parque ao lado de uma moça pela qual sinto uma grande simpatia. Seu nome é Clara.

— É isso, exatamente, estou me lembrando, já nos vimos no parque. Inclusive Clara me contou sobre a senhora, o apoio que lhe deu certa ocasião sem ao menos conhecê-la, apenas movida pela generosidade; posteriormente, conversou com Nancy e, acredite, fez grande diferença na vida dela. Posso dar-lhe um abraço?

— Claro.

Ambos se abraçaram.

— Tome conta de Clara e de Nancy, pois são duas pessoas especiais; sei que serão muito felizes, apesar do que possa acontecer.

Assustado, Augusto, perguntou:

— O que a senhora quer dizer com isso?

— Nada, meu jovem. Apenas me refiro à própria vida que sempre nos apresenta surpresas, só isso.

Saindo à rua, Pedro permanecia em silêncio.

— O que foi, pai, seu coração não está mais aliviado? Conseguiu se desculpar, agora o que resta a todos nós é aprender que é preciso pensar antes de tomar decisões que podem envolver outras pessoas. Estou orgulhoso do senhor, pai. De alguma forma, o senhor se redimiu, agora é retomar inteiramente a sua vida sem afundar na culpa.

— Obrigado, filho, e ao senhor também, sr. Arnaldo.

— Não me agradeça, sr. Pedro, fiz apenas minha obrigação de profissional, mas devo lhe dizer que também admirei sua postura e a sinceridade que senti em suas palavras.

※

Assim que Pedro entrou em sua casa, Janete o interrogou:

— Posso saber onde você esteve esse tempo todo?

— Pode. Fui saldar minha dívida com uma família honrada que prejudiquei no passado; agora me sinto livre desse pesadelo e também da sua arrogância. Aprendi, Janete, que nada se perde no tempo, a vida nos cobra reparações, e o que fiz foi o mínimo diante do grande erro que cometi. Agora me sinto mais em paz.

Janete estava impressionada.

— Você foi perdir perdão?

— Sim, era a única coisa que podia fazer.

— Mas, Pedro, pedir perdão para pessoas que você nem conhece?

— Não conhecia, mas mesmo assim interferi cruelmente na vida delas.

Cansado, disse para a esposa.

— Não quero mais falar sobre isso, Janete. Para mim esse assunto está encerrado. Peço-lhe que não toque mais nessa lembrança. Se quiser me denunciar, fique à vontade, nada mais me importa.

— Não vou fazer nada, Pedro. Não sou tão má assim, quero apenas que possamos viver bem sem mágoas e sem conflitos. Está bem?

— Obrigado — respondeu Pedro dirigindo-se para seu quarto.

※

Pedir perdão é um ato de humildade, é dar testemunho de seu arrependimento; não significa a libertação da culpa, mas a oportunidade para reparar, reabilitar-se. Perdoar é a ação de esquecer a ofensa recebida não somente com palavras, mas com o coração, pois aquele que perdoa é capaz de anular qualquer sentimento de vingança e de desforra que possam surgir contra o agressor. Quem perdoa, pratica o bem mesmo a quem lhe tenha feito o mal.

Capítulo 16
Livrando-se de débitos

O namoro de Augusto e Clara se firmava cada dia mais. Os dois estavam realmente apaixonados, pensando em se unir definitivamente nos laços do matrimônio.

Sílvia fazia gosto da união, e mesmo sabendo que Janete não aprovava o relacionamento dos dois tratava-a com cordialidade e simpatia. Janete, depois do episódio com Pedro tornara-se um pouco mais flexível, receosa de perder o homem que era seu companheiro havia trinta anos.

Esquecera-se de Leandra, imaginando que também ela já não se importava mais com a vida de Augusto e Clara, mas não sabia o quanto estava enganada. Leandra alimentava cada vez mais forte o sentimento de vingança, de desforra, de vontade de vê-lo sofrer por causa do amor não correspondido. Imaginava que poderia acabar com o sentimento de Clara se criasse alguma situação que o colocasse em uma postura pouco ética ou mesmo fora dos padrões da moral, era esse o seu objetivo.

"Ainda vou terminar com esse namoro ridículo", dizia a si mesma, Augusto vai se arrepender por ter me desprezado.

Alheios a tudo o que Leandra arquitetava, os dois namorados faziam planos para em futuro próximo se unirem.

Certa tarde, Sílvia recebeu o telefonema de Janete que dizia querer ir até sua casa para uma visita de cortesia. Estranhou, mas ao mesmo tempo considerou que poderia ser na verdade uma maneira para se aproximar mais da sua família, da vida de Clara.

— Venha sim, Janete — concordou — terei prazer em recebê-la.

Passado uma hora, Janete cumprimentava Sílvia na porta de sua casa.

— Desculpe, Sílvia, mas penso que está na hora de nos aproximarmos; afinal, nossos filhos vão se casar, não é mesmo?

— Seja bem-vinda, Janete, também penso assim, no fim vamos ser uma só família.

Ambas se acomodaram na sala e conversavam quando Nancy, levada por Vilma em sua cadeira de rodas, entrou na sala.

Janete levou um susto. Sílvia, percebendo, falou:

— O que foi, Janete, assustou-se com minha filha?

— Desculpe, foi uma reação involuntária. É que nunca havia visto sua filha assim tão de perto.

— E o que tem isso?

— Nada, como disse, apenas me assustei.

— Por que assustei a senhora? — questionou Nancy. — Porque não tenho pernas e tenho só um braço, é isso? A senhora reparou que mesmo assim sou uma pessoa como a senhora? Falo, penso e sinto como todo mundo, por esse motivo estou viva, apenas meu corpo é diferente dos demais.

— Eu não disse nada. Desculpe.

Sílvia, com a educação que lhe era peculiar, completou:

— Janete, tenho muito prazer recebendo-a em minha casa, mas gostaria de lhe dizer que não admito que magoe minha filha, mesmo porque não existe motivo para isso. Nancy é uma pessoa especial sim, mas pelo que é como ser humano e não somente por ser diferente fisicamente das outras pessoas; portanto, gostaria que a tratasse com a gentileza e atenção que ela merece.

Sem jeito; Janete respondeu:

— Desculpe, Sílvia, não quis ofender nem você nem sua filha; aliás, preciso ir, tenho um compromisso importante.

— Mas você acabou de chegar!

— É que havia me esquecido desse compromisso.

Sem esperar qualquer reação da anfitriã, a mulher levantou-se e rapidamente saiu, deixando Sílvia impressionada com sua atitude.

"Meu Deus", pensou, "não é possível que ela ainda guarde em si tanto preconceito! Nunca vi ninguém agir dessa maneira, como se deficiência física fosse contagiosa".

Olhou para Nancy e percebeu em seu rosto a tristeza de mais uma vez ser rejeitada. Abraçou-a.

— Querida, não fique triste, Janete é digna de pena.

— Mãe, ela tem razão, sou uma deficiente, assusto as pessoas pelo meu corpo.

— Sim, Nancy, você possui uma deficiência, mas a dessa mulher é mais grave, perigosa e desumana, porque é uma deficiência na alma, que a afasta das pessoas e de Deus, ao contrário da sua, que encanta todos os que a conhecem.

Nancy encostou seu rosto no peito da mãe e agradeceu:

— Obrigada, mãe, por me aceitar como sou, por entender finalmente que preciso viver como as outras pessoas, que tenho sentimentos e desejos como todo mundo. Eu a amo!

— Filha, eu também amo você de todo o meu coração. Como já lhe disse, durante todos esses anos eu errei com você, mas foi por ignorância, por tentar protegê-la, temendo os olhares e pensamentos das pessoas, mas nunca a rejeitei como filha, apenas me enganei ao pensar que deveria excluí-la da vida lá fora. Hoje tenho consciência do meu erro e orgulho-me de sair com você, estar ao seu lado, vê-la dirigir-se às pessoas de maneira cativante, como faz nas reuniões, enfim, acompanhar o seu progresso.

Só perceberam a presença de Clara quando a ouviram dizer:

— Que cena linda, que família linda eu tenho!

Juntou-se a elas com um carinhoso abraço.

— Posso saber o que aconteceu que gerou essa cena tão comovente?

Sílvia ia omitir de Clara a atitude de Janete; afinal, ela seria sua sogra, teriam de conviver, sendo assim não viu motivo para falar; mas Nancy, que nada escondia da irmã, que amava, contou-lhe tudo o que acontecera.

— Não posso acreditar que dona Janete ainda traz esse sentimento em seu coração. Será que nada a faz entender que a vida não é feita de futilidades como ela pensa, de riqueza, glamour e brilho? A atitude de Augusto ao sair de sua casa não lhe ensinou nada, não a fez perceber que o que une as pessoas, na verdade e para sempre, é a generosidade com que são tratadas?

— Parece que não, filha, mas acredito que em algum momento ela vai aprender. O tempo é senhor de muitas respostas.

— Tem razão, um dia ela aprenderá de uma forma ou de outra, se não nesta existência, mas em outra.

Mudando o rumo da conversa, Clara disse à sua mãe:

— Mãe, Augusto quer marcar a data do nosso casamento, o que a senhora acha?

— Acho natural, minha filha. Vocês se amam, não vejo razão para ficar adiando. Tem alguma data prevista?

— Ele quer que seja no dia do meu aniversário, ou seja, daqui a três meses.

— Acho uma bela data, Clara.

— Mas receio não ter tempo de preparar tudo.

— Filha, o mais importante já está preparado, o amor de vocês, a vontade de ficarem juntos, iniciando uma vida a dois; enfim, o importante é ir ao cartório para que tudo saia a tempo.

— Então podemos marcar?

— Claro, minha filha, conte comigo para ajudá-la nos preparativos.

Nancy, que ouvia tudo em silêncio, manifestou-se:

— Clara, depois que você se casar vai continuar minha amiga?

Estranhando a pergunta, Clara respondeu:

— Nancy, o fato de eu me casar não significa que você vai deixar de ser minha irmã querida. Estaremos sempre juntas, como sempre estivemos, não faz sentido a sua pergunta; quero que se sinta segura quanto ao amor que tenho por você.

— E o Augusto?

— Ele também lhe quer muito bem, Nancy. Será sempre seu amigo.

— Eu posso confiar nele? — perguntou na ânsia de se sentir segura.

— Pode sim, minha irmã. Ele não só a ama como a admira muito.

— Mas você vai embora quando se casar, não vai?

Clara sorriu.

— Tenho uma surpresa que acho que vai gostar. Eu e o Augusto decidimos que vamos morar aqui. Nossa casa é muito grande, nossa mãe nos convidou e aceitamos. O que acha disso?

— Acho que é a melhor notícia que poderia me dar!

— Nancy, não quer ir fazer seu passeio até a beira do rio — ouviram a voz de Vilma.

— Quero sim, Vilma, lá eu sinto que minha tristeza vai embora e não penso mais nas pessoas que não gosto.

— Sei disso, e é por esse motivo que a estou convidando, sei que gosta de ir no período da manhã, mas acho que vai lhe fazer bem ir agora.

— Vilma — disse Nancy no caminho —, por que as pessoas são tão cruéis com aquelas que de alguma forma são diferentes?

— Essas pessoas, Nancy, não possuem o amor fraternal no coração, que nos aproxima do próximo; não compreendem que, na realidade, todos somos iguais na nossa essência porque somos criaturas do mesmo Criador; valorizam a aparência mais do que a essência e isso as torna cada vez mais egoístas e desumanas.

— Eu não gosto da dona Janete; ela passa um sentimento muito ruim.

— Dona Janete se ilude em sua falsa verdade, ou seja, o que ela pensa ser o principal é o supérfluo, que contamina sua alma e a prende ao egoísmo e orgulho. Precisamos ter compaixão de pessoas assim porque na realidade sofrem por si só; constroem um mundo irreal de futilidade e se jogam nele buscando a falsa felicidade que não se sustenta.

— É, você tem razão, Vilma!

— Não sofra por conta da leviandade das atitudes de dona Janete, Nancy, pense nas pessoas que a amam e construa seu mundo de felicidade.

Nancy deu por encerrada a conversa e colocou sua atenção ao que mais gostava: ver e sentir o caminhar das águas do rio.

— Vilma — disse em certo momento — penso que deveríamos ser iguais ao rio; dizem que eles correm em direção ao mar. O homem deveria seguir em direção a Deus, mas em vez disso, segue a direção de si mesmo, esquecendo que todos nós somos criaturas subordinadas Àquele que nos criou. O homem evoluiu, aprendeu muito, descobriu muitas coisas a respeito do universo e da própria vida, mas se esqueceu de que não sabe tudo e jamais entrará nos segredos de Deus.

Vilma ficou perplexa.

— Nancy, o que disse é muito profundo para alguém que até bem pouco tempo vivia fechada em si mesma.

Nancy sorriu.

— Já lhe disse que aprendo com minha amiga Hortênsia. Às vezes, quando estou pensativa, ela conversa comigo e me ensina muitas coisas, diz que é para o meu progresso espiritual e que devo passar isso para o meu semelhante. E é o que faço nas reuniões.

— E, assim, todos ficam impressionados com suas palavras!

— Não são minhas palavras, eu sou apenas a voz. Ela me diz que essa é a minha tarefa aqui na Terra, é o caminho da minha redenção. Sabe, Vilma, depois que comecei a ter contato com esse espírito comecei a me aceitar como sou, consegui sair do meu mundo e entrar de verdade no mundo exterior.

— Estou muito feliz por você, Nancy. Cada vez mais sinto que é realmente uma pessoa especial, não no sentido da sua deficiência, mas como ser humano.

— Obrigada, Vilma. Hoje eu entendo que a minha deficiência é na verdade a justiça se fazendo presente; é a bondade de Deus permitindo que eu mude uma história que não deve ter sido edificante no passado, por tudo isso, não quero falhar novamente; quero resgatar meu passado e partir desta vida, livre de débitos.

"Meu Deus, nunca vi tanta lucidez!", pensou Vilma.

Capítulo 17
Ausência do bem

Ao saber da proximidade do casamento de Augusto e Clara, Leandra intensificou sua ira.

"Chegou o momento", disse a si mesma. "Preciso pensar em algo forte, que desmistifique Augusto. Mas o quê? Vou precisar da ajuda de alguém, não posso mais confiar em dona Janete. Depois do ocorrido com seu marido ela não quer mais se indispor com ele. Tenho de pensar em outra pessoa."

Passou pela sua memória todos os seus amigos, até que se lembrou de um colega de faculdade que todos sabiam não possuir muito escrúpulo.

— Claro! O Mário, tenho certeza de que por uma boa quantia ele fará qualquer negócio.

Decidiu-se e foi de imediato procurar o colega.

— O que a fez me procurar, Leandra? Aposto que não é bom negócio — afirmou o colega assim que a viu.

— E se eu disser que foi a saudade, você acredita?

— Não!

— Faz muito bem — respondeu Leandra sorrindo. — Quero lhe propor um negócio.

— Tem grana envolvida?

— Claro, Mário. Sei que não faz nada de graça. Uma grana boa com direito a gratificação se tudo der certo como eu espero.

— Fechado, antes de saber o que é já aceitei.

Leandra explicou o que pretendia, ressaltando que deveria ser algo que não deixasse dúvida quanto à veracidade do fato; portanto, Mário, pense bem sobre o assunto e assim que tiver uma decisão entre em contato comigo. Tudo bem?

— Entendido, Leandra. Pode deixar que vou planejar alguma situação que o envolva e que não deixe a menor desconfiança.

— Fico aguardando seu contato, mas não demore.

Assim se despediram. Leandra sentia-se satisfeita e dizia a si mesma: "Sabia que tinha de ser o Mário, não tem escrúpulo quando se trata de dinheiro. Sempre quis esconder dos amigos que é um pobretão. Agora, Augusto, acabo com seu casamento de uma vez por todas, e como sou muito boazinha vou ser a única a acreditar em você, porque vou ser a única a saber da verdade. Só espero que Mário não demore para planejar tudo direitinho".

Entregou-se à satisfação nefasta que a inconsequência proporciona sem imaginar que a má ação volta para o ofensor e nunca para o ofendido.

※

Alheios aos planos de Leandra, Augusto e Clara se entregavam ao planejamento da cerimônia que tanto aguardavam. Trocavam juras de amor, deixando que a emoção os dominasse; nessas ocasiões, não raro, tinham Nancy ao lado deles para que ela também participasse da felicidade que os envolvia.

— Deus foi muito generoso com vocês — disse Nancy —; podem sonhar porque sabem que têm condições de realizarem seus sonhos; ao contrário de mim, que estou muito distante da realização dos meus.

— Pode ser que seus sonhos pessoais não se realizem, minha irmã, mas pense no bem que faz às pessoas que a ouvem dizer palavras de incentivo e de esperança nas reuniões, elevando-as ao encontro com Deus por meio do conhecimento de si mesmas, da vida e do caminho seguro para o progresso espiritual. Isso é um sonho que se realiza. Nem todas as pessoas fisicamente perfeitas possuem o magnetismo que atrai tantas pessoas — falou Clara tentando alegrá-la.

— Sua irmã tem razão — disse Sílvia — aprendi que cada um de nós ocupa o espaço que nos foi destinado por Deus, que nos conhece como somos e nos dá o que precisamos para atingirmos nossa redenção. Sua tarefa na Terra é edificante, minha filha! Hoje sei muito bem disso, pois você nos mostra a cada dia que a vida sempre vale a pena em qualquer situação. Aqui é o local do nosso aprendizado, o nosso acerto de contas; enfim, Deus também foi generoso com você, permitiu que fizesse novamente sua lição de casa.

Vilma, encostada na porta e ouvindo as palavras de Sílvia, pensou: "Como dona Sílvia mudou sua maneira de pensar e de agir! Graças ao Senhor as palestras estão lhe fazendo muito bem, direcionando-a para o caminho seguro do conhecimento da Lei Divina.

Clara, percebendo a presença tímida de Vilma, chamou-a:

— Entre, Vilma, venha fazer parte da nossa alegria.

— Desculpe, Clara, mas sei que esse momento pertence a vocês, à sua família; enfim...

— O que é isso, Vilma? Você também faz parte da família. O que estamos conversando não é segredo nenhum. Quero mostrar aos quatro cantos a nossa felicidade, não é, Augusto?

— Concordo — respondeu Augusto — nada temos a esconder, principalmente de você, Vilma. Temos muito o que lhe agradecer, pois Clara me contou que graças a você muita coisa mudou nesta casa.

— Não é bem assim, as coisas mudaram porque todos se colocaram à disposição das mudanças que se faziam necessárias, ouviram e aprenderam, não ficaram apenas na teoria, mas colocaram em prática as sensatas orientações da espiritualidade.

Sílvia foi ao seu encontro e, abraçando-a, finalizou:

— Vilma, você sempre foi uma alma protetora de nossa vida, cuida de Nancy como se fosse sua filha... aliás, muito melhor do que eu, que perdi muito tempo sem enxergar a pessoa especial que ela é. Sou-lhe muito grata por tudo e lhe digo que a consideramos membro da família; portanto, junte-se a nós.

Emocionada, Vilma, agradeceu.

A tarde transcorreu festiva por conta da felicidade de Clara e Augusto, que era contagiante.

※

Passada uma semana, Leandra recebeu o telefonema de Mário.

— Vamos nos encontrar, já planejei o que fazer, só falta você aprovar.

Sempre inconsequente e leviana, Leandra entregou-se à satisfação de saber que não haveria casamento e que poderia ter Augusto de volta. Na sua imprudência, nunca admitiu que nada fora para ele além de amiga, assim dava asas à imaginação de ser para Augusto o seu amor.

Combinado o local, ela saiu ao encontro de Mário.

Ansiosa, disse assim que se encontraram:

— E aí, fale-me de uma vez qual é o seu plano.

— Imaginei que a melhor situação para comprometê-lo irremediavelmente com Clara seria colocar em seu carro um pacote considerável de droga para configurar a posição de traficante. O que acha?

— Perfeito. Mas, como faria isso?

— Muito simples, só preciso saber onde ele estaciona o carro quando vai para o trabalho. Vou abrir a porta e colocar a droga lá dentro, é tão fácil fazer isso que parece até brincadeira.

— Gostei da ideia, mas não tem perigo de a polícia descobrir? Não quero me envolver com a Justiça.

— Claro que não, a não ser que alguém o denuncie.

— Assim está bom. Quero que Clara se decepcione e dê por encerrado seu envolvimento com ele. Nada de prejudicá-lo com a lei. Imagino que ela não vai perdoá-lo. Tem muita ética e não aceita nada que não seja correto. Acredito que não vai denunciá-lo, apenas se afastar. E ele, com toda a certeza, vai me procurar, pois sempre fomos amigos. Eu, generosa, vou compreender sua dor e acolhê-lo em meus braços. Simples assim.

Ouvindo-a falar Mário pensou: "Essa não tem escrúpulos, é melhor tê-la como amiga porque como inimiga quero distância. Se eu não precisasse tanto do dinheiro não me envolveria. De tudo o que já fiz essa é a pior tarefa, porque nunca prejudiquei o envolvido a esse ponto. Mas, enfim, foi o que apareceu na hora certa, estou precisando muito de dinheiro que, diga-se de passagem, está difícil de ganhar e eu preciso manter minha condição social com meus amigos".

— Então — ouviu a voz de Leandra — estamos combinados?

— Sim. É só me dizer o lugar onde ele estaciona o carro e o procedimento será feito. Agora, precisamos combinar o pagamento.

— Calma, Mário, faça primeiro, depois lhe pago; pode ter certeza de que vai ficar contente, sou muito generosa para quem satisfaz minhas vontades.

— Tudo bem — respondeu Mário —, mas não tente me enganar porque também sei ser cruel quando necessário.

— Está me ameaçando?

— De forma alguma, estou apenas esclarecendo-a.

— Aguarde o meu contato, assim que descobrir, lhe aviso.

— Fico aguardando.

Assim, ambos se despediram. Cada um levava em seu coração o peso do procedimento maldoso que fere a dignidade do próximo.

※

Pode-se dizer que o mal é a ausência do bem, mas deixar de fazer o mal é o começo do bem. Toda falta que se comete, todo mal praticado é uma dívida contraída que tem de ser paga; se não for nesta existência, será na próxima ou nas seguintes, porque todas as existências são solidárias entre si.

Leandra não conseguia enxergar além do seu desejo, não compreendia que não se compra o amor, que ele é uma conquista. A inveja e o orgulho imperavam em sua essência e impediam-na de enxergar além de si mesma.

Ela estava satisfeita por achar que finalmente daria por encerrada a questão do casamento de Augusto. "Você vai aprender, Augusto, que ninguém brinca com os meus sentimentos! Não sei se conto para dona Janete ou não... Ela está muito diferente, mas assim como eu não gosta de Clara e quer terminar com esse relacionamento. Pode ser que me agradeça; vou procurá-la."

Dirigiu-se até a casa da mãe de Augusto.

— Leandra, há quanto tempo não nos vemos! Aconteceu alguma coisa?

— Ainda não, dona Janete, mas vai acontecer e acredito que a senhora ficará contente.

— Diga-me o que é — falou Janete curiosa.

Com poucas palavras, Leandra colocou-a a par do que faria para acabar com o casamento de Augusto e Clara.

— Leandra, ele é meu filho. Não vou permitir que faça isso com ele!

— Calma, dona Janete, não vai acontecer nada com ele. A intenção é somente desiludir Clara, que, com certeza, certinha como é, não vai querer ir adiante com o casamento.

Perplexa com a atitude de Leandra e com medo, Janete pediu licença e foi contar a Pedro o que acabara de saber. Este se controlou para não demonstrar indignação e pediu à esposa que ela concordasse com tudo e contasse a Leandra que ele ajudaria. Assim, Janete retornou com Pedro e lhe explicou que ele seria conivente com ela.

— Então, preciso que me digam onde Augusto deixa o carro estacionado.

— Vou lhe dizer, mas antes quero que me avise o dia em que isso será feito. Promete?

— Claro, sr. Pedro. Pretendo ficar por perto para testemunhar a ação; afinal, isso está saindo muito caro. Se quiser, podemos ir juntos.

— Combinado.

Assim que Leandra saiu, Janete, aflita, disse ao marido:

— E agora, Pedro? Vai entregar nosso filho para essa megera? Nunca vou me perdoar de ter me envolvido com ela.

— Calma, Janete. Também tenho um plano que dará certo. É como se diz: "O tiro vai sair pela culatra". Confie em mim. Vou agora mesmo falar com Augusto.

Assim, ele saiu ao encontro do filho.

— Pai, o que o traz aqui a esta hora?

— Filho, preciso lhe contar um fato que me preocupa muito.

— Fale, pai. O que está acontecendo?

— Vou lhe dizer o que está para acontecer e que o envolve.

Assustado, Augusto voltou a dizer ao pai:

— Por favor, diga de uma vez!

Pedro colocou-o a par de tudo o que Leandra pretendia fazer. Ao término, Augusto completou indignado:

— Quem ela pensa que é para se meter na vida das pessoas como bem entender? Nunca tive qualquer envolvimento amoroso com ela, nunca lhe fiz promessas; não sei o que a faz supor que foi traída.

— Calma, filho. Na hora me veio a ideia que podemos inverter essa situação, ou seja, fazer o tiro voltar para o mesmo lugar de onde veio.

— O que o senhor pretende fazer?

— Vou lhe contar.

Assim que terminou de explicar seu plano, Augusto disse:

— É uma ideia genial, pai, mas será que dará certo?

— Claro que sim, filho, confie em mim.

— Então vou com o senhor.

— Nada disso. Pense, Augusto, você não pode aparecer, colocaria tudo a perder.

— Tem razão, a minha indignação não me deixa raciocinar direito.

Despedindo-se do filho, Pedro tranquilizou-o:

— Fique tranquilo, vou resolver isso. Confie em mim.

Ao sair, Pedro se dirigiu até a delegacia, onde narrou tudo ao delegado.

— E é isso, doutor, gostaria que a polícia estivesse no local e fizesse o flagrante.

— Avise-nos o dia e a hora certa que daremos cobertura e faremos o flagrante.

— Obrigado, doutor.

Chegando a sua casa, encontrou Janete aflita.

— Aonde você foi? Liguei para Augusto e ele me disse que já havia saído havia algum tempo! E você só chega agora!

— Calma, Janete. Fui até a delegacia dar queixa, explicar ao delegado o que está acontecendo... agora está tudo certo.

— Tudo o quê?

Ele contou para a esposa o que havia planejado.

— Mas Leandra será considerada cúmplice ou mandante se o moço denunciá-la!

— Sim.

— E você não se importa?

— Por acaso ela está se importando por colocar Augusto em uma situação que poderá complicar sua vida, inclusive levá-lo preso? Não, Janete, não me importo; ela está semeando e é justo que faça a colheita.

※

Depois de dois dias, Leandra telefonou para Pedro.

— Vou passar para pegá-lo, sr. Pedro. Será melhor irmos em um único carro, pode ser?

— Pode. Estou esperando-a.

Assim que desligaram o telefone, ele ligou para a delegacia, que confirmou a presença de dois policiais.

Leandra chegou eufórica, tanto que incomodou Pedro.

— Por que tanta alegria, Leandra?

— Porque sei que a partir de hoje Augusto ficará livre para ser meu, sr. Pedro. Eu amo muito seu filho.

— Ama tanto que não mede consequências dos seus atos, mesmo que estes possam prejudicar a vida da pessoa que você diz amar, é isso?

— O senhor pode não acreditar, mas é isso. Para mim, o que importa na verdade é estar com Augusto para sempre, e estou a um passo de conseguir. O senhor concorda, não? Também prefere que eu seja a esposa de Augusto no lugar de Clara, estou certa?

— Claro. Se assim não fosse não estaria aqui com você, concorda? — disse a fim de não despertar nenhuma suspeita.

— Concordo — respondeu Leandra sorrindo.

Passados alguns minutos, Mário chegou ao local onde estava o carro de Augusto. De longe, sem serem vistos, Leandra e Pedro o observavam. Mário olhou para um lado e para o outro e com habilidade abriu a porta do veículo. Colocou um pacote com grande quantidade de droga pesada embaixo do banco e quando ia fechar a porta foi abordado pelos dois policiais que apenas aguardavam o procedimento para dar-lhe voz de prisão.

— Esse carro é seu, senhor?

Surpreso, Mário titubeou.

— Sim, é meu.

— E podemos saber por que estava arrombando a porta do veículo?

— É que perdi a chave e não tinha como abrir. Optei por arrombá-la, pois tenho compromisso importante e preciso ir com urgência.

— Antes poderia nos mostrar o pacote que colocou embaixo do banco?

— É uma encomenda sem importância, uma compra que fiz para minha mulher.

Sem esperar, o policial abaixou-se, pegou o pacote, abriu-o e de imediato percebeu do que se tratava.

— O senhor está preso. A enorme quantidade de droga nos faz crer que se trata de tráfico de droga.

Mário tentou negar, mas a chegada de Augusto derrubou por terra todo o seu argumento de que o carro era dele.

Leandra tentou escapar, mas Pedro, segurando-a pela mão, levou-a até onde todos estavam.

— Desculpe, pai, mas precisava vir, queria olhar de frente para Leandra para jamais me esquecer do quanto é desprezível.

— Eu não tenho nada a ver com isso, senhor guarda, estava apenas acompanhando o sr. Pedro nesse flagrante.

Mário, indignado, gritou:

— Você me garantiu que nada sairia errado! Como pode ter acontecido toda essa trama? Tem alguma explicação? Como todos ficaram sabendo do nosso plano, se somente nós dois sabíamos?

— Eu não sabia de nada — repetiu Leandra — foi você quem inventou tudo isso e, por mais que eu pedisse, não desistiu.

Os policiais apenas ouviam as acusações, pois para eles estava claro que ambos eram cúmplices.

— É mentira, seu guarda, ela é a mandante; apenas executei seu plano porque precisava de dinheiro, mas não tenho nada contra o moço.

— Não tem nada, mas mesmo assim agiu para prejudicá-lo — afirmou o policial. — Os dois vão para a delegacia.

Ao ouvir a palavra delegacia, a raiva subiu fortemente à cabeça de Leandra, que deixou cair a máscara. Olhando para Pedro, ela disse:

— O senhor me traiu, é pior do que eu!

— Se é tão esperta como pensa, devia ter imaginado que eu não iria deixar você atingir meu filho, que não cruzaria os braços enquanto você o jogava na fogueira; que pai seria eu se não o defendesse? — falou Pedro calmamente.

Augusto olhando-a nos olhos, completou:

— Não pense que um dia vou olhar para você porque não vou; nunca senti nada por você e continuarei não sentindo; ou melhor, agora sinto desprezo; portanto, nada que você fizer vai modificar meus sentimentos em relação à Clara nem os dela em relação a mim. É melhor nos esquecer.

O policial colocou-os na viatura.

— Vamos até a delegacia, lá vão se explicar para o delegado.

Antes de entrar no carro, Leandra olhou para Augusto e finalizou:

— Você não vai se casar com Clara, eu juro! Pode acreditar.

Sem responder, Augusto acompanhou o pai e ambos foram tomar um café.

— Estamos precisando — disse Pedro.

— Obrigado, pai. Se não fosse o senhor, agora estaria em maus lençóis.

— A calúnia é uma trama urdida por um indivíduo contra o outro com o intuito de prejudicá-lo. É um monstro invisível que ataca o homem por meio dos ouvidos invigilantes e dos olhos desprevenidos. Suas consequências propiciam à alma culpada longo período de tortura e sofrimento.

> *Caluniadores que aniquilaram a felicidade alheia vivem pesadelos espantosos regravando nas telas da memória os padecimentos das vítimas, como no dia em que as fizeram descer para o abismo da angústia, algemados ao pelourinho de obsidentes recordações.*[13]

---

13. XAVIER, Francisco Cândido. André Luiz. *Evolução em dois mundos.* (N.M.)

Capítulo 18
Novas armações

Clara mal podia acreditar em tudo o que Augusto lhe contava.

— Não pode ser — disse indignada — essa moça não pode ser tão leviana a esse ponto!

— Pois é exatamente o que estou lhe contando.

— Quer dizer que se o seu pai não soubesse desse plano sórdido você iria ser acusado de traficante, é isso?

— Sim, meu amor. A intenção de Leandra era que você não acreditasse em minha inocência e terminasse com o casamento.

— Mas ela é louca!

— Mais perigosa que louca — disse Augusto. — Afirmou que não vai desistir e que vai acabar com nosso relacionamento; portanto, Clara, precisamos estar atentos e confiar um no outro em qualquer circunstância. Sei que ela vai tentar novamente, pois me ameaçou e isso me preocupa, pois essa mulher não conhece limites.

— Você tem razão, meu amor, nossa felicidade a incomoda muito e isso ela não aceita. Querido, posso lhe fazer uma pergunta sem que se sinta ofendido?

— Evidente que sim, pergunte o que quiser.

— Você em algum momento teve um relacionamento com Leandra?

— Pode acreditar que não, Clara. Jamais namoramos ou tivemos qualquer envolvimento amoroso, embora ela achasse que tínhamos. Minha mãe contribuiu para que ela pensasse assim. Saíamos como amigos e nada mais. Acredite.

— Eu acredito, amor. Queria apenas deixar claro essa situação.

Augusto abraçou-a com carinho.

— Clara, eu a amo muito, nada vai nos separar novamente; portanto, peço-lhe que confie em mim, no meu sentimento por você. Vamos nos unir mais do que nunca para nos protegermos de qualquer energia negativa que possa abalar nossa relação.

— Você tem razão, vamos confiar de verdade um no outro, assim ficamos fortes para proteger nosso amor.

Assim como Clara, Sílvia também mal pôde acreditar quando soube do acontecido com Augusto.

— Mas essa moça é mesmo inconsequente! Será que não imaginou o mal que atingiria Augusto se seu pai não tivesse tomado a atitude que tomou?

— Pois é, mãe. A intenção dela era que eu não acreditasse em Augusto e terminasse com ele.

— Vocês precisam tomar muito cuidado com essa moça; pessoas assim não desistem do seu objetivo, são muito perigosas.

— Mãe, o bem é tudo o que está conforme a lei de Deus e o mal, tudo o que dela se afasta. Necessário se faz compreender e se deixar mergulhar nessa máxima para que se possa fugir das tentações que o mal oferece; desejar, sonhar, ir em busca das realizações e das conquistas é válido quando não passamos por cima das aspirações do semelhante. Todos têm direito à busca dos próprios anseios, mas temos o dever de respeitar os desejos do próximo e suas buscas; permitir que, como nós, ele também percorra a estrada de suas conquistas.

A chegada de Nancy interrompeu a conversa das duas.

— Oi, irmãzinha. O dia está lindo hoje, não?

— Não sei — respondeu Nancy com o semblante entristecido.

— Não sabe? Posso saber a razão desse desânimo?

— Eu não estou me sentindo bem hoje, Clara.

— O que você está sentindo, alguma dor?

— Não. Nenhuma dor, apenas estou triste, mas não sei a razão.

— Querida — disse Clara abraçando-a —, não fique assim, não apague seu lindo sorriso que nos deixa tão felizes!

— Desculpe, mas quero ir para minha cama. Você me leva?

— Claro.

Assim que acomodou Nancy em seu leito, Clara perguntou para Vilma:

— Você sabe por que ela está assim?

— De verdade não, mas desconfio que deva ter sido por ter ouvido o que você e sua mãe conversavam a respeito do que aconteceu com Augusto.

— Nancy ouviu? — questionou Clara assustada.

— Sim. Você sabe que tudo o que se refere a você a atinge. Ela tem medo de vê-la sofrer, de perdê-la; enfim, seria bom que você conversasse com ela para tranquilizá-la.

— Vou fazer isso agora mesmo.

Aproximou-se da cama da irmã e falou baixinho:

— Nancy, conte-me de verdade o motivo de sua inquietação. Você ouviu a minha conversa com mamãe?

— Ouvi.

— E por que ficou assim tão triste?

— Porque tento medo de que aconteça algo com Augusto. Sei que você iria sofrer muito e eu não quero que sofra.

Clara, emocionada com o carinho que a irmã sentia por ela, explicou:

— Minha irmãzinha querida, o que aconteceu não o atingiu. O pai dele agiu com precisão. Não quero que fique preocupada, nós dois estamos muito bem e vamos nos proteger por meio da confiança e do amor que sentimos um pelo outro.

— Por que algumas pessoas são tão más, Clara? Têm tudo para serem felizes e ficam correndo atrás da vida dos outros, em vez de agradecer por tudo que lhes foi permitido ter?

— É que muitas sentem-se insatisfeitas com o que possuem, querem sempre mais e geralmente o que pertence aos outros. Dessa forma, tornam-se imprudentes e egoístas e nem se dão conta do mal que fazem a si mesmas.

— Para elas andar, falar, enxergar, enfim, usar todos os sentidos é uma coisa tão natural que não dão a devida importância; não imaginam quantas pessoas se sentiriam mais felizes se tivessem tudo isso.

"Meu Deus", pensou Clara "como Nancy pode ter essa postura diante da vida? Não se revolta, não questiona, não se desespera; é realmente um exemplo para as pessoas insatisfeitas por não possuírem tudo o que desejam".

— Nancy, cada dia mais aprendo com você — disse. — Só lhe peço que não fique assim triste, angustiada, pois eu estou bem. Augusto também, e tudo dará certo, pode ter certeza.

— Eu vou orar por vocês, quero que sejam muito felizes.

— Obrigada, Nancy, nós somos muito felizes e queremos que você seja também.

Clara encostou o rosto da irmã em seu peito querendo demonstrar com esse gesto o quanto a amava. Nancy, receptiva ao carinho que recebia, fechou os olhos e se entregou ao aconchego.

※

O dia do casamento de Clara e Augusto se aproximava. Atentos aos preparativos para o dia tão sonhado, esqueceram de Leandra. Na verdade, não sabiam o que havia acontecido com ela após aquele dia que ambos se esforçaram para esquecer. Entregavam-se ao doce embalo da imaginação e do sonho que tanto Clara quanto Augusto acalentavam no coração.

Janete percebeu que a única maneira de ter de volta o carinho e o respeito do filho e de Pedro era aceitar Clara como sua nora, não que ela fosse a nora desejada, mas era a pessoa que Augusto amava. Ela entendeu que nada o afastaria da jovem e resolveu não mais lutar contra a correnteza.

Em alguns momentos, entregue aos seus pensamentos dizia para si mesma: "Nunca pensei ter em minha família uma pessoa como Nancy. Não consigo olhar para ela sem me arrepiar de aflição; tenho medo de que Augusto possa ter um filho deficiente; às vezes, penso que será melhor Clara não engravidar, assim não correm nenhum risco".

— A senhora deseja alguma coisa, dona Janete? — ouviu a voz de Sabina.

— Não, obrigada.

— Está tão pensativa. Quer que eu lhe faça um chá?

— Obrigada, Sabina. Quero apenas entender as armadilhas da vida.

— A senhora está falando da irmã de Clara, não?

— Sim.

— Desculpe dizer, dona Janete, mas eu também sinto muita aflição quando olho para ela, mas ao mesmo tempo sinto compaixão porque deve ser muito triste ser como ela.

— Com tantas moças lindas por aí, Augusto foi se apaixonar justamente por Clara.

— Nosso destino está escrito nas estrelas, dona Janete.

— Por favor, Sabina, você também não; já basta Pedro, que quer de qualquer maneira me convencer que tudo é natural, mesmo o que foge da normalidade.

※

O tempo passou, mas não foi capaz de tirar da cabeça de Leandra o nefasto desejo de se vingar de Pedro por tê-la denunciado e propiciado a sua detenção e de Augusto por continuar com Clara. Havia ficado detida por um dia e aguardou a decisão em liberdade. Sua pena foi o trabalho voluntário, que cumpriu pela simples razão de não poder recusar.

Quanto a Mário permaneceu detido, tinha passagem pela polícia e foi enquadrado como traficante.

Sabedora da proximidade do casamento de Augusto, Leandra tentou descobrir alguma coisa que o impedisse de se casar.

— Desta vez precisa dar certo, não posso errar nem confiar em ninguém, tenho de fazer tudo sozinha, mas juro que esse casamento não vai se realizar. Se pelo menos pudesse contar com a ajuda de dona Janete, mas agora ela está aceitando o casamento. Não posso contar com ela nem deixar que saiba dos meus planos, para não acontecer novamente alguma interferência.

Pensava constantemente nisso, até que um dia teve uma desastrosa ideia.

— Já sei — gritou satisfeita — por que não pensei nisso antes? Claro, não podia ser melhor. Mas vou precisar de alguém que me ajude, sozinha não darei conta.

Sentada em uma mesa do lugar que costumava frequentar, passou pela sua memória todas as pessoas que conhecia, mas não chegava a nenhuma conclusão.

— A senhora está sentada aí há muito tempo e não pediu nada. Deseja beber alguma coisa?

Ouviu a pergunta do garçom e, olhando-o, achou que encontrara a pessoa certa para o serviço. Conhecia-o havia algum tempo, pois frequentava o lugar com assiduidade; era o tipo de pessoa que via a gorjeta que poderia receber na frente do atendimento que deveria dar; presenciara algumas vezes situações que a faziam crer que, por dinheiro, ele aceitaria qualquer trabalho, desde que bem remunerado.

— Qual é o seu nome?

— Clóvis — respondeu o garçom sem muita cortesia.

— Muito bem, Clóvis, você aceitaria fazer um trabalho muito bem remunerado, mas que precisa ser realizado por uma pessoa esperta e decidida e, principalmente, sem muitas perguntas?

Clóvis titubeou um pouco para não se mostrar muito interessado e por fim respondeu:

— Desde que não seja matar, creio que sim.

— Muito bem, era o que eu pensava. A que horas deixa seu serviço?

Assim, combinaram um encontro depois da saída de Clóvis. Na hora certa, Leandra o esperava cheia de esperança por ter encontrado quem procurava.

A afinidade logo se fez presente, pois ambos não se importavam muito com os sentimentos alheios; para eles o que valia era conseguir o que desejavam: Leandra desejava anular o sonho de Augusto e Clara, e Clóvis queria colocar no bolso uma grande quantia em dinheiro.

O mundo é um belo livro de ensinamentos altruístas, mas pouco útil para quem não sabe ler, para quem não compreende que tudo o que fazemos em um dia é a semente para o dia seguinte, que cobra consequências para quem a plantou.

Leandra perdera completamente seu rumo, entregava-se com tanta euforia ao desejo desastroso de prejudicar Augusto e Clara que se tornara cega e surda aos apelos da dignidade e do respeito ao semelhante; via e ouvia apenas o que lhe convinha, colocara-se no centro para comandar o entorno de sua leviandade.

Após saber o que deveria fazer, Clóvis afirmou:

— Aceito, mas quero o pagamento adiantado e em dinheiro.

Leandra ia questionar quando ele voltou a dizer:

— Tem de ser assim ou estou fora.

— Está bem, que seja, mas ai de você se não cumprir o acordo.

— Quando será?

— Eu o aviso. Aguarde meu contato e não se esqueça de tudo o que combinamos. Não quero que nada saia errado ou fuja do nosso controle.

— A senhora vai esperar no local?

— Sim. Ficarei aguardando, disso não tenha dúvida.

— Quero lhe dizer que se alguma coisa falhar, não a conheço e não vou assumir nada. Ninguém sabe que nos conhecemos, nunca nos viram conversar além dos pedidos do bar; portanto, entrego-a e desapareço. Combinado?

— Combinado.

Assim que Clóvis se afastou, Leandra pensou: Desta vez vai dar certo, o amor que Clara tem pela irmã vai sobrepujar o que sente por Augusto, tenho certeza. Agora será a minha vez de ser feliz.

Leandra não compreendia que ninguém consegue a verdadeira felicidade passando por cima dos sentimentos do próximo; a nossa felicidade é proporcional à felicidade que promovemos ao nosso semelhante. As marcas de sofrimento que deixamos para trás vão, com certeza, interferir nas ondas de felicidade que acreditamos ter. Ela decorre das próprias qualidades das pessoas e não da condição material do meio em que vive. Examinada apenas do ponto de vista terreno, a felicidade, pelo breve trâmite carnal, não tem qualquer significado, permanecendo como capricho dos sentidos.

Entretanto, ela não é pessoal; se somente nós a possuirmos, se não pudermos compartilhar com os outros, ela será egoísta e triste.

Leandra se envolvia cada vez mais no engano de que seria feliz com alguém que dedicava seu amor a outra pessoa, não aceitava o fato de não fazer parte dos sonhos de Augusto. Seu excessivo orgulho a impedia de ver a realidade e cada vez mais se emaranhava na inconsequência de seus atos.

Com a proximidade do casamento, Pedro aumentou sua preocupação. Temia nova investida de Leandra. Janete perdera o contato com ela e não sabiam se ela já aceitara o fato ou não. A desconfiança de Pedro de que ela poderia tentar alguma coisa novamente se baseava na impulsividade e na leviandade que eram, sem dúvida, uma marca de sua personalidade egoísta.

— Que Deus proteja Augusto e Clara — falou para Janete —, enquanto esse casamento não se realiza, não consigo ficar tranquilo.

— Bobagem, Pedro, não acredito que depois do susto que ela passou ao ser levada para a delegacia ainda tenha coragem de tentar alguma coisa.

— Não sei, Janete. As pessoas orgulhosas, egoístas e vaidosas como Leandra não possuem limites; enxergam e ouvem somente o que lhes convêm; para elas tudo gira em torno de si mesmas, porque se julgam merecedoras do melhor, do mais belo; enfim, acham que estão no topo do universo.

— Nisso você tem razão, Pedro. Realmente é difícil controlar pessoas como Leandra.

O orgulho aniquila todo o sentimento de humildade que se pretenda esboçar. Voltado para sua própria pessoa, o orgulhoso tem de si elevada opinião que possua ou pense possuir em detrimento de seus semelhantes. Esquece-se de Deus, tal o domínio que o orgulho pode exercer e, esquecer-se de Deus é entrar na escuridão de si mesmo.

Capítulo 19
Amor não se compra

Os PREPARATIVOS para o casamento de Clara propiciavam imensa alegria no coração de todos.

Nancy era, sem dúvida, a mais entusiasmada com a felicidade de sua irmã. Ao olhar o lindo vestido que Clara usaria na cerimônia, não conseguia evitar as lágrimas que caíam teimosas pelo seu rosto.

Sonhava poder usar um vestido igual e seu coração sensível se apertava por saber que jamais isso seria possível; mas, esse sonho que no passado algumas vezes a revoltara, hoje não lhe causava mais revolta ou mágoa, pois passara a entender o porquê de as coisas acontecerem; sabia agora que tudo está subordinado à Lei de Causa e Efeito e o que queria era somente não se perder novamente, fazer dar certo a sagrada oportunidade recebida do Criador.

— Acha meu vestido bonito, Nancy?

— Bonito é pouco, Clara. Ele é simplesmente lindo, mas você merece o melhor e o mais bonito, minha irmã. Sei que será muito feliz com Augusto e quero presenciar essa felicidade.

— É evidente que vai presenciar. Estaremos sempre juntas, vamos morar aqui, esqueceu?

Sem nada que pudesse explicar, Nancy silenciou e sentiu uma angústia invadir seu coração.

— O que foi, Nancy? Ficou diferente!

— É que senti uma angústia invadir meu peito como se alguma coisa fosse me separar de você.

Abraçando-a, Clara respondeu:

— Querida, nada vai nos separar, vamos ficar juntas sempre. Acredite nisso.

— Eu acredito, faltam apenas dois dias para o seu casamento; acho que isso está me deixando aflita.

— Já sei, para você ficar mais alegre vamos dar uma volta até o parque, só nós duas. Vamos olhar os peixinhos, ver o voo dos pássaros entre as árvores, admirar a beleza das flores e sentir o perfume no ar. O que acha?

— Adoraria!

Sílvia, preocupada, considerou que não era bom que fossem sozinhas, mas, diante da alegação de Clara de que nenhum perigo existia naquele passeio, acabou concordando.

Leandra foi avisada pela pessoa que colocara naquela semana para espionar o andamento da casa de Clara, principalmente as saídas de Nancy, e, sem perder tempo, avisou Clóvis que, imediatamente, seguiu rumo ao parque para encontrar-se com ela.

Não demorou muito e viram Clara e Nancy próximas ao pequeno lago.

— É aquela menina — disse Leandra para Clóvis —, aproveite que ninguém está por perto.

Admirado, Clóvis, constatou:

— Mas ela é uma deficiente!

— Disso eu sei, não precisa me informar, mas é ela a vítima — falou Leandra sem a menor compaixão.

Diante da indecisão de Clóvis, Leandra impiedosamente lhe pediu:

— Não é hora de escrúpulos. Você recebeu o dinheiro que pediu, agora faça sua parte; dispenso comentários. Estarei no lugar combinado esperando por você.

Virou as costas e partiu.

— Meu Deus, onde fui me meter! Se eu pudesse voltar atrás! Essa mulher é perigosa, o melhor é fazer logo o que tem de ser feito e esquecer isso.

Colocou um capuz que lhe cobria o rosto e, aproximando-se de Clara, ameaçou-a com uma arma.

— Fique quieta porque se gritar mato sua irmã!

Pegou Nancy em seus braços e com passos rápidos alcançou o carro e saiu em alta velocidade.

Clara, ainda sem acreditar no que acabara de acontecer, começou a gritar com toda a sua força.

— Socorro... Socorro, minha irmã foi sequestrada... Socorro.

Logo pessoas presentes no local se aproximaram e formou-se um pequeno grupo.

— O que aconteceu? — perguntou o segurança do parque.

— Levaram minha irmã. Por favor, chame a polícia — pediu em desespero.

Avisadas, Sílvia e Vilma rapidamente chegaram ao local.

— Pelo amor de Deus, Clara, o que aconteceu? — perguntou Sílvia alarmada.

— Mãe, fui ameaçada com uma arma. Um homem encapuçado levou Nancy, não consegui fazer nada para evitar. Ele me disse que se gritasse, ele iria matá-la.

Perplexa, Sílvia falou para Vilma:

— Avise o Hugo, por favor.

Passado algum tempo e orientadas pela polícia, elas retornaram para a casa.

— Vamos tomar as devidas providências — informou o policial. — Se houver algum contato, avise-nos.

Assim que soube do ocorrido, Augusto, acompanhado de Pedro, chegou à casa de Clara. Ninguém conseguia entender a razão de sequestrarem uma pessoa que nenhum mal poderia fazer a alguém. Qual seria a intenção do sequestrador era o que todos se perguntavam.

— Quem faria essa maldade, por que, meu Deus? — Clara repetia sem cessar.

Cada um à sua maneira tentava entender e encontrar uma resposta para o que considerava inexplicável. Preocupavam-se com Nancy, sozinha e amedrontada. O desespero batia forte no coração de todos.

Pedro, em um canto, tentava encontrar uma resposta para tamanha crueldade. De repente, chamou Augusto e com discrição lhe disse:

— Filho, quem fez isso deve ter um motivo forte, pelo menos na sua cabeça, mas penso que o alvo dessa maldade não é Nancy, mas outra pessoa.

— Por que pensa assim, meu pai?

— O que Nancy fez? Quem prejudicou ou atingiu de alguma forma? Nada nem ninguém, Augusto. Mas quem fez isso sabe a importância que ela tem para algumas pessoas, mais precisamente para Clara e, consequentemente, para você também.

— O senhor não está pensando que a..

— Leandra? Estou pensando sim, meu filho. Seu casamento está chegando e creio ter sido a única maneira que ela encontrou de acabar com sua união com Clara, pelo menos por enquanto. A primeira tentativa não deu certo, tentou de novo, é fácil chegar a essa conclusão se lembrarmos da ameaça que lhe fez.

Augusto sentiu que seu pai tinha razão. Leandra era vingativa demais e realmente o havia ameaçado.

— Pai, será que ela chegaria a esse ponto?

— Não só a esse ponto como a coisas muito piores, meu filho. Pessoas como Leandra não possuem limites, não têm bom-senso muito menos generosidade com o próximo. O que na verdade lhes importa é a satisfação delas mesmas; tomam qualquer atitude para conseguir o que querem.

— Precisamos falar com a família de Nancy, pois veja o estado de dona Sílvia, Clara e Hugo; eles estão desesperados.

— E seria bom também que falássemos sobre Leandra para a polícia, o que já fez para prejudicá-lo e a ameaça que não devemos desprezar, assim a polícia poderá investigá-la; é preciso pensar em tudo, é a vida de Nancy que está em jogo.

Augusto, chamando Clara, contou-lhe sobre a suspeita do pai.

— Será possível que essa moça seria capaz de fazer algo tão desprezível, Augusto?

— Não podemos afirmar que seja ela, são só suspeitas de meu pai, mas, para falar a verdade, penso que possa ter algum fundamento; depois do que ela fez querendo me incriminar como traficante, não duvido de mais nada, sei que ela é capaz de tudo para obter o que deseja.

— E o que ela deseja é você, Augusto.

— É, pode ser, mas perde seu tempo, porque jamais chegarei perto dela, muito menos me relacionar com ela.

— É incrível como as pessoas ficam cegas quando se colocam no centro do universo! Passam a enxergar somente a si mesmas e, para elas, os outros não possuem sentimentos, não têm direito de fazerem escolhas; enfim, não percebem a solidão em que eles mesmos se colocam.

— Tem razão, meu amor.

— Meu Deus — ouviram a voz de Sílvia —, será que esses sequestradores não vão fazer nenhum contato? Não suporto mais essa agonia.

— Calma, mãe, vamos aguardar — disse Hugo, sem conseguir controlar sua própria angústia.

A noite chegou.

Os primeiros raios de sol foram encontrar todos no mesmo lugar esperando com ansiedade que alguém fizesse contato. Nenhum deles tinha mais lágrimas para chorar, mas alimentavam a esperança de reencontrarem Nancy o mais rápido possível.

A agonia que experimentavam era tão intensa que ninguém se lembrou de que o casamento de Clara e Augusto seria no dia seguinte. Foi Hugo quem colocou a questão.

— Clara, o que pretendem fazer quanto ao casamento se não conseguirmos encontrar Nancy? É preciso considerar essa hipótese.

Clara, olhando para o noivo, ia responder quando o telefone tocou. Rapidamente pegou o fone e em desespero iniciou o contato.

— Por favor, quem é você; como está minha irmã? Pelo amor de Deus, responda!

Do outro lado da linha ouviu a voz irônica de Leandra:

— Como vai, Clara? Sua irmã é uma graça, bem boazinha, apesar de toda deformada.

Reconheceu a voz pelo modo de falar. Sua ironia chegava a ser desconcertante.

— Sei que é você, Leandra. Só não imagino a razão de tanta crueldade com uma pessoa totalmente indefesa.

— Não imagina mesmo, Clara? Quer que eu refresque sua memória? Dei a você e Augusto a chance de terminarem com esse casamento absurdo, mas vocês não me deram crédito, duvidaram da minha inteligência, esqueceram que quando desejo uma coisa vou até as últimas consequências, atropelo quem estiver na minha frente. Agora, só resta a vocês se separarem de uma vez por todas porque se houver casamento amanhã nunca mais verão Nancy. Fui clara?

Não aguentando mais ouvir a voz de Leandra, sua ameaça, seu desrespeito pelas pessoas e principalmente sua crueldade com Nancy, Clara passou o telefone para Augusto, dizendo em poucas palavras o que ouvira.

— Por favor, Augusto, não suporto mais ouvi-la, converse com ela e veja o que quer na verdade.

Completamente irritado Augusto falou com voz áspera:

— Até onde a sua insanidade vai levá-la, Leandra? Perdeu o juízo, o valor das coisas, acha mesmo que impedindo nosso casamento eu vou ficar com você?

— Isso nós veremos, Augusto. Sei muito bem como convencê-lo de que sou muito melhor que Clara e, portanto, muito mais capaz de fazê-lo feliz.

— Engano seu, Leandra. Nem que você fosse a última mulher do mundo eu me aproximaria de você. Não perca seu tempo, vai pagar muito caro pelo que está fazendo. Esquece que isso é um sequestro, que mais cedo ou mais tarde a polícia vai pegá-la?

— Não quero ouvir mais ninguém, a ordem é que cancele o casamento, se quiserem que Nancy viva.

Dizendo isso, ela desligou o telefone. Augusto e Clara se abraçaram e choraram como duas crianças.

— O que vamos fazer, meu Deus? — perguntou Sílvia.

— Meu pai estava certo, Leandra é capaz das piores atitudes, não possui o mínimo de respeito pelas pessoas, seja quem for.

— Vou avisar a polícia. Já sabemos quem é a sequestradora. Você possui alguma foto dela Augusto? Seria bom colocarmos nos órgãos de comunicação, assim também como a de Nancy.

— Hugo tem razão. Talvez eu tenha, já que saíamos juntos. Vou ver isso, depois vamos à delegacia com as duas fotos. O delegado poderá nos orientar melhor.

— Faça isso, Augusto. Pelo amor de Deus — disse Sílvia —, não vou aguentar sabendo que Nancy está nas mãos de uma louca!

※

Nancy, completamente acuada, olhava para Leandra e o medo aumentava cada vez mais.

"O que ela vai fazer comigo?", perguntava-se.

Intimidada, perguntou com um fio de voz:

— O que eu fiz para a senhora que ocasionou tanto ódio?

— Você não me fez nada; mas sua irmã arruinou a minha vida e vou cobrar dela a devolução da minha felicidade por meio de você, que é a pessoa que ela mais ama; entendeu?

— Entendi. Quer atingi-la pelo coração, é isso?

— Você é esperta, garota. Ela roubou o homem que eu amo e isso não vou perdoar.

— Mas ele ama a senhora também?

O rosto de Leandra ficou lívido enquanto pensava: "Não vou deixar que uma menina que nem perfeita é me dê conselhos, é melhor cortar essa conversa de uma vez.

— Escute aqui, garota, não tenho nada contra você, mas não vou permitir que se intrometa na minha vida e nas minhas decisões. Aconselho-a a ficar quieta. Se não me perturbar, nada vai acontecer com você, isto é, tudo depende da sua irmã.

— Mas eu não quero me intrometer na vida da senhora, só perguntei para saber se tudo isso que está fazendo vai valer a pena, porque se ele não a amar sua maldade não terá efeito. A senhora está se comprometendo com as leis de Deus e esse comprometimento vai lhe custar caro quando chegar o dia do acerto de contas.

Leandra estava impressionada com Nancy.

— Do que você está falando?

— Estou falando de Deus, quero lhe dizer que amor não se compra, conquista-se; se o noivo da minha irmã não tiver nenhum sentimento de amor pela senhora, a sua maldade vai afastá-lo ainda mais, nem amizade restará.

— Como pode uma pessoa como você, com uma deficiência agressiva, falar com tanta lucidez, posso saber?

— Dona Leandra, meu corpo é deficiente, mas meu cérebro está bem próximo do normal; eu posso pensar, analisar e me comunicar livremente como tantas outras pessoas.

Incomodada, Leandra, disse:

— É melhor ficar quieta, assim não corro o risco de perder a cabeça com você e fazer o que não quero.

Nancy calou-se. Pensava em sua família e pedia a Deus que a protegesse. Sofria em pensar que Clara poderia perder para sempre Augusto, que sempre fora o amor de sua vida, tudo isso por conta da extrema leviandade de Leandra.

"Tendo tudo para ser feliz", pensou, "essa moça prefere enveredar por um caminho que só vai lhe causar sofrimento e dor; se ela soubesse o abatimento, a angústia que toma conta do nosso ser quando não temos condições de realizar nossos sonhos, assim como eu, não jogaria sua vida ao vento. Quem assim o faz somente colhe as tempestades que comprometem o progresso espiritual. Hoje eu sei a razão de ter nascido assim. Aprendi com os amigos espirituais que todos temos cicatrizes causadas por nossos erros, num passado doloroso, mas também temos algumas que nos mostram que as mãos de Deus nos seguraram com força para não cairmos nas garras do mal. Se alguma vez senti dor, foi porque Deus me segurou muito forte para que eu não me perdesse novamente; daí também as cicatrizes no meu corpo, para que eu possa alcançar a minha redenção. Ele sabia que se assim não fosse, talvez eu me perdesse outra vez na mesma escuridão."

— Por que está tão calada, com esse ar pensativo, posso saber?

— Foi a senhora quem me mandou ficar quieta, apenas obedeci.

Nancy percebeu que com o passar das horas Leandra estava ficando mais nervosa, olhando frequentemente no relógio.

"Ela não deve saber o que fazer comigo", pensou.

Nesse ínterim, Augusto e Hugo já haviam colocado fotos das duas nos órgãos de comunicação e contavam com a ajuda eficiente da polícia que, infelizmente, não tinha nenhuma pista do paradeiro de ambas.

Clóvis, que se arrependera do que fizera, sentiu uma sensação de desconforto ao deparar com a foto de Nancy.

— Meu Deus! O que fiz... magoei uma pessoa como esta apenas por dinheiro, levei sofrimento a uma família que não me fez nenhum mal, compactuei com um plano insano de uma mulher sem escrúpulos. Agora não sei o que posso fazer para reverter essa situação angustiante.

— O que foi, colega? Está aí parado olhando essa foto há um bom tempo. Conhece essa menina ou ficou impressionado com o físico dela?

— Amigo, responda-me uma coisa, se alguém faz uma coisa muito ruim e se arrepende, qual é o primeiro passo para tentar modificar a situação?

— Em primeiro lugar, deve ir ao encontro de quem prejudicou e pedir perdão pela má ação; posteriormente, deve tentar recompensar a pessoa pelo prejuízo, se existir.

— E se for alguma coisa que envolve a lei? A pessoa será presa?

— Não sei dizer, Clóvis. Mas penso que se a pessoa se entregar, mostrar arrependimento e ajudar de alguma forma na solução do problema, pode ser que receba algum benefício por colaborar. Na verdade, não posso afirmar que seja assim, o que sei é que sempre vale a pena demonstrar o arrependimento por meio do pedido de perdão. Mas por que esse interesse?

— Por nada amigo, por nada.

"Sou capaz de apostar que ele está envolvido em alguma coisa que lhe trouxe arrependimento e que agora não sabe o que fazer", pensou o amigo de Clóvis.

Clóvis andou sem rumo por alguns instantes e depois de pensar muito, tomou uma decisão:

— Vou até a polícia! É minha obrigação reparar esse mal, aconteça o que quer que seja.

Na delegacia, apresentou-se e expôs tudo ao delegado, finalizando:

— Posso levá-lo até o lugar onde elas estão. É de difícil acesso, mas primeiro quero falar com a família.

Avisados pelo delegado, Sílvia, acompanhada de Hugo, Clara e Augusto chegaram à delegacia. Estavam nervosos e ansiosos para saber onde estava Nancy.

Depois de ouvirem a confissão de Clóvis, aceitaram seu pedido de perdão e com três policiais, todos seguiram ao encontro de Leandra e Nancy.

Como dissera Clóvis, o acesso realmente era difícil, mas a vontade de rever Nancy impulsionava todos para a frente, sem se importarem com os obstáculos do caminho.

— Ela está armada? — perguntou um policial para Clóvis.

— Não sei, senhor. Fiz o combinado, deixei-a aqui e fui embora. Realmente não sei se está armada.

— Penso que não deve estar — disse Augusto. — Leandra não mede consequências, não deve ter noção da real dimensão de tudo isso.

— Mas é melhor mantermos distância. Primeiro vamos entrar, e se tudo estiver bem, vocês entram depois.

Assim foi feito.

Leandra, ao ouvir a voz de prisão, correu para perto de Nancy, segurou-a fortemente e ameaçou:

— Se alguém se aproximar eu mato essa garota!

O policial recuou ao notar em sua mão um grande facão que ela exibia vitoriosa.

Nancy, visivelmente assustada, gritou:

— Clara, eu não quero morrer... Eu não quero morrer!

Estas palavras fizeram com que Clara corresse impetuosa em direção à irmã, sem pensar em nada que não fosse salvá-la. Essa atitude fez com que Leandra, nervosa, enfiasse a faca no abdômen de Clara, que caiu ao chão, sangrando.

O policial, ágil, dominou Leandra e a algemou. Augusto e Hugo, sem demora, carregaram Clara, colocando-a no carro e deixando Sílvia com Nancy. Rumaram apressadamente para o hospital. Nancy, completamente desesperada, gritava pela irmã. Sílvia tentava acalmá-la, mas sem sucesso.

— Mãe, a Clara não pode morrer. Eu quero minha irmã — disse. Depois, olhou firmemente para Leandra e gritou com todas as forças que possuía: "Eu odeio você, quero que apodreça na prisão, sua covarde, para que sirva de alimento para os vermes, porque você é um deles".

Tanto os policiais quanto Sílvia se espantaram com a reação de Nancy.

"Nunca a vi desse jeito", pensou Sílvia preocupada com sua reação, "falar dessa maneira, com esse ódio, não faz sentido, não condiz com sua maneira de ser".

Abraçou a filha e a consolou:

— Nancy, não se entregue ao desespero, pois ele nos faz dizer coisas que estão fora das leis de Deus. Traga Jesus para o seu coração. Vamos orar para que Clara se recupere, que não corra o risco de morte; enfim, minha filha, vamos provar a nós mesmos que cremos no amor de Deus.

— Sinto-me culpada, mãe. Foi para me salvar que ela se feriu, foi porque eu disse que não queria morrer.

— Você não tem culpa nenhuma, Nancy. É natural que estivesse com medo, qualquer um de nós estaria, fique tranquila, tudo acabou.

Nancy, mais calma, encostou sua cabeça no ombro da mãe e chorou. Os policiais admiraram-se com a postura de Sílvia e comentaram: "É raro encontrarmos pessoas com esse entendimento!".

Leandra permanecia cabisbaixa. Entrou no carro da polícia sem dizer uma palavra.

Depois de se acomodarem no carro, Nancy e Sílvia também partiram.

Vilma, emocionada, recebeu Nancy em seus braços envolvendo-a com seu amor.

— E Clara? — perguntou notando sua ausência.

Em poucas palavras, Sílvia colocou-a a par dos acontecimentos.

— Meu Deus — disse Vilma —, proteja Clara, que ela se recupere.

— Vilma, sinto-me culpada. Mamãe diz que não sou, mas carrego a culpa dentro de mim.

— Nancy, a única culpada nessa história é Leandra. É ela quem deve sofrer as consequências do ato infame que praticou; e ela vai pagar, pode acreditar. Ninguém transgride as leis de Deus sem sofrer reparação.

— Mas a culpa machuca minha alma — exclamou Nancy.

— Nancy, é comum nos sentirmos desencorajados e até desesperados quando as coisas vão mal; mas não devemos esquecer que Deus age em nosso benefício, principalmente nos momentos de dor e sofrimento. Não carregue nas costas a culpa que na verdade não tem; se fizer isso, mais difícil será sua caminhada pela vida.

— O que eu faço?

— O que todos nós devemos fazer: ore pela vida de Clara e confie na Providência Divina.

— Vou até o hospital — disse Sílvia —, você vai ficar bem, Nancy?

— Pode ir, mãe, fico com Vilma, estou mais calma.

— Vai tranquila, dona Sílvia. E, por favor, dê-me notícias do estado de Clara.

— Darei.

※

Chegando ao hospital, Sílvia encontrou com Hugo e Augusto, que caminhavam de um lado para outro na sala de espera. Notando o nervosismo de ambos, ficou mais preocupada do que já estava.

— O que está acontecendo, como está Clara?

— Ela está sendo operada de emergência, mãe — respondeu Hugo — a perfuração do facão foi profunda e provocou uma hemorragia.

— Meu Deus! — exclamou Sílvia — ela corre risco de morte?

— Mãe, é uma cirurgia importante, demorada. Não sabemos nada por enquanto, só nos resta esperar e nos apegarmos ao amor de Deus.

— Vamos ter calma, dona Sílvia. Confiemos em que tudo dará certo.

— Tem razão, Augusto. Só nos resta aguardar.

— E Nancy, como está?

— Agora está bem, deixei-a com Vilma, que sabe acalmá-la.

— E Leandra? — perguntou a Augusto.

— Foi encaminhada até a delegacia. Com certeza ficará detida, pois foi presa em flagrante.

— Meu Deus, o que ela fez é inacreditável, perdeu completamente a cabeça, a noção das coisas!

— Mas pagará por isso — afirmou Hugo — vou acompanhar de perto; minha irmã correu o risco de morrer por causa da insanidade dessa louca.

※

As horas passavam lentamente para eles que aguardavam por notícias. Após cinco horas de espera angustiante viram os médicos responsáveis pela cirurgia se aproximando.

— Então, doutor, correu tudo bem? Ela está bem?

— Podemos afirmar que a cirurgia foi um sucesso. A paciente ainda está sedada, foi encaminhada para a Unidade de Terapia Intensiva, mas está estável; agora precisamos aguardar e ver como seu organismo reage.

— E essa espera é de quanto tempo?

— As próximas setenta e duas horas são importantes, não podemos ainda dizer ou afirmar nada por enquanto, mas, confiamos no melhor.

— Podemos vê-la?

— Por enquanto não; é melhor irem descansar, amanhã terão acesso a novo boletim.

— Qualquer mudança no estado dela seremos avisados, não?

— Claro. Fiquem tranquilos, qualquer coisa entraremos em contato.

— Obrigada, doutor.

Saíram em silêncio, cada um guardando no coração o sentimento do medo de algo mais sério acontecer com Clara.

— Se eu perder Clara não imagino o que possa acontecer comigo, não saberei viver sem meu amor! — exclamou Augusto.

— Não pense no pior, Augusto — disse Hugo. — Como pediu o doutor vamos confiar.

— Imaginar que amanhã estaria me casando com Clara, vivendo o dia mais feliz da minha vida e hoje, por conta de uma louca, estamos todos vivendo momentos de aflição e dor.

Ao dizer a palavra casamento, Sílvia falou:

— Por falar em casamento, Augusto, precisamos avisar os convidados que devido ao acontecido o casamento terá de ser adiado.

— Tem razão, dona Sílvia, vou pedir aos meus pais que façam isso por mim, não tenho condições emocionais de falar sobre o assunto com quem quer que seja. Leandra conseguiu o que queria: acabar com nossa alegria.

— Ela não acabou com o casamento de vocês, Augusto, ela adiou, pois, ele vai acontecer assim que Clara sair do hospital. Todos vão entender, serão solidários com a sua dor, o momento agora é de pensar na saúde de Clara, só isso deve nos interessar.

— Minha mãe tem razão, Augusto. Leandra terá muito tempo para refletir na cadeia sobre a leviandade que praticou, e verá por si mesma que ninguém acaba com um amor quando ele é verdadeiro.

Despediram-se.

— Se souberem de alguma notícia, por favor, me avisem.

— Claro, Augusto, faremos isso.

Augusto se dirigiu à casa de seus pais. Lá chegando, encontrou-os conversando sobre o assunto.

— Olá, filho, falávamos sobre o acontecido. Estou perplexa com a atitude de Leandra, nunca imaginei que fosse capaz de ato tão cruel — afirmou Janete.

— Quem poderia imaginar, mãe?

— Como Clara está?

— Foi operada, agora é esperar os primeiros dias, que são os mais críticos.

— Filho, nunca quis seu casamento com ela, nunca escondi de você, mas acredite, também nunca desejei que isso tivesse acontecido. Para ser sincera, já havia me acostumado com a ideia da união de vocês e estou torcendo para que sejam felizes. Não guardo nenhuma mágoa ou sentimento em relação a ela ou sua família. O que acontece comigo é que sinto uma enorme dificuldade em aceitar sua irmã, não sei se é somente pela sua deficiência ou por ela mesma, o fato é que eu mesma não consigo entender.

Augusto sentiu sinceridade nas palavras da mãe.

— Dê tempo ao tempo, mãe. Depois do nosso casamento, a proximidade ajudará a aceitá-la, a senhora perceberá o quanto Nancy é sensível, inteligente e muito carinhosa com as pessoas.

— O que eu queria pedir a vocês é que entrem em contato com os convidados, com o cartório e o sr. Jonas comunicando o adiamento da cerimônia. Expliquem o que na verdade aconteceu e assim que Clara ficar totalmente recuperada realizaremos nossa união.

— Pode deixar, filho, eu e sua mãe faremos isso, não só com os nossos convidados, mas também com os da família de Clara.

— Obrigado, pai. Sílvia não tem mesmo a menor condição de se ocupar com essa formalidade. Nancy está muito assustada, chora muito por causa da irmã que ela adora; enfim, estamos todos muito preocupados com Clara e ainda atordoados com o que aconteceu.

※

A lei de Deus está escrita na consciência.

Jesus é para o homem o tipo de perfeição moral a que pode aspirar a humanidade na Terra. Deus no-Lo oferece como o mais perfeito modelo, e a Doutrina que Ele ensinou é a mais pura expressão de Sua lei, porque Ele estava animado do Espírito Divino e foi o ser mais puro que já apareceu na Terra.

Necessário se faz seguir o Divino Mestre para nos proteger das insanidades que habitam o coração sem Deus.

Capítulo 20
Reconforto e consolo

Para quem sofre, o tempo parece estagnado no mesmo lugar, ou seja, no lugar onde existe a dor e a aflição. É como se a vida permanecesse no círculo de nós mesmos impelindo-nos a perceber somente as coisas nas quais colocamos nossa atenção e excluindo de nossa mente aquelas que não estão ligadas à dor que passamos.

Sílvia, nos dias que se seguiram à cirurgia de Clara, não conseguia se concentrar em nada que não fosse o medo de perder sua filha querida. Acreditando que Nancy já havia se recuperado, não lhe dava a devida atenção.

"Amanhã completa o tempo de espera" pensou, "e saberemos ao certo como está Clara".

— Dona Sílvia — ouviu a voz de Vilma — a senhora deveria ir ver Nancy. Ela está ardendo em febre.

— Febre? Desde quando, Vilma? Ela estava tão bem!

— Não, dona Sílvia, Nancy não está bem, há dois dias chora continuamente, chama pela irmã; enfim, hoje, ao acordá-la percebi que está com febre.

— Vamos vê-la.

Seguiram até o quarto de Nancy e encontraram-na em seu leito com uma expressão de angústia e medo.

— Filha, o que você está sentindo? — perguntou Sílvia acariciando seu rosto. — Por que está assim?

— Mãe — Nancy respondeu com certa dificuldade devido à febre alta que dominava seu corpo — não quero perder minha irmã, quero ver Clara.

— Filha, primeiro vou chamar o dr. Jaime, depois conversaremos sobre isso. Está bem?

Voltou-se para Vilma e solicitou:

— Por favor, Vilma telefone para o dr. Jaime e peça-lhe que venha o mais rápido possível ver Nancy.

Vilma foi e ao voltar falou para Sílvia:

— Ele está a caminho; se a senhora me permite dizer, dona Sílvia, essa febre de Nancy parece mais uma reação emocional. O que ela viveu foi muito forte, além do que ela poderia suportar, sem contar o medo que sente de perder a irmã que adora.

— Também penso como você, Vilma, mas de qualquer forma é prudente que o dr. Jaime a examine. Ele é seu médico há muitos anos, conhece-a bem, e a febre está muito alta.

— A senhora tem razão.

Enquanto aguardavam a chegada do médico, Sílvia e Vilma conversavam sobre tudo o que acontecera e estava acontecendo na vida de todos.

— É hoje que a senhora vai saber ao certo o estado clínico de Clara?

— Sim. Vou me encontrar com Hugo e Augusto no fim da tarde e vamos até o hospital.

— Ela vai ficar boa, dona Sílvia. Jesus vai nos conceder essa graça.

— Assim espero, Vilma. Oro ao Pai para que isso aconteça.

— A senhora sabe o que aconteceu com a moça?

— Leandra?

— Sim.

— O que sei, Vilma, é que ficou detida. Segundo nosso advogado ela não conseguiu autorização para aguardar o julgamento em liberdade, pois não é a primeira vez que comete um delito e foi pega em flagrante; ela vai ter o que merece para aprender a respeitar as pessoas.

— Como existem pessoas que não conhecem limites, não, dona Sílvia?

— Isso é fruto dos sentimentos menores, que abrigam em seu coração, da ausência de Deus em sua vida, Vilma. Passam os dias ambicionando o que não lhes pertencem, entregam-se ao egoísmo e ao orgulho de se acharem superiores aos outros; enfim, em vez de trabalharem, lutarem para conquistar o que desejam, preferem ferir o próximo roubando-lhe o que de direito lhe pertence; e isso vale para todos os modos de crimes, pois quando o mal germina no coração das pessoas elas perdem o sentido do amor, do respeito e da própria vida.

Assim que ouviu o som da campainha, Vilma correu para receber o doutor. Após os cumprimentos, Jaime tomou ciência de todos os fatos que influenciaram de maneira agressiva o emocional de Nancy.

— Vou examiná-la com cuidado, dona Sílvia, depois conversaremos.

Sílvia e Vilma aguardaram ansiosas o resultado da avaliação de Nancy.

— Dona Sílvia, clinicamente falando, não encontro nada que possa originar essa febre, o que me faz supor que não passa de uma reação emocional de alto grau. Vou receitar um medicamento para controlar a febre e quero que ela fique em observação. Qualquer mudança do quadro, por favor, avisem-me.

Segurou paternalmente a mãozinha atrofiada de Nancy, beijou-a com carinho e lhe disse:

— Nancy, o que na verdade você deseja?

— Quero ver minha irmã, ver com meus próprios olhos como ela está. Tenho medo de que ela morra e me deixe, doutor.

— Nancy — falou o médico gentilmente — não podemos contrariar os desígnios de Deus. Somente Ele sabe o dia que vamos partir desta vida, mas acredito que não seja o momento da partida de Clara, avaliando o que sua mãe me contou, e já tendo passado as horas mais críticas após a operação sem que nada surpreendesse os médicos que a tratam, creio que tudo deva estar caminhando para sua recuperação, é preciso dar tempo ao tempo, porque tudo segue o ritmo natural das coisas.

— O senhor acha mesmo?

— Acho.

— Mas então por que não posso vê-la?

Sílvia se antecipou:

— Doutor, hoje completam as setenta e duas horas que os médicos disseram ser importantes para sua avaliação, porque são as mais difíceis para a reação do organismo. Ela está ainda na Unidade de Terapia Intensiva e assim que ela for liberada para o quarto Nancy poderá ir vê-la, assim como todos nós.

— Ouviu, Nancy, o que sua mãe disse? É preciso ter paciência, respeitar o tempo de cada organismo para se recuperar das agressões recebidas.

— Mas ela corre o risco de morrer?

— Nancy — respondeu o médico — todos nós corremos o risco de morrer, porque viver é correr o risco de morrer, mas como já disse, somente Deus determina esse dia. Devemos sempre ter fé no amanhã e viver com alegria todos os dias da nossa vida, fazer o bem, amar as pessoas plenamente como se fosse o último dia, porque amanhã elas podem ir embora e nós também, mas isso não significa trazer para nossa mente, para nossos dias, a morte, mas sim a vida. Você consegue me entender?

— Consigo, doutor.

— Então traga a vida para seu corpo, espere a volta de Clara com fé e confiança no nosso Pai que está no céu. A maneira que você pode ajudá-la é enviando-lhe as energias salutares de saúde.

— Filha, assim que Clara puder receber visitas eu a levarei para vê-la.

— A senhora promete?

— Prometo.

Assim que se despediram do médico, Vilma administrou o medicamento a Nancy que, mais confiante, adormeceu.

— Vilma — falou Sílvia — nunca poderia imaginar viver uma situação tão conflitante!

— Tudo isso vai passar, dona Sílvia, nada é para sempre.

✳

Sílvia foi ao encontro de Hugo e Augusto. Eles a aguardavam na recepção do hospital.

— Já conversaram com o médico? — perguntou assim que os viu.

— Ainda não, mãe. Aguardávamos a senhora. Como está Nancy?

Com poucas palavras Sílvia colocou-os a par do que acontecera com a menina.

— Meu Deus — disse Augusto — nunca vi uma irmã ser tão ligada a outra!

— Clara sempre foi a pessoa mais chegada em Nancy, Augusto; trata-a como a uma filha, é sincera, melhor do que eu que sou a mãe. Nancy tem toda a razão do mundo para amá-la como a ama; até a volta que ela deu na própria vida foi estimulada por Clara. Enquanto todos nós a fechávamos em casa imaginando estar protegendo-a do mundo, Clara nos mostrou que ali estava o maior engano, que Nancy precisava era exatamente do contrário: participar da vida que pulsa incessantemente fora das paredes de nossa casa.

— Esse é um erro comum cometido pelas pessoas que têm um filho especial, não, dona Sílvia? Muitas não permitem que o filho desenvolva os outros sentidos, supere a si mesmo, encontre uma motivação para viver e se incluir no mundo.

— É verdade, Augusto. Eu cometi esse engano, mas graças a Clara acordei para a realidade, e hoje Nancy vive em harmonia com seus talentos; usa o dom que Deus lhe deu: a facilidade de se expressar e se comunicar com as pessoas.

Foram interrompidos pela chegada do médico.

— Boa tarde — cumprimentou-os gentilmente.

— Boa tarde, doutor. Esperamos que tenha boas notícias para nos dar.

— O quadro de Clara melhorou sensivelmente e acreditamos que se continuar se desenvolvendo assim em três ou quatro dias poderá ser removida para o quarto.

— Graças a Deus! — exclamou Sílvia.

— Que notícia boa, doutor; deixou-nos mais confiantes.

— Se quiserem poderão vê-la.

— Queremos sim — responderam quase ao mesmo tempo.

Assim, seguiram o médico.

Ao ver Clara ainda sonolenta, ligada a tubos de oxigênio, soro e medicamentos, Sílvia, Hugo e Augusto sentiram forte angústia no peito.

"Minha querida filha passando por esse sofrimento por conta de uma pessoa sem caráter que trata o próximo como se não fosse nada! Se eu não acreditasse na Lei de Ação e Reação faria justiça com as minhas próprias mãos", pensou Sílvia.

Como se sentisse o pensamento da mãe, Hugo disse baixinho:

— Mãe, não se entregue a pensamentos negativos de rancor ou vingança, pois o ofensor sofre muito mais do que o ofendido, não é isso que sempre ouvimos Vilma afirmar?

— Sei disso, filho, mas dói muito ver a Clara nesse sofrimento, ela não merece.

— Dona Sílvia — pediu Augusto — vamos agradecer a Deus por ter preservado a vida dela. Agora isso é o que mais importa, vamos tirar Leandra da nossa vida, pois ela escolheu seu caminho e é ela quem vai colher os espinhos dessa estrada de inconsequências.

Sílvia abraçou Augusto dizendo:

— Vocês têm razão, foi apenas um momento de muita dor. Augusto, quero que saiba que quero muito bem a você e lhe agradeço o amor que sente pela minha filha; ainda serão muito felizes.

— Obrigado, dona Sílvia, eu também a respeito e lhe quero muito bem.

Atendendo ao pedido da enfermeira retiraram-se.

— Assim que Clara for para o quarto quero trazer Nancy para vê-la, ela está muito ansiosa.

— Está certo, mãe.

※

Os dias previstos pelo doutor passaram, e Clara foi transferida para o quarto; apesar de ainda exigir cuidados rígidos e constantes a sombra da morte não a assombrava.

Ao saber que a filha não corria mais risco de morrer, Sílvia chorou de alegria e agradeceu ao Pai pela bênção recebida.

Mais uma vez a vida mostrou que ninguém pode ir contra o desejo do Criador, Senhor da vida de cada criatura;

foi de sua vontade que Clara vivesse para seguir sua caminhada terrena, cumprindo a tarefa para a qual veio ao mundo físico; a leviandade de Leandra não conseguiu separar Clara e Augusto, porque o amor que os unia estava dentro dos planos divinos.

Assim como as marés avançam e recuam, a tristeza pode se tornar um sentimento de ontem se permitirmos que a alegria esteja presente no nosso hoje. O que realmente importa é não naufragarmos no desespero que nos domina perdendo a fé e a confiança no Criador, porque, a partir do momento que isso acontece, a esperança se vai.

Nancy não conseguia mais esperar o dia de poder ver a irmã. A alegria tomou conta de seu coração quando Sílvia a avisou:

— Filha, hoje você vai visitar Clara.

— Verdade, mãe?

— Sim. Depois do almoço vamos ao hospital. Hugo está nos aguardando.

— E a Vilma também vai?

— Você acha que não quero ver Clara? Estou tão ansiosa quanto você!

— Vilma, no fim da tarde você volta com Nancy, vou passar a noite com Clara.

— Tudo bem, dona Sílvia. Conte comigo sempre, inclusive se precisar ficar com ela durante a noite.

— Obrigada, Vilma. Pode ser que isso aconteça, não sei por quanto tempo Clara ficará hospitalizada.

Nancy não conseguia segurar a ansiedade.

Assim que chegaram ao hospital não pôde deixar de chamar a atenção das pessoas, como sempre acontecia em todos os lugares a que ia.

— Filha, não se importe com os outros, pois eles não fazem por mal. É natural que você lhes cause surpresa; afinal, é uma linda menina.

— Apesar de... — completou Nancy — mãe, essa questão está superada. O que me importa na verdade é ver Clara, confirmar que ela está bem e que não corre mais nenhum risco. É bom que me vejam, assim tomam consciência de que as coisas acontecem porque ninguém é o centro do universo nem tão puro que não tenha uma história por trás de si.

— Filha querida! — exclamou Sílvia abraçando-a.

Antes de entrarem no quarto, a enfermeira avisou que por orientação do médico não deviam deixar a paciente cansada.

— Não se preocupe — respondeu Nancy — queremos o bem dela, nada faremos que possa prejudicá-la de alguma forma.

Entraram em silêncio. Clara estava de olhos fechados, mas assim que percebeu a presença de Nancy pelo barulho peculiar de sua cadeira de rodas, abriu os olhos e as duas irmãs, sem dizer uma só palavra, apenas olhando-se, choraram de emoção.

— Por favor, minha filha — disse Sílvia à Clara — não se emocione, você está ainda debilitada, e o médico pediu que não a cansássemos.

Com voz ainda fraca, Clara disse baixinho:

— Aproximem Nancy de mim.

— Eu tive medo de perdê-la, Clara. Minha vida não tem sentido se você não estiver presente. Você se arriscou para me defender!

— Porque eu a amo muito, Nancy. Também não conseguiria viver se alguma coisa acontecesse com você.

Sílvia e Vilma estavam emocionadas por presenciar o sentimento bonito que as unia.

— Com certeza são almas afins, dona Sílvia, unidas pela afeição sincera; da discórdia nascem todos os males humanos; da concórdia resulta a felicidade — comentou Vilma com emoção —, os laços de simpatia são conquistados por meio de várias reencarnações. É esse amor que um dia o homem deverá sentir por toda a humanidade.

※

Após a visita ao hospital, Nancy pôde constatar que Clara realmente estava se recuperando e isso a deixou mais tranquila e confiante. Sabia que demoraria alguns dias para que a irmã retornasse à sua casa, mas não se importava, pois ela voltaria.

Sempre que se lembrava de Leandra pensava: "Não adiantou nada, sua malvada. Estamos todos bem, enquanto você amarga a dor da prisão. Esse é o fim dos que se julgam poderosos, superiores às leis de Deus".

Clara se recuperava, a cada dia apresentava melhora, para a alegria de todos. Ao findar de vinte dias, retornou à sua casa.

Ao entrar no ambiente onde nascera, lugar que guardava suas lembranças da infância, da adolescência e os sonhos de felicidade ao lado de Augusto e de sua família, Clara deu vazão ao sentimento que durante o tempo de internação dominava seu coração. Chorou muito.

— Por que está chorando, minha filha? O momento é de alegria. Você volta à nossa casa viva, com saúde, pronta para retomar seus objetivos, prosseguir sua caminhada ao nosso lado... isso é a maior bênção que podíamos receber de Deus.

— Eu sei, mãe, e peço que me desculpe, mas estou apenas exteriorizando o que durante todos esse tempo avassalou minha alma, jogou-me no medo, na dor, na falta de entendimento de tanta crueldade. Preciso colocar para fora o que me perturba. Depois que tudo estiver devidamente compreendido, estarei pronta para a vida, mas necessito desse tempo.

— Está bem, minha filha, nós a compreendemos. É natural que seja assim; afinal, tudo foi inesperado e conflitante, mas vai passar porque tudo passa na vida, somente Deus não passa e só precisamos Dele para viver.

Abraçou a filha deixando-a que colocasse para fora toda a sua mágoa por meio de suas lágrimas.

— Mãe, e Augusto? Por que não está aqui?

— Estou aqui sim, meu amor — ouviu a voz do namorado que a beijando lhe entregou um lindo ramalhete de flores.

— Meu amor — exclamou Clara emocionada.

Abraçaram-se por longo tempo. Augusto segurou a mão de Clara e lhe disse:

— Meu amor, você ainda quer se casar comigo?

A resposta de Clara foi um beijo apaixonado.

— Em algum momento você duvidou? Agora, mais do que nunca, sei que quero você, Augusto, com todo o amor do meu coração.

— Então vamos retomar nossa vida do mesmo lugar onde paramos, ou seja, do nosso casamento.

Olhou para Sílvia e perguntou:

— Podemos marcar nova data, dona Sílvia?

— Evidente que sim, Augusto. Peço-lhe apenas que espere Clara estar bem recuperada para viver a felicidade que merece.

— Espero o tempo que for necessário. E quanto a você, cunhadinha, tenho sua aprovação? — perguntou Augusto.

— Sim. Tudo o que for para a felicidade de minha irmã eu aprovo.

— Posso lhe dar um beijo de cunhado?

— Pode.

Augusto pegou-a no colo e beijou seu rosto com carinho.

— Quero ser seu amigo, Nancy, e tenha certeza de que jamais vou interferir na sua amizade com Clara, pois o sentimento que as une é muito bonito.

— Eu sei, e é por esse motivo que aprovo a união de vocês — Nancy respondeu feliz.

> *Os sofrimentos físicos preservam o ser contra os excessos, incentivando-o ao cuidado com o próprio corpo; desperta o instinto de conservação e ao mesmo tempo ativa a inteligência, impulsionando-a à pesquisa em busca do bálsamo, da solução para limitar-lhe os efeitos.*

> *Emmanuel denomina Dor – realidade para o sofrimento do espírito e Dor – Ilusão para o sofrimento físico em geral. Mas toda dor física é um fenômeno, enquanto a dor moral é essência.*[14]

No entanto, aquele que suporta com fé encontra no amparo dos mensageiros espirituais o reconforto, o consolo e a esperança.

---

14. XAVIER, Francisco Cândido. Emmanuel. *O consolador*. (N.M.)

Capítulo 21
O caminho do bem

O TEMPO PASSOU.

O dia tão esperado por Clara e Augusto chegou.

O local lindamente enfeitado esperava a chegada da noiva, que estampava a felicidade merecida em seu rosto. A cerimônia singela, as palavras simples ditas com emoção tocaram sobremaneira o coração de quantos assistiam à união de dois corações que, enfrentando a dor, realizavam naquele instante o sonho alimentado durante tanto tempo: o sonho da felicidade.

A maneira como encaramos a vida faz toda a diferença; se nos prendermos ao sofrimento sem deixar que o raio de sol novamente brilhe no coração, impediremos que a alegria retorne dando novamente coragem para recomeçar; não se deve cair na tristeza permanente, pois os tristes sempre acham que o vento geme, enquanto os alegres acham que ele canta. E é no embalo do canto dos ventos que trazemos a energia salutar, porque o mundo é como um espelho que devolve a cada pessoa o reflexo de seus próprios pensamentos.

O dia parecia encantado tal a magia que envolvia o coração de Clara e de Augusto. A sombra se fora dando lugar à claridade plena do amor verdadeiro que unia os dois. Ambos sofreram, mas venceram; deram prova de que a vontade de Deus nunca vai nos levar aonde a graça de Deus não vai nos proteger.

O sonho foi realizado e a vida seguiu seu curso natural.

※

Oito meses se passaram desde o casamento de Clara e Augusto.

Janete, que tanto relutara em aceitar a presença de Nancy em sua vida, hoje era sua amiga e passava uma tarde por semana ao seu lado, ouvindo-a dizer coisas que para ela pareciam ficção.

— Mas será que essa vida de que você tanto fala existe mesmo, Nancy? Parece muito fantasiosa para ser real! — disse Janete provocando o sorriso da menina.

— Dona Janete, quando nos despojamos do nosso corpo físico precisamos ir para algum lugar e qualquer que seja este lugar, ele pertence à vida espiritual. A partir do instante em que nos libertamos, passamos a ser espíritos e, como espíritos não seremos mais vistos pela grande maioria das pessoas aqui na Terra; uma porcentagem pequena dotada de sensibilidade mediúnica consegue ver os espíritos, mas a maioria, como disse, não consegue.

— Tudo bem, mas daí a ter tudo igual aqui na Terra já acho um pouco demais.

— Igual não é bem o termo — disse Nancy — porque lá é tudo muito superior. A Terra é uma cópia imperfeita do que é a vida na espiritualidade, entretanto, encantamo-nos sobremaneira com tudo o que vemos sem imaginar o quanto a versão espiritual pode ser melhor e mais adiantada.

— Meu Deus, Nancy! Onde é que você aprende todas essas coisas?

— Nas orientações dos bons espíritos, nos livros da Codificação Espírita, nas reuniões que frequentamos. Enfim, dona Janete aprendo simplesmente vivendo, abrindo-me para novos conhecimentos sem preconceito ou vergonha de me assumir como espírita.

— Nunca imaginei que você tivesse essa sabedoria; afinal...

— Afinal sou uma pessoa especial, não é mesmo, dona Janete?

— Não é isso que ia dizer.

— Mas foi isso que eu entendi. Dona Janete, meu corpo possui limitações, mas meu cérebro muito pouco; portanto, tenho condições de entender o que ouço e me expressar de uma maneira que as pessoas que me ouvem possam compreender meus pensamentos, por meio das minhas palavras.

Janete olhou para Nancy, pela primeira vez com um pouco mais de compaixão.

— Eu estava muito enganada em relação a você, Nancy, e lhe peço que me perdoe por todas as vezes que a magoei — disse escondendo com palavras doces o que na verdade sentia.

— Por favor, dona Janete por que pedir desculpas? — falou Nancy sem sequer imaginar que escutava palavras vãs.

— Naqueles momentos, era o que a senhora poderia me oferecer, hoje possui muito mais para dar, pois seu coração aceitou de verdade que as pessoas são diferentes umas das outras e nem por isso são melhores ou piores, são apenas diferentes. Saiba que a única diferença que podemos e devemos evitar é a falha de caráter, o desejo egoísta de manipular as pessoas com o único intuito de realizar os próprios sonhos, porque tudo isso é uma decisão nossa, podemos escolher qual caminho percorrer. Já as diferenças físicas estão inseridas na nossa história, não sei lhe explicar por que, mas sei que estão.

Janete impressionou-se com a lucidez de Nancy.

— É, Sílvia, sua filha deve ser mesmo uma pessoa especial.

— Eu sei que é, Janete. Embora tenha demorado a perceber isso, agradeço a Deus por ter permitido que eu acordasse e conseguisse enxergar quem é na verdade a pessoa que de uma forma ou de outra traz em seu corpo a deficiência. Fiquei por muito tempo escondendo o brilho de Nancy, mas felizmente abri os meus olhos.

Ouvindo as palavras de Sílvia, Janete viu passar por sua mente todas as vezes que imprudentemente atingiu Nancy com sua irresponsabilidade em relação ao seu próximo.

"Perdi-me várias vezes na minha extrema vaidade de me achar superior", pensou. "Hoje posso desfrutar da companhia de pessoas que realmente me aceitam e não posso perder esse convívio que me aproxima do meu filho, mesmo que para mim seja difícil aceitar tudo isso."

※

A vida futura é um dos princípios básicos da Doutrina Espírita, realidade comprovada pela observação. Kardec afirma:

> O sentimento instintivo que anima o homem a esperar a vida futura tem fundamento nas raízes que traz no espírito, na vaga lembrança do que sabe, do que viu em seu estado espiritual. Crer em Deus, sem admitir a vida futura seria um contrassenso. O sentimento de uma existência melhor está no foro íntimo de todos os homens. Deus não o colocou aí em vão. A consequência da vida futura é a responsabilidade de nossos atos. A razão e a justiça nos dizem que, na repartição da felicidade à qual todo homem aspira, os bons e os maus não podem ser confundidos. Deus não pode querer que uns gozem, sem pena, de bens aos quais os outros não atingem senão com esforço e perseverança.[15]

O dia amanheceu sombrio devido ao forte nevoeiro que atingia a cidade. Tudo se mostrava cinzento.

Vilma entrou no quarto de Nancy com o intuito de acordá-la.

---

15. KARDEC, Allan. *O Livro dos Espíritos*. Parte IV, item I "O Nada – A Vida Futura". Questão 959, comentário de Kardec. (N.M.)

"Já é tarde", pensou. "Nancy nunca demorou tanto para acordar, deve ser esse friozinho que faz dormir até essa hora."

Aproximou-se da janela, abriu as cortinas e delicadamente chamou por Nancy, que permaneceu quieta sem demonstrar nenhuma reação. Vilma estranhou, pois Nancy sempre acordava ao primeiro chamado.

— Querida, vamos levantar. Sei que o dia está convidativo para permanecer na cama, mas já é tarde, é preciso levantar.

Não obtendo resposta, Vilma sentiu um pressentimento estranho de que alguma coisa não estava bem com Nancy. Não era o seu costume aquela reação.

Olhou mais atentamente e, assustada, notou que Nancy estava muito pálida, muito quieta e muito estranha. Saiu apressadamente e chamou por Clara que, entrando com pressa em seu quarto teve um pressentimento muito forte de que algo muito triste havia acontecido. Não querendo se precipitar em assustar sua mãe, ligou imediatamente para o dr. Jaime que assim que a viu não teve dúvida: Nancy havia partido. Deixara o mundo terreno com suavidade, da mesma maneira que vivera.

O impacto da notícia deixou Clara fora de si.

— Não pode ser! — exclamou inconformada — não pode ser que minha irmãzinha nos deixou. Como não percebemos que alguma coisa estava errada com ela ontem à noite?

— Clara — disse Jaime — ontem ela devia estar bem, sem nada que despertasse suspeita; as coisas são assim, seu coração sofreu um enfarto fulminante, foi embora sem nada perceber ou sofrer.

— Eu deveria ter ido — disse Sílvia — os filhos não devem morrer antes dos pais. O que será de mim agora sem minha filhinha?

— Mãe — falou Hugo abraçando Sílvia —, ninguém pode contrariar os desígnios de Deus. Se Ele achou que era a hora de Nancy partir, quem somos nós para questionar o que na verdade não entendemos, ou seja, a morte?

Vilma, abalada, tentava confortar a família de Nancy, apesar de sentir imensa dor em seu coração.

— É uma bênção do Senhor sair de vida física sem sofrimento como aconteceu com Nancy — afirmou Jaime.

— É verdade, dona Sílvia, nosso sofrimento é grande, mas devemos nos confortar sabendo que Nancy nada sofreu, morreu como sempre levou a vida, com serenidade — concordou Vilma.

Assim que Janete soube da ocorrência, foi com Pedro para a casa de Sílvia.

— Demorei tanto para me encontrar com essa menina especial e justamente quando isso acontece, ela nos deixa! — lamentou Janete.

— É verdade, mãe. Nancy era realmente uma pessoa especial; convivendo com ela nesses últimos meses entendi por que Clara a amava tanto" — afirmou Augusto.

A despedida de Nancy provocou profunda emoção em todos. Aquele corpo atingido pela deformidade quase extrema, não condizia com a serenidade do rosto de Nancy, que parecia estar sorrindo. Clara não conseguiu se afastar um só instante, permaneceu ao lado do corpo da irmã que amava até o momento da separação.

Acompanhada por todos os presentes orou:

Senhor, receba minha irmã em seu reino de glória. Dê a ela e a nós a compreensão de que a separação se faz necessária; não nos deixe cair no desânimo dos que não têm fé, mas que saibamos agasalhar em nosso coração a certeza de que nada se acaba com esse desenlace; a dor e a saudade marcam profundamente nossa alma de tristeza, mas também de certeza que, assim como ela, nós estaremos amparados pelo Seu amor, porque a distância vai nos separar por algum tempo, mas o amor vai nos unir pela eternidade.

Ninguém conteve as lágrimas.

Em meio à comoção geral, o pequeno corpo de Nancy foi sepultado. Encerrava-se assim a participação de Nancy no mundo terreno. Agora ela retomava seu lugar no reino de Deus, levando a satisfação de ter cumprido sua tarefa, resgatado seu passado de erros e enganos. Suportara o peso da consequência de sua leviandade do pretérito e ficara quite com a Lei de Causa e Efeito.

Joanna de Ângelis nos elucida:

Os sofrimentos humanos de natureza cármica podem apresentar-se sob dois aspectos que se complementam: provação e expiação. Ambos objetivam educar ou reeducar, predispondo as criaturas ao inevitável crescimento íntimo, na busca da plenitude que as aguarda.[16]

---

16. FRANCO, Divaldo P. Joanna de Ângelis. *Atendimento fraterno*. (N.M.)

A magia do tempo silencia a dor e o sofrimento se ameniza. Os dias que no primeiro momento caminhavam lentos e cheios de angústia pela saudade de Nancy, foram aos poucos trazendo novamente a tranquilidade na casa de Sílvia.

Cinco meses se passaram desde a partida de Nancy.

Clara chegou eufórica em casa.

— De onde vem tanta euforia, minha filha? — perguntou Sílvia feliz em ver novamente o sorriso nos lábios de Clara.

— Ganhou algum presente? — perguntou Hugo brincando com a irmã.

— Espero fazer parte dessa alegria toda senão fico enciumado — foi a vez de Augusto falar.

— Amor, você faz parte ativa dessa minha alegria; que bom que estamos todos juntos, só falta Vilma para completar nossa família.

Vilma, ouvindo a colocação de Clara, sentiu bater em seu peito uma emoção muito grande.

— Você disse família?

— Disse, Vilma, você faz parte da nossa família e a partir de agora fará muito mais ainda.

Ansiosa, Sílvia falou:

— Clara, estamos ansiosos para saber o que está acontecendo para deixá-la assim tão eufórica, pode dizer, minha filha?

— Nossa família vai aumentar, eu estou esperando um filho!

Fez-se um silêncio; ninguém ousou dizer uma palavra tal a emoção que tomou conta de todos. Foi Augusto quem disse com tremor na voz:

— Você, ou melhor, nós estamos esperando um filho, é isso?

— É, meu amor, é isso.

Augusto não teve outra reação senão abraçar sua esposa e beijá-la com emoção.

— Meu amor, você me faz o homem mais feliz do mundo!

— Filha, que Jesus abençoe vocês pela felicidade que estão me proporcionando.

— A mim também, minha irmã, essa criança vai trazer alegria novamente a esta casa.

— Parabéns — disse Vilma — vocês merecem essa alegria.

— Vilma — falou Clara abraçando-a com carinho —, você aceita tomar conta do meu filho com o mesmo amor que cuidou de Nancy?

— Meu Deus, vocês confiam em mim?

— Evidente que sim, dona Vilma, Clara e eu sabemos que não tem pessoa mais capacitada para cuidar de nosso filho.

— Obrigada, sr. Augusto, obrigada a todos por terem ficado comigo após a partida de Nancy. Aceito com a maior satisfação e felicidade essa incumbência, que irei assumir com o mesmo amor que dei à Nancy.

— Nós sabemos disso, Vilma, confiamos em você e a consideramos uma pessoa de nossa família.

— Mais uma vez obrigada, dona Sílvia.

— Mas agora vamos comemorar! — exclamou Augusto feliz. — Eu vou ser pai!

— Querido, avise seus pais e convide-os para virem jantar hoje conosco. Vamos comemorar todos juntos.

✳

Na casa de Sílvia tudo voltara ao normal, a alegria pela vinda do filhinho de Clara e Augusto contagiava a todos. Com permissão da mãe, a casa foi reformada, e o quarto que pertencera a Nancy agora receberia o novo membro da família.

A lembrança de Nancy ainda era forte no coração de todos, dando prova mais uma vez que a distância existe somente para os olhos e não para o coração. O tempo não destrói um amor quando ele é verdadeiro e a saudade nada mais é do que o amor que fica no coração de quem ama.

Nancy teve a capacidade de sonhar e sentir a beleza da vida embora carregasse o peso da limitação física, que não a impediu de perceber que as maravilhas da vida estavam na possibilidade que possuía de ouvir, ver, sentir, rir e principalmente, amar.

A percepção disso a protegeu de se entregar ao desânimo e desistir; ela lutou para que isso não acontecesse, embora a tristeza muitas vezes batesse fundo em sua alma, prendendo-a em si mesma por falta de motivação; durante muitos anos seus pais não perceberam que faltava a ela uma iniciativa, um incentivo maior capaz de conduzi-la rumo aos seus sonhos, à exteriorização de sua capacidade verbal.

Todos nós temos a oportunidade de aprender o caminho do bem, da prudência e da generosidade, mas somente os que fazem o percurso chegam ao destino esperado; nada se consegue sem esforço e determinação; necessário se faz compreender que não importa como chegamos ao plano físico, o importante é cumprir com coragem os planos de Deus na nossa vida. Este é o caminho a percorrer, pois é ele que fornece a cada um os ingredientes necessários para que se promova o progresso espiritual e é esse progresso que ilumina nossa alma com a luz da redenção.

Capítulo 22
Na espiritualidade

A REENCARNAÇÃO É uma lei da natureza que consiste no retorno do espírito à vida corpórea tantas vezes quanto necessário for em um corpo diferente do que possuía na vida anterior.

É um dos princípios fundamentais da Doutrina Espírita e veio facilitar o entendimento de uma grande parte dos ensinamentos de Jesus que permanecia velada até então.

> *O número de encarnações varia de acordo com a rapidez ou lentidão com que caminha o espírito; aquele que caminha depressa poupa as provas, todavia, as encarnações sucessivas são sempre muito numerosas porque o progresso é infinito.*[17]

Nancy permanecia em tratamento no hospital Maria de Nazaré. Recebia diariamente a energia salutar de Tomás para

---

17. KARDEC, Allan. *O Livro dos Espíritos*. Parte II, item I "A Reencarnação". Questão 169. (N.M.)

amenizar a saudade que sentia de seus familiares que ficaram no mundo físico e equilibrar seu espírito na nova vida, na real vida do espírito.

— Nancy — disse Tomás —, concentre-se em Jesus, o Divino Mestre nos ampara em nossas angústias, mostra-nos o caminho do amor, que é cheio de possibilidades para reerguer o espírito em sua nova forma de vida, tornando-o um tarefeiro de Cristo no trabalho edificante de amparar os que ainda não conseguiram enxergar a luz divina e se perdem na escuridão dos próprios pensamentos.

Timidamente, Nancy questionou:

— Mas o que eu faço com esse desejo de voltar à Terra, estar novamente ao lado de Clara, das pessoas que eu amo?

— A saudade é justa, Nancy, mas é preciso controlar esse sentimento colocando-o no lugar adequado. Tudo no Universo segue um roteiro, obedece a determinadas leis que regem os seres e todas as coisas que estão inseridas na criação de Deus. É preciso aguardar e promover o conhecimento que desvenda essas leis que nos fazem pensar e agir de acordo com a lei de amor.

— O que quer dizer com isso?

— Que não se pode mudar os propósitos de Deus, Ele é o Senhor da vida, de todas as formas de vida, e as criaturas estão subordinadas à vontade Daquele que as criou.

Nancy ficou pensativa. Após alguns instantes, olhou para si mesma e perguntou:

— Tomás, por que eu ainda continuo desse jeito, mutilada? Sempre acreditei que quando retornasse à pátria espiritual meu corpo voltaria a ser perfeito, sem nenhuma deformidade. Por que isso ainda não aconteceu?

— Porque você ainda não permitiu!

Espantada, Nancy respondeu:

— Não permiti? É o que mais quero, ser perfeita, sem essas anomalias que me prenderam durante tantos anos...

— Nancy, só você pode mudar seu corpo astral, ou seja, seu perispírito. Ele é subordinado à sua vontade, assim como mudar suas vestes.

— Como? Não consigo entender isso, pois é o que mais quero!

— Você quer, mas não tira do pensamento sua deficiência. Sua anomalia prende-a em si mesma. Você se esconde nela como se ela fosse um escudo que justificasse sua inércia.

Nancy cada vez mais se surpreendia.

— Tomás, explique melhor.

— Nancy, já faz algum tempo que você chegou da Terra, cumpriu com valentia a prova que escolheu ao reencarnar; nessa questão retornou vitoriosa, mas ainda não conseguiu se desligar dela. Apesar da energia salutar que recebe diariamente por meio de nossas mãos e da água que ingere, entrega-se à saudade, no desejo de voltar para junto das pessoas que deixou. Em nenhum momento senti em você o pensamento de se recuperar, ser útil ao seu próximo, nunca pediu ao Pai um trabalho com os inúmeros irmãozinhos que chegam em situações conflitantes necessitando de amor e aconchego; enfim, não sai de dentro de si mesma. Aqui, na pátria espiritual, existe o trabalho edificante, nenhum ser fica em meditação indefinidamente, pois até nosso Pai cria incessantemente; nada aqui é inútil, tudo está em afinidade com a lei do trabalho e do amor ao semelhante.

— Eu não sabia que podia trabalhar; afinal, o que posso fazer sendo como sou?

— Nancy, seu corpo físico não existe mais, mas seu corpo astral sim, e somente você poderá reconstruí-lo. O que a prendia à deficiência você já resgatou, agora é preciso reconstruir seu perispírito.

— Por Deus, como faço isso?

— Com seu amor direcionado ao Senhor, o pensamento nobre de agradecimento pela oportunidade recebida de quitar seus débitos do pretérito e o desejo firme de aprender, elevar-se pela lei de amor.

Nancy ficou em silêncio.

"Meu Deus, como vou fazer isso? Sou ignorante quanto a essa minha nova situação", pensou.

— Imagino o que está pensando, Nancy, mas não deixe a angústia tomar conta de seu espírito; entregue-se à prece e ao desejo sincero de ser uma tarefeira de Cristo, preencha-se de amor real, queira e traga para si a generosidade e a bondade que levam à redenção. O resto lhe será acrescentado.

— Obrigada, Tomás, por cuidar de mim, vou me esforçar para aprender de verdade tudo o que me ensinou. Quero ser útil aqui na espiritualidade, não o fui no plano físico, mas vou seguir suas orientações.

— Tranquilize-se, tudo a seu tempo. Hoje você deu um grande passo rumo ao seu progresso e à sua perfeição perispiritual.

Assim, ele se afastou, deixando Nancy entregue aos seus pensamentos.

Os pensamentos dos espíritos sofrem modificações muito grandes à medida que o espírito se desmaterializa; eles podem, às vezes, permanecer por muito tempo com as mesmas ideias, mas pouco a pouco a influência da matéria diminui e eles veem as coisas mais claramente. É então que procuram os meios de se melhorar.

Nancy conseguiu permissão para frequentar as palestras de Madre Teresa. Era levada gentilmente por Tomás, que se tornara seu instrutor.

— Preste muita atenção, Nancy, no que diz nossa nobre irmã — disse Tomás. — Encontramos as soluções nas palavras edificantes que soam em nosso espírito com a doçura do silêncio, que nos fazem refletir e desejar ir em busca do melhoramento espiritual. Não se esqueça que elevação se faz com perseverança, amor e disposição para o trabalho em favor do necessitado.

— Não vou esquecer, Tomás. Quero muito restaurar meu corpo e posteriormente conseguir permissão para auxiliar os irmãos que passam por dificuldades.

Tomás gostou do que ouviu. Sabia que Nancy possuía os elementos necessários para adquirir a perfeição do corpo astral, apenas ainda não havia se dado conta dessa possibilidade; mas sabia também que tudo segue o curso natural do aprendizado, e Nancy ia em direção da projeção de si mesma.

O tempo passou.

O deslumbrante amanhecer da pátria espiritual permitiu que os raios de sol aquecessem o quarto de Nancy, acordando-a para um novo dia de aprendizado.

Nancy sentiu algo de diferente em si mesma.

"Sinto-me estranha", pensou.

Teve desejo de se levantar e, ao tentar, levantou com naturalidade ficando em pé com facilidade. Sentindo suas mãos, apalpou-se e se surpreendeu ao notar que possuía um corpo; braços e pernas como os outros.

— Meu Deus, eu possuo um corpo! — exclamou com gratidão.

Ajoelhou-se e orou:

> *Senhor, eu Vos agradeço pela bênção recebida; entrego-me ao Vosso amor e peço-Vos que me permitais ser uma tarefeira de Jesus amando o meu próximo mais que a mim mesma, desejando apenas ser a Vossa criatura que, pecadora, sai em busca da própria redenção. Assim seja.*

> *A causa principal da dúvida sobre a existência dos espíritos é a ignorância da sua verdadeira natureza. Imaginam-se os espíritos como seres à parte da Criação, sem nenhuma prova de sua necessidade. Seja qual for a ideia que se faça dos espíritos, a crença de sua existência decorre necessariamente do fato de haver um princípio inteligente no Universo, além da matéria. O espírito é o ser pensante que sobrevive à morte; o corpo não é mais que um envoltório que ele abandona depois de usar, mas não o segundo envoltório a que chamamos de perispírito. Não podemos, pois, considerar o espírito como uma simples*

abstração, mas como um ser limitado e circunscrito, a que só falta ser visível e palpável para assemelhar-se às criaturas humanas.[18]

A partir daquele momento, Nancy se esforçava cada vez mais para desempenhar a tarefa que adquirira com os superiores. Assistia todas as tardes à palestra de Madre Teresa e, sempre, ao deixar o grande auditório, recolhia-se para suas meditações. Em um desses momentos de recolhimento, ela sentiu o desejo de saber o motivo pelo qual retornara ao mundo terreno levando em seu corpo uma mutilação tão acentuada.

"Será que poderei ter acesso ao meu passado, ir até a origem de prova tão severa?", perguntou a si mesma.

— No momento adequado saberá todas as respostas que ora a aflige, Nancy — respondeu Tomás se aproximando.

— Como sabe no que eu pensava, Tomás?

— Captei seu pensamento pela telepatia, Nancy. Um dia você também saberá como fazer, assim como saberá plasmar uma roupa. Não acha que já está na hora?

— O que você está dizendo? Plasmar uma roupa para mim, é isso?

— Sim, podemos fazer isso pela força do pensamento. Pense com força no modo como gostaria de se apresentar.

Confiando nas explicações de Tomás, Nancy se concentrou, orou com sinceridade pedindo auxílio ao Divino Mestre e firmemente imaginou a roupa que gostaria de usar. Em

---

18. KARDEC, Allan. *O Livro dos Médiuns*. Capítulo 1, "Existem espíritos?". (N.M.)

poucos segundos, Nancy se viu vestida com simplicidade em uma roupa branca. Olhou admirada para si mesma e exclamou:

— Tomás, quando estamos encarnados sequer imaginamos como a vida aqui na espiritualidade é fascinante!

— Realmente, Nancy, a mente humana não consegue vislumbrar um décimo do que é na verdade a vida após a vida terrena; se conseguissem entender essa mágica construiriam para si mesmos uma estrada de redenção que os traria com segurança ao reino de Deus, mas entregam-se aos prazeres efêmeros da matéria, esquecendo que somente o que pertence ao espírito os acompanha no retorno à pátria de origem.

Percebendo que Nancy ficara pensativa, Tomás a interrogou:

— O que foi, minha amiga, percebo que ficou tristonha, posso saber o que a preocupa?

— Não estou tristonha, Tomás. Apenas senti uma saudade muito intensa de minha família, especialmente de Clara. Gostaria de vê-los, afinal já estou aqui há algum tempo e não tive ainda permissão para voltar à Terra, ao meu antigo lar terreno; gostaria de saber a razão.

— Nancy, creio que agora você poderá conseguir essa autorização; afinal, já conseguiu reestruturar seu corpo astral, sua vestimenta, tudo isso é sinal de equilíbrio espiritual; não nutre mais nenhum sentimento de tristeza, inconformação; enfim, percebo seu progresso espiritual.

— E isso quer dizer o quê?

— Que podemos ir até os superiores e pedir permissão para que você possa visitar seu antigo lar terreno.

Nancy iluminou seu rosto com um sorriso de alegria.

— Verdade, Tomás? Você acha que consigo?

— Penso que sim.

— Quando podemos ir?

— Agora mesmo.

— Claro. O que mais quero é ver novamente minha família; saber como estão.

— Vamos, então?

— Sim.

Recebendo a autorização para descer ao orbe terreno, Nancy e Tomás acompanharam uma caravana que desceria à Terra para receber um grupo de jovens que desencarnaria em um acidente. Nancy, querendo aprender cada vez mais, perguntou a Tomás por que Deus permitia que acontecesse o acidente que mataria tantos jovens se Ele poderia evitar.

— Nancy, não é Deus quem está provocando esse acidente, mas o próprio homem que usa indevidamente seu livre-arbítrio. Repare na imprudência do motorista do veículo, ele está completamente alcoolizado, sem noção alguma da velocidade que está atingindo; preste atenção no grupo, a maioria vibra na mesma faixa, ou seja, fazem uso de drogas e álcool, perdidos na inconsequência e total leviandade, são eles mesmos que atraem para si o que os homens julgam ser fatalidade, mas na verdade não passa de uma irresponsabilidade que vai cobrar o seu preço.

Todas as leis que regem o conjunto dos fenômenos da natureza têm consequências necessariamente fatais, isto é, inevitáveis, e essa fatalidade é indispensável à manutenção da harmonia universal. O homem que sofre essas consequências está, pois, em certos aspectos submetido à fatalidade, em tudo quanto não depende de sua iniciativa. Assim, por exemplo, deve morrer fatalmente; é a lei comum à qual não pode subtrair-se, e em virtude dessa lei pode morrer em qualquer idade, quando chegar a sua hora. Mas se, voluntariamente apressa a sua morte pelo suicídio ou pelos seus excessos, age em virtude de seu livre-arbítrio, porque ninguém pode constrangê-lo a isso. A natureza tem suas leis fatais que lhes opõem uma barreira, mas aquém das quais ele pode mover-se à vontade. A fatalidade é o freio imposto ao homem por uma vontade superior à sua e mais sábia que ele, mas jamais é um entrave no exercício de seu livre-arbítrio no que toca às suas ações pessoais.[19]

— Mas nem todos estão sob a influência do álcool — afirmou Nancy.

— Esses poucos serão devidamente protegidos pela permissão do plano maior. Retornarão os que devem retornar e serão amparados, retirados dos destroços sem que o espírito se dê conta do que aconteceu. Os outros permanecerão ainda no plano físico porque não chegou o momento do retorno.

— E com os que estão alucinados pela droga, pelo álcool, o que acontecerá?

— Serão levados por espíritos que os acompanham há muito tempo, Nancy, sem que nada possamos fazer, é a lei da afinidade.

---

19. KARDEC, Allan. *Revista Espírita*. Julho de 1868. (N.M.)

Tomás mal acabou de expor a Nancy quando ouviram um estrondo ensurdecedor; o ônibus que invadiu a pista contrária bateu de frente com uma carreta, restando apenas um amontoado de ferro retorcido. Mais uma vez, a imprudência do homem agia... Enquanto a equipe socorrista tomava as providências, Tomás encaminhou Nancy para seu antigo lar terreno. Percebendo que ela ficara impressionada com a violência do acidente afirmou:

— Nancy, não se perca nesse sentimento, agora é hora de usufruir o seu desejo de rever sua família; entregue-se a essa alegria que lhe foi concedida, pois tudo na espiritualidade segue as Leis do Universo, estabelecidas pelo Criador. Todos devem pagar seu débito de acordo com essas leis.

Quando Nancy percebeu, estava às margens do rio cujas águas tantas e tantas vezes ficara observando borbulhar dando asas à sua imaginação.

— Vamos entrar? — questionou Tomás.

Sentindo-se um pouco trêmula, Nancy respondeu:

— Vamos.

A jovem sentia-se emocionada, para ela tudo era muito diferente. Encarnada, não podia imaginar a vida tão atuante na espiritualidade; seus pensamentos, sentimentos, continuavam do mesmo jeito, vivos e presentes.

Entraram na sala principal e encontraram com Sílvia sentada em uma poltrona completamente entregue à confecção de um casaquinho de tricô. Exibia em sua face a tranquilidade de quem espera feliz a chegada do netinho.

Nancy dirigiu a Tomás um olhar de interrogação.

— Sim, Nancy. É isso mesmo, Clara está grávida e logo receberá em seus braços o filhinho que tanto espera.

Nancy misturou em seu ser o sentimento de felicidade por sua irmã e ao mesmo tempo a sensação de que seria logo esquecida. Tomás, percebendo, aconselhou:

— Nancy, não se entregue a sentimentos que vão lhe trazer angústia; a vida no plano terreno prossegue e aqueles que ficam precisam continuar sua trajetória. Isso não anula a lembrança e o carinho que sentem pelos que partiram. São mundos paralelos que se unem pela saudade, que nada mais é do que o amor que ficou; a distância existe para os olhos e não para o coração, Nancy, sinta o que sua mãe está pensando.

— Como faço isso?

Tomás, aproximando mais de Nancy, levantou sua mão e emitiu energia permitindo que Nancy conseguisse sentir o que Sílvia pensava.

"Que pena que Nancy não está mais conosco, ficaria tão contente com o sobrinho, mas de onde estiver deve saber e vibrar pela felicidade de todos nós. Um dia vou me encontrar com minha filha querida."

Nancy se aproximou mais de sua mãe e depositou um beijo em seu rosto.

— Eu a amo, mãe; nunca deixarei de amar todos vocês que são minha família terrena.

Sílvia passou sua mão sobre o rosto e sentiu uma inexplicável paz em seu coração.

Nancy ia perguntar a Tomás onde poderia encontrar Clara quando a viu chegar cheia de pacotes.

— Mãe, veja o que comprei para o bebê.

— Nossa, filha, comprou a loja inteira? — brincou Sílvia.

— Vamos até o quartinho dele, tenho uma surpresa para a senhora.

Tomás e Nancy acompanharam Sílvia e Clara até o quarto do bebê.

— Mas este é o meu antigo quarto, Tomás! Ele está lindo!

— Sim, Nancy, foi a maneira que Clara encontrou de homenageá-la, veja.

— Mãe — disse Clara entusiasmada — olhe na parede em cima da cômoda.

Sílvia virou-se e mal pôde conter a emoção. Dependurado, um lindo quadro com a foto de Nancy.

— Clara! — exclamou. — Que homenagem linda você fez para sua irmã.

— Mãe, Nancy jamais vai sair do meu coração. Ela estará sempre presente na minha vida de uma maneira saudável, com o desejo que ela siga seu caminho de evolução rumo ao Criador.

— Também penso assim, minha filha. Nancy era uma pessoa especial, pena que demorei muito tempo para perceber isso, mas Deus foi generoso comigo e tive tempo de me redimir e superar meus medos, oferecendo a ela tudo o que merecia, inclusive o amor que sempre senti por ela, mas demonstrei de uma maneira equivocada.

— Ela sabe disso, mãe!

Tomás, percebendo que Nancy emocionou-se mais do que devia, convidou-a para se retirarem.

— Vamos, Nancy. Isso já é o suficiente para acalmá-la e lhe dar a certeza de estar sempre presente no coração de sua família terrena.

— E, Hugo, Vilma, Augusto? Não os vi.

— Seu irmão e Augusto estão bem, seguindo a vida com dignidade; e Vilma continua a pessoa generosa de sempre.

— Posso vê-la?

— Rapidamente.

Entraram no quarto de Vilma e ela, sentindo a presença de Nancy, pensou: "Meu Deus, tenho a nítida sensação da presença de Nancy. Se for verdade que está presente, minha menina, receba todo o meu amor e minha saudade, que Jesus a abençoe nesta nova vida, dando-lhe força e fé para prosseguir rumo a sua evolução".

Nancy abraçou Vilma emocionada.

— Ela ainda se lembra de mim, Tomás!

— Claro, Nancy. O amor, quando sincero, não se esvai, fica enraizado no coração de quem o sente; você continua muito amada por sua família, os dois mundos prosseguem em linhas paralelas, não podem se tocar, mas caminham na mesma direção, ou seja, na direção de Deus.

Nancy agradeceu ao Senhor a oportunidade que recebia.

— Agora vamos, Nancy. Vou levá-la para outro lugar.

— Outro? Posso saber onde?

— Vai saber, vamos.

Nancy despediu de seus entes queridos e seguiu Tomás, que pela sua condição espiritual presenteou a todos com energia salutar.

Seguiram rumo a novo endereço. Assim que chegaram, Nancy reconheceu o local e, espantada, falou ao amigo:

— Mas aqui é a Casa Espírita onde estive muitas vezes!

— É verdade, e foi aqui que usando com sabedoria seus talentos, comunicou-se com seus irmãos de fé.

Entraram, a reunião estava começando e, para surpresa de Nancy, ela ouviu Jonas dizer:

— Meus irmãos, vamos vibrar para nossa querida irmãzinha Nancy, que tantas vezes nos presenteou com palavras de incentivo, de fé, dando-nos mostras da sua espiritualidade e confiança em Deus, aceitando sua condição física como instrumento de redenção.

Todos os presentes se compenetraram e direcionaram seus pensamentos para Nancy que, completamente emocionada, viu-se envolvida por pequenos flocos azulados e sentiu seu corpo astral se fortalecer. Ao término, ela ouviu a oração generosa de Jonas e, elevando seu pensamento a Jesus, agradeceu o momento que vivia.

— Eles não se esqueceram de mim, Tomás!

— Já lhe disse, Nancy, os sentimentos verdadeiros não se apagam; você deu a eles o exemplo da conformação sem se entregar ao desespero e à revolta, e o exemplo, minha irmã, é a maior lição que se pode oferecer.

— Mas existiram momentos em que fiquei muito triste e questionei minha condição de diferente; quis ser igual à minha irmã, talvez esse não seja um bom exemplo.

— Nancy, a ninguém cabe analisar nossas atitudes. Somente o nosso Mestre Jesus é quem conhece a cada um de nós, a nossa intenção, nossas dúvidas, nossos medos e, somente Ele, possui o conhecimento da nossa alma e sabe que enquanto encarnados agimos como encarnados: temos fraquezas, muitas vezes nos enganamos, mas sempre conseguimos superar outras tantas coisas... Você nunca contaminou sua alma com uma revolta contra o Criador, e no momento em que a espiritualidade considerou adequado você se entregou ao mundo exterior de verdade e mostrou para muitos que na realidade o corpo físico não passa de instrumento para que o espírito possa se redimir dos seus enganos do pretérito.

— Nossa, Tomás, ouvindo-o falar assim sinto-me mais confortável e feliz; quero muito aprender e me elevar cada vez mais rumo à minha redenção.

— Dê tempo ao tempo, minha irmã. Todos temos muito o que aprender; o aprendizado é extenso, mas gratificante, pois ao longo do tempo vamos nos tornando mais generosos, altruístas e passamos a entender que somente o amor pode nos dar a condição de verdadeiras criaturas de Deus.

Retornaram à pátria espiritual.

Tornamo-nos fracos quando permitimos que nossos pensamentos controlem nossas atitudes, nossas ações, porque, na realidade, forte é aquele que força suas ações para controlar seus pensamentos, vencendo as tentações, os desejos impuros, os sentimentos menores de egoísmo, inveja, arrogância, agindo sempre a favor do bem e do amor universal. Esse é o tarefeiro de Cristo, o guerreiro que levanta a bandeira da fraternidade tão alto que nenhum mal pode alcançá-la.

Capítulo 23
Renovação de sentimentos

Mais um tempo se passou.

Nancy conseguiu autorização para auxiliar no trabalho de ajuda aos recém-chegados da Terra, jovens que como ela que tiveram de enfrentar deficiências no corpo físico. Fazia sua tarefa com muito amor com aqueles irmãozinhos que traziam em si mágoas, tristezas e alguns muita revolta. Dedicava-se integralmente à missão que recebera por bênção divina.

Certa tarde, encontrando-se com Tomás, Nancy perguntou ao amigo:

— Tomás, não sei se procede minha interrogação, mas por que após tanto tempo aqui na espiritualidade ainda não consegui saber a razão da deficiência que levei para o meu físico?

— Você deseja conhecer sua encarnação passada, é isso?

— Sim. Por que nasci na Terra com tamanha deficiência física?

— Nancy, posso lhe dizer que o espírito pode escolher o gênero de provas que deseja sofrer; aí está o seu livre-arbítrio; mas nada acontece sem a vontade de Deus porque foi Ele quem estabeleceu todas as leis que regem o Universo.

— Você quer dizer que fui eu mesma quem escolheu nascer daquele jeito?

— Deus lhe dá liberdade de escolha, entretanto, pode impor certa existência a um espírito quando este por sua inferioridade ou má vontade não está apto a compreender o que lhe seria mais proveitoso e quando vê que essa existência pode servir para seu adiantamento e ao mesmo tempo servir-lhe de expiação.

— Mas eu poderia tomar conhecimento da minha existência anterior e saber o que ocasionou essa prova que, na realidade, foi bem penosa?

— Para isso você precisa pedir autorização superior.

— Mas onde devo pedir?

— Vou levá-la até o Departamento da Reencarnação; lá poderá ter sua resposta.

Seguiram juntos até o local mencionado.

Nancy mal podia segurar a ansiedade que tomava conta de seu espírito; abrigava em si uma mistura de sentimento que na verdade não saberia dizer qual a dominava mais, se o desejo de conhecer seu passado ou o medo de saber quem fora.

Logo na entrada encontraram Florêncio, responsável pelo departamento.

— Tomás, que prazer revê-lo! O que o traz aqui?

Em poucos segundos, Tomás colocou-o a par do desejo de Nancy.

— Mas ela já possui autorização para esse procedimento?

— Ainda não, quer justamente saber onde conseguir.

Florêncio olhou bem para Nancy e lhe disse:

— Vou verificar a possibilidade.

Afastou-se por uns instantes e ao retornar disse com um sorriso.

— Autorização concedida.

— Pode ser agora? — perguntou Nancy ansiosa.

— Não. Será preciso um preparo para que não haja nenhum contratempo, como desequilíbrio, por exemplo. Volte daqui a três dias. Será suficiente; nesse período entregue-se à oração para tranquilizar seu espírito, que percebo está bastante agitado.

— É a ansiedade, irmão.

— Eu sei, essa é a razão de esperarmos um pouco até a irmã se preparar para voltar ao seu passado.

Despedindo-se de Florêncio, Tomás e Nancy se retiraram.

Sentindo em Nancy uma profunda angústia, Tomás perguntou:

— Irmã, sente-se preparada para conhecer os fatos de sua existência pretérita?

— Não sei se preparada, mas muito ansiosa e desejosa de saber o que fiz para gerar minha condição física nessa última encarnação.

— Nem sempre agimos como imaginamos, Nancy. Todos nós passamos por momentos de severo engano, erramos, e nossas atitudes, não raro, não são compatíveis com as leis de amor. É nesse momento de leviandade que semeamos sementes que darão frutos de dor.

— O que você quer me dizer?

— Que deve se preparar, entregar-se ao amor de Jesus, clamar por auxílio para não se desequilibrar, pois isso ocasionaria uma queda emocional importante.

Nancy sentiu-se amedrontar.

— Mas, Tomás, preciso saber quem sou na verdade; o que fui capaz de fazer para ter tido uma prova difícil; enfim, não quero carregar a incerteza, quero me tornar um ser inteiro, pleno, entregar-me ao verdadeiro amor para prosseguir na minha redenção. E como conseguir isso se não exterminar a dúvida e o receio de novamente me jogar na mesma inconsequência do passado?

— Você está certa, Nancy. Os amigos espirituais vão prepará-la para suportar seu mergulho no passado; entregue-se à oração e confie na proteção do nosso Mestre.

Separaram-se. Tomás foi cumprir suas tarefas e Nancy dirigiu-se ao lago Azul, aonde costumava ir em seus momentos de descanso. Ali se entregou plenamente à prece.

> *Senhor, ilumina meu espírito para Tua luz; que eu consiga sentir o Teu amor direcionando-me para a redenção. Que eu saiba suportar o peso dos meus enganos do passado e junto a Ti me entregar ao amor pleno, sem máscaras.*
>
> *Que eu consiga crescer em espírito para me aproximar de Ti; fortalece-me e permite que eu conheça a mim mesma e por meio desse conhecimento me torne melhor.*

Confio na Tua infinita bondade e é por esse motivo que venho buscar em Ti a paz para meu espírito e o alento para minha dificuldade, por tudo isso suplico-te: recebe minha prece; fortalece-me e ampara-me; auxilia-me a enxergar a Tua luz radiosa que mesmo na minha escuridão do passado iluminou meus passos no caminho da minha redenção e, agora, que eu saiba aproveitar a oportunidade de poder enxergar através da janela que se abre para minha felicidade.

Reencarnação é a maior prova da justiça divina; a oportunidade que Deus através de sua infinita bondade e sabedoria nos concede para que possamos resgatar as nossa dívidas, saldar os nossos compromissos com o mundo espiritual, desculparmo-nos perante as pessoas, os irmãos que prejudicamos em vidas passadas.

Todos os nossos atos praticados por pensamentos, palavras e obras em vidas anteriores acarretam para nós venturas ou desgraças, na proporção do bem ou do mal que deles resultou. Portanto, os seus efeitos vão posteriormente atuar na felicidade, na vontade, nos desejos ou no caráter do homem em vidas futuras; esta é a Lei do Carma, quer dizer a Lei da Causa e Efeito.[20]

Os três dias esperados por Nancy passaram lentamente diante de sua expectativa. Ao entrar no Departamento da Reencarnação, ela sentiu em seu âmago que a partir daquele instante

---

20. TOZZI, Sônia. Irmão Ivo. *Encontro com Deus*. São Paulo. Lúmen Editorial. (N.M.)

iria se encontrar, saber na verdade quem era, o que fora capaz de fazer para se comprometer tão fortemente a ponto de lesar seu perispírito. Florêncio, acalmando-a, disse:

— Minha irmã, agora o importante é se entregar à fé e à confiança em Jesus. A permissão foi concedida e isso quer dizer que você está apta a suportar a revelação da sua história pretérita; aceite a revelação como uma grande bênção para seu progresso e use-a a seu favor, lembrando que conseguiu retornar vitoriosa e é isso que conta.

Tomás completou:

— Nancy, mantenha-se conectada com o plano maior, permaneça com seu pensamento voltado para o Divino Amigo, esse é o caminho.

Tudo pronto, Nancy estava acomodada em uma grande sala de projeção tendo ao seu lado Tomás, que emitia energia salutar para aquele espírito que estava prestes a tomar conhecimento de seus erros e enganos do passado. O filme de sua existência pretérita teve início.

※

Muitos anos atrás.

Nanda, uma jovem de vinte anos, percorria com arrogância a cocheira onde permaneciam lindos cavalos de raça, que significavam para ela um sonho. Sua inspeção era demorada e crítica; olhava cada detalhe nos pelos dos animais, e o menor descuido cometido pelos tratadores era motivo de severa punição.

— Como vocês são lindos — dizia acariciando cada um.

A maneira arrogante e orgulhosa como se dirigia aos empregados da fazenda de seus pais tinha a total aprovação de sua mãe, que via nessa atitude um comovente apego aos animais; embora seu pai reprovasse o excessivo orgulho de sua filha, esta continuava altiva, senhora de tudo e de todos, como se o mundo lhe pertencesse.

Era odiada por todos os empregados que, temendo suas reações, obedeciam a ela cegamente sem dizer nenhuma palavra.

Certa manhã, ao fazer sua inspeção diária, percebeu em um dos animais um pequeno ferimento que dava a impressão de ter sido fruto de uma agressão.

Cega de ódio, ela chamou o responsável e exigiu que explicasse o motivo da agressão.

— Senhora, não tive a intenção de machucar o animal, mas fui obrigado a dar levemente com o chicote, pois foi a única maneira de acalmar sua fúria. Não sei o motivo pelo qual ele ficou tão agressivo, mas não tive saída.

— E o que faz você pensar que se acalma um animal batendo nele?

— Eu não sabia o que fazer! — exclamou amedrontado o empregado.

— E fez o que não devia; se não sabe cuidar de animais por que está trabalhando com eles?

— Porque foi aqui que me mandaram ficar, e eu apenas obedeci a ordens.

— Você não tem a menor noção do que seja cuidar de animais; é um incompetente, e pelo que vejo não presta mesmo para nada. Talvez seja melhor mandá-lo embora porque empregados como você têm de ser jogados no lixo.

O rapaz, indignado, revoltou-se e com impulsividade e sem se controlar levantou o braço para agredi-la. Outro rapaz aproximando-se rapidamente segurou sua mão impedindo-o de cometer o ato agressivo.

Nanda completamente irada e descontrolada gritou raivosa:

— Corte os braços e as pernas desse infeliz para que ele jamais possa levantar a mão para mim ou agredir um animal!

Essa frase causou espanto em todos os que se aproximaram atraídos pelos seus gritos.

— Senhora, não é motivo para tanta punição!

— Aquele que disser uma palavra em favor desse infeliz terá a mesma sorte; portanto, apenas me obedeçam.

O rapaz, aproveitando a confusão que se instalara, montou no cavalo e saiu em disparada. Em seguida, obedecendo às ordens de Nanda dois empregados fora à caça do fugitivo, que em pouco tempo se viu amordaçado e vítima da crueldade da jovem.

Seus braços e suas pernas foram decepados cruelmente e os gritos de dor ecoavam pelos ares.

— Isso é para você nunca mais levantar suas mãos para um superior muito menos fugir de uma punição merecida.

Seus pais chegaram naquele momento e se espantaram ao ver tanta crueldade vinda da filha. Levaram o empregado ao hospital da cidade para que fosse atendido e salvo, o que aconteceu após meses de internação. Retornando à fazenda, ele foi colocado em um quarto onde passou o resto de sua existência amargando a solidão por não suportar os olhares de repugnância com a desfiguração de seu corpo físico.

Nesse ponto, Nancy não suportou mais.

— Por favor, irmão Florêncio, não suporto mais; não posso crer que fui ou sou esse monstro; pelo amor de Jesus, poupe-me.

A tela se apagou.

Nancy tomava conhecimento de como exatamente plantara a semente de sua deficiência; trouxera para si o que cruelmente infligira ao semelhante. Com receio, perguntou a Florêncio:

— Senti-me muito mal ao ver meus pais, que são os mesmos dessa minha última existência terrena.

— Sim. Eles pediram para tê-la novamente como filha, pois foram responsáveis por não terem direcionado você para o bem, extirpando seu orgulho excessivo, sua arrogância; enfim acharam que falharam como orientadores e foram inseridos na mesma prova de recuperação.

— Pode me explicar melhor, Tomás?

— Claro. Todos os males têm seu princípio no egoísmo e no orgulho; os pais devem se empenhar em combatê-los sem esperar que criem raízes profundas. Muitas vezes os pais fazem tudo o que podem para o desenvolvimento moral de seus filhos, mas não se saem bem, porém a consciência deles está tranquila; mas se falham, como foi o caso de seus pais, que aceitaram passivamente suas atitudes inconsequentes, lhes é permitida nova encarnação para agirem com sabedoria e repararem a tarefa malfeita. Por essa razão, eles pediram para recebê-la como filha e ajudá-la a se reerguer no progresso da moral cristã.

— E, Clara? Qual o envolvimento que tivemos, porque a afeição que sentimos uma pela outra é tão forte!

— Clara é um espírito evoluído, Nancy. Foi ela quem a recebeu e orientou após o tempo que você passou nas zonas de sofrimento. Por ocasião do seu retorno ao mundo físico, solicitou ao Pai permissão para acompanhá-la a fim de auxiliá-la a suportar a difícil prova que iria enfrentar. Como sua irmã mais velha, conseguiu dar-lhe o que precisava: carinho e atenção, mostrando-lhe o amor sincero e pleno. Ela era a luz que tocava seu coração e foi por meio dessa influência, dessa energia salutar que a envolvia diariamente, que você conseguiu sair de seu mundo e se integrar no mundo de todos.

Nancy permaneceu em silêncio por instantes.

— E Hugo? Por que nunca tivemos tanta ligação, apesar de sermos irmãos? Ele nunca se aproximou muito de mim e eu nunca fiz questão de que isso acontecesse.

— Nancy, Hugo é o empregado que você mutilou no passado; apesar de tê-la perdoado e querer se envolver novamente em sua história, sentia, sem que nada fizesse para isso ou entendesse por que acontecia, um pouco de aversão a você, em razão do resquício de mágoa que ainda está gravada em seu espírito. Apesar disso, ele luta bravamente para limpar os miasmas da dor que na sua inconsciência provocou receio de se aproximar mais de você.

A prova nunca é dada acima das forças daquele que a pede; não é permitido senão aquelas que podem ser cumpridas;

graças ao Pai, todos estão seguindo com passos seguros o caminho da redenção; quando reencarnamos, devemos manter a atenção voltada para o objetivo de fazer a encarnação presente dar certo; não desperdiçar a sagrada bênção da nova oportunidade de recomeçar. Esta é a alegria que o Senhor concede a todas as criaturas: sempre poder recomeçar.

— Você está se sentindo confortável? — perguntou Florêncio.

— Sim. Um pouco triste, envergonhada, mas ao mesmo tempo aliviada por saber onde errei e o que alimentei em meu ser que me jogou no lamaçal da imprudência e da dor; agora sei que devo me esforçar para renovar meus sentimentos; prestar mais atenção nas coisas que devo aceitar ou não; olhar para meu semelhante como se olhasse para mim mesma; enfim, existir dentro da criação de Deus como Ele espera que eu exista.

— Muito bem, Nancy — retrucou Florêncio —, compreender o amor em sua forma mais altruísta é positivamente caminhar em direção à luz.

— Obrigada, Florêncio — disse Nancy sem perder a emoção. — Agora, livre das dúvidas que me atormentavam estou pronta para ser uma pessoa melhor.

Despedindo-se de Florêncio, seguiu Tomás.

Percebendo o silêncio que a envolvia, Tomás perguntou:.

— Então, minha amiga, sente-se satisfeita?

— Só uma pergunta, Tomás, pode ser?

— Sim.

— Quanto ao meu pai, por que ainda não me encontrei com ele?

— Nancy, nada na espiritualidade acontece ao acaso, tudo segue um planejamento; para as coisas acontecerem é preciso que haja benefício para os envolvidos, uma razão maior que apenas curiosidade; se ainda não aconteceu é porque não chegou o momento.

— Mas nosso encontro poderá acontecer?

— Provavelmente sim, no momento em que o plano superior considerar adequado para ambos.

※

A partir daquele dia, Nancy sentiu-se mais fortalecida, entregou-se ao trabalho fraternal e passou a dedicar-se inteiramente aos irmãozinhos que chegavam da Terra; assistia com assiduidade às palestras de Madre Teresa e mergulhou verdadeiramente no amor de Jesus. Escolhera o caminho do amor e da bem-aventurança e em nada fazia lembrar o espírito orgulhoso e egoísta do passado; tornara-se branda e amorosa e vivenciava as palavras de Jesus com humildade.

Em certas ocasiões, a lembrança de seus erros vinha nublar seus pensamentos; nesses instantes, ela recorria à oração para retomar seu equilíbrio. Aprendera que se deve agir mais do que pedir, pois, por meio do esforço, do trabalho e da entrega plena ao amor universal atraímos a energia que nos equilibra e nos faz merecedores do amor de Deus. Tornara-se hábito ir ao entardecer às margens do lago Azul, onde se entregava à meditação. Em uma dessas tardes foi surpreendida pela presença de Tomás que expressando alegria disse:

— Irmã, veja quem veio vê-la!

Nancy deparou com a figura amada daquele que fora seu pai no orbe terrestre.

— Pai! — exclamou emocionada — há quanto tempo desejava vê-lo!

Bernardo aconchegou-a em seus braços.

— Filha querida, acompanhei sua trajetória desde sua chegada à espiritualidade, e, graças ao nosso Pai, percebi feliz o seu progresso.

— Desejava tanto me encontrar com o senhor!

— Eu sei, mas tudo acontece no momento adequado. Este é o momento do nosso encontro; portanto, vamos agradecer a Jesus por esta bênção.

Tomás disse a Bernardo:

— Diga a ela a razão desse encontro, irmão.

Nancy olhou-os surpresa e questionou:

— Algum motivo especial?

— Sim, minha filha, recebemos uma bênção especial. Vamos com Tomás e a equipe da reencarnação até nosso antigo lar terreno para acompanhar de perto a felicidade de Clara e Augusto.

— Eu não estou entendendo!

Foi Tomás quem explicou:

— Nancy, hoje Clara e Augusto vão receber em seus braços o filhinho tão esperado e foi permitido a você e Bernardo presenciarem esse momento de intensa alegria de seus familiares que permanecem na Terra.

A emoção foi intensa. Tomás logo interveio:

— Mas para isso, Nancy, é preciso que fique tranquila e não permita que sua emoção a desequilibre. O momento é de felicidade; portanto, usufrua essa oportunidade com tranquilidade e paz.

— Tem razão, Tomás. Desculpe, acho que foi a surpresa de encontrar meu pai e poder presenciar a felicidade de Clara e Augusto.

— Quando iremos? — perguntou Bernardo.

— Agora mesmo, a equipe está nos esperando.

Os três seguiram ao encontro dos irmãos responsáveis pela encarnação do espírito que entraria no plano físico para cumprir, como filho de Clara e Augusto, os planos de Deus.

Capítulo 24
Uma nova luz

A partir do instante em que Clara avisou sua mãe e Vilma que o momento tão esperado havia chegado, a deliciosa confusão se instalou na casa de Sílvia que, acompanhada de Vilma, corria de um lado para o outro sem ir para lugar algum. A aflição, misturada com a euforia diante da expectiva da chegada do netinho tão desejado, impedia o raciocínio de Sílvia.

— Meu Deus, o que devo fazer, Vilma? — perguntou preocupada.

— Mãe, faça a única coisa possível: avise Augusto e me leve para a maternidade — disse Clara divertindo-se com o descontrole da mãe.

— Claro, é isso. Vilma, arrume as coisas de Clara enquanto aviso Augusto e Hugo. Vamos levá-la para a maternidade e lá encontraremos com eles.

Tomás, Nancy e Bernardo acompanhavam tudo de perto pedindo por meio da prece a proteção de Jesus.

— Tudo dará certo, Tomás? — perguntou Nancy apreensiva.

— Sim. Tudo sairá conforme o estabelecido pelo plano maior; logo Clara estará com o filho nos braços; vamos acompanhá-los.

> *Quando o espírito deve se encarnar num corpo humano em via de formação, um laço fluídico, que nada mais é senão uma expansão do seu perispírito, liga-o ao gérmen em cuja direção ele se sente atraído por uma força irresistível desde o momento da concepção. À medida que o gérmen se desenvolve, firma-se o laço; sob a influência do princípio vital do gérmen o perispírito se une, molécula a molécula, ao corpo que o forma. Quando o gérmen está inteiramente desenvolvido a união é completa e então ele nasce para a vida exterior.[21]*

No decorrer de duas horas, Sílvia, ao lado de Vilma, Augusto e Hugo ouviu pela primeira vez o som do choro de seu netinho.

Marcos chegou ao mundo físico em meio às lágrimas e sorrisos de felicidade daqueles que seriam seus companheiros de jornada no plano terreno.

— Mãe — disse Clara emocionada — é o meu filhinho!

— Ele é lindo, filha, assim como você e Augusto.

---

21. KARDEC, Allan. *A Gênese*. Capítulo XII "Encarnação dos Espíritos", item 18. (N.M.)

— Papai e Nancy de onde estiverem devem estar felizes, mãe! Sei que vão proteger meu filho; papai sempre quis ter um netinho.

— Com certeza, Clara — disse Vilma — eles devem estar mais próximos de nós do que podemos imaginar, e felizes com sua realização de se tornar mãe.

Nancy sentiu em seu espírito o amor de seus familiares por ela e, dirigindo-se a Tomás, disse:

— Vilma pode perceber nossa presença?

— Sim. Ela é sensitiva; não nos vê, mas sente nossa presença por meio da energia de amor que emitimos; este é um dos momentos em que os dois mundos se entrelaçam porque o amor está no ar pleno de força e verdade — respondeu Tomás.

O instante mágico foi interrompido pela presença de Janete, que, entrando impetuosamente no quarto, foi logo perguntando:

— A criança nasceu perfeita?

Diante dos olhares surpresos que os presentes dirigiram a ela, continuou:

— Desculpem, mas embora possam achar uma leviandade a minha preocupação, posso lhes garantir que não é; afinal, vocês já tiveram a experiência de ter na família alguém deficiente e sabem que é muito difícil para todos.

Quebrando o silêncio que se impôs, Augusto respondeu abalado tanto quanto Clara:

— Mãe, não existe outras perguntas para serem feitas, outras preocupações como, por exemplo, se mãe e filho estão passando bem?

— Augusto, agora o mais importante é saber se essa criança nasceu perfeita, sem nenhuma deficiência. Se isso aconteceu vamos dar graças a Deus, pois é um problema a menos para todos.

— A senhora não se importa nem comigo nem com nosso filho, dona Janete. O importante é não ter de dizer aos seus amigos que tem um neto deficiente, não é isso? Pois fique sabendo que nosso filho é perfeito sim, e mesmo que não fosse seria amado da mesma forma; ele é fruto do nosso amor e o que peço a Deus é que ele tenha também a perfeição da alma, porque é o que mais importa para o progresso espiritual do homem.

"Ela não muda", pensou Nancy. "A ela só importa a aparência; vive na ignorância espiritual."

— Não deixe que a inconsequência dessa irmã a desequilibre, Nancy. Você está forte o suficiente para não se deixar atingir, pense em seus entes queridos e ore pedindo saúde e tranquilidade para sua família terrena.

— É isso mesmo, minha filha — concordou Bernardo —, agora é o momento de emitirmos energia salutar para todos.

— Mas a dona Janete continua com os mesmos conceitos, não consegue enxergar além da matéria, estou surpresa, pois nos últimos anos de minha permanência na Terra ela parecia me aceitar, conversávamos pensei que tivesse entendido minha condição; agora, vendo-a, ouvindo-a falar sem nenhum sentimento maior que não seja o receio de ter em sua família um ser fisicamente deficiente, percebo que tudo não passava de uma farsa; na realidade ela nunca me aceitou ou nutriu por mim um sentimento generoso; dizia-me palavras vãs, coisas que não sentia, enfim, usou-me para se aproximar mais de seu filho e da minha família, mostrando-se o que na realidade não era e nunca foi.

— Nancy, se você prestar bem atenção perceberá que esta irmã não possui em sua essência nada além de futilidade, não sabe o que é generosidade ou amor ao próximo, mas, como ensinou nosso Mestre, colhemos apenas o fruto de nossas sementes. Agora é o momento de retornarmos à Colônia, estão todos em paz. Vamos deixá-los entregues à felicidade conquistada.

※

Clara sentia-se incomodada com a presença de Janete. Augusto, percebendo a ansiedade de sua esposa pediu à mãe que se retirasse alegando que Clara necessitava de repouso. A contragosto, Janete se retirou levando mágoa em seu peito.

— Você viu, Pedro, como nosso filho me tratou? — disse ao marido. — Sou avó. Queria ficar ao lado de meu neto. Entretanto, fui impedida por meu próprio filho!

— Janete, você foi infeliz em seu comentário, atingiu os sentimentos de Clara e Augusto, precisa aprender a ter mais prudência ao se dirigir às pessoas, respeitar seus momentos, suas emoções, enfim, ser mais generosa.

— Ora, Pedro, eu sou uma pessoa verdadeira, franca, não finjo o que não sinto, por tudo isso incomodo tanto.

— Mas quando você se aproximou de Nancy, elogiava a inteligência dela. Imaginei que havia superado essa questão, mas vejo que me enganei.

— O que você queria que eu fizesse? Ou fazia isso ou me distanciava cada vez mais de Augusto, nosso único filho.

— E você ainda se julga verdadeira? Analisa e julga as pessoas sem que tenha conteúdo de bondade em seu coração.

> *A bondade real é aquela que ajuda e educa, exemplifica pelo comportamento reto, faz-se lição viva de elevação moral. Assim tem credencial para negar quando necessário, admoestar e corrigir.*[22]

Os meses que se seguiram foram de grande felicidade na residência de Sílvia. Marcos se tornara o centro das atenções de todos, encantava com suas gracinhas infantis, era uma criança saudável e inteligente. A casa de Sílvia voltara a exibir alegria e tranquilidade, que somente se nublava com a saudade que sentiam de Bernardo e de Nancy.

— Mãe — disse Clara — seria tão bom se tivéssemos o papai e a Nancy aqui conosco; a felicidade seria completa.

— Filha, aprendi nesse tempo todo de ausência que a distância não consegue anular o sentimento sincero; seu pai e Nancy permanecerão em nosso coração até o fim de nossos dias aqui na Terra, porque o sentimento que nos une é verdadeiro, tão verdadeiro e pleno que nos faz libertá-los para seguirem o caminho da própria evolução.

— A senhora tem aprendido muito nas reuniões da Casa Espírita, não, mãe?

---

22. FRANCO, Divaldo P. Victor Hugo. *Árdua ascensão.* (N.M.)

— Sim, filha. Aprendo muito com essa doutrina consoladora que nos mostra a verdade espiritual e o caminho da redenção. Hoje eu sei que nenhum de nós é inocente; trazemos em nosso currículo espiritual muitos erros cometidos no passado. Julgamos não merecer nenhum sofrimento, todavia, não sabemos o que fizemos para atrair para nós a dor. Em algum lugar há de estar a ação que motivou a reação da dor; portanto, devemos ter Jesus no coração sempre, confiar na Providência Divina e reformular nosso íntimo nos aproximando mais do Criador.

— É, vejo que a senhora assimilou bem os ensinamentos da Doutrina Espírita e fico muito feliz com isso, mãe, pois está mais serena, generosa, enfim, mais cristã, mais... mamãe!

As duas sorriram.

— Acho que entendi o verdadeiro significado da palavra cristão, Clara — disse Sílvia — é bem mais profundo do que eu pensava.

— Como assim, mãe?

— O sr. Jonas explicou-me que o que faz na verdade um homem ser cristão é a sua obra; é o seu trabalho construtivo, é a sua crença nos ensinamentos do Evangelho, é a sua força para defender a palavra de Deus por meio do seu amor às virtudes, praticando-as.

Vilma, entrando, completou o pensamento de Sílvia:

— Ser cristão, dona Sílvia, é estar no mundo plantando as flores da fraternidade; é estar atento às necessidades de um irmão que sofre; é amar ao próximo como a nós mesmos, assim ensinou Jesus. É algo mais sublime do que apenas bater no peito, passar o dia orando, e nada fazer para se tornar melhor. Quanto maior a fé, menor a possibilidade de cair, porque a prática sincera dos ensinamentos de Cristo é a única estrada que está aberta para alcançarmos a glória de estar com os justos e bem-aventurados no reino dos céus. Devemos lembrar que Deus é nosso pai e por esse motivo não estamos sozinhos. Se nosso coração se abrir para o Criador, a leve brisa da bênção divina acalmará nossas angústias e nos dará forças para prosseguir na certeza do amparo divino.

— Muito bem, Vilma. Vejo que você é realmente uma aprendiz do Evangelho de Cristo.

— Tento ser e fazer o melhor possível, Clara. Não raro, vejo-me caindo em minhas próprias armadilhas, mas tento me proteger de mim mesma com a prece.

> *Amai os vossos inimigos, fazei bem ao que vos tem ódio e orai pelos que vos perseguem e caluniam. Para serdes filhos do vosso Pai que está nos Céus; o qual faz nascer o sol sobre os bons e os maus, e vir chuva sobre justos e injustos. Por que se vós não amais senão os que vos amam, que recompensa haveis de ter?[23]*

Clara assustou-se com a chegada de Augusto em uma hora que deveria estar no escritório.

— Você em casa a essa hora? O que aconteceu, Augusto? — perguntou deixando transparecer preocupação.

---

23. KARDEC, Allan. *O Evangelho Segundo o Espiritismo*. Capítulo XII, "Retribuir o Mal com o Bem", item 1. Mateus, V. 20,43-47. (N.M.)

— Clara, aconteceu uma desgraça!

— Pelo amor de Deus, o que foi?

— Meus pais sofreram um acidente de carro e foram levados para o hospital. Ainda não sei como estão, vim buscá-la para irmos até eles. Podemos ir?

— Claro.

Deixando Marcos aos cuidados de Vilma, ela seguiu o marido com Sílvia.

— Sabe alguma coisa a respeito de como foi o acidente, Augusto?

— Ainda não, dona Sílvia, não sei nada a respeito, apenas que foram levados para o hospital, nada mais; estou muito nervoso.

— Não há de ser nada grave, se Deus assim o permitir.

Ao chegarem, foram direto ao pronto-atendimento, onde receberam a informação de que o pai estava sendo atendido. Seu estado era delicado, mas não corria risco de morte; ao contrário da mãe, que não tivera a mesma sorte. Sua perna fora esmagada entre as ferragens do veículo, foi necessário fazer uma cirurgia de emergência. Existia o risco de ter de amputar a perna esmagada do joelho para baixo.

Ao ouvir a palavra amputar, Augusto se descontrolou e disse irritado:

— O senhor quer dizer que será preciso cortar a perna de minha mãe, é isso?

Pacientemente, o médico que o atendia explicou a necessidade do procedimento para protegê-la de um mal maior. Sem argumento para contradizer o médico, Augusto autorizou o procedimento. Sentindo-se abatido, sentou-se ao lado de Clara e chorou como uma criança.

— Augusto — disse-lhe a esposa carinhosa — agradeça a Deus por eles não terem morrido. Pelo que me disseram o acidente foi de intensa gravidade. Se para salvar a vida de dona Janete o preço é a perda de uma perna, lembre-se de que a vida vale mais que isso; Deus está dando a oportunidade para que ela permaneça aqui com vocês. Se o preço é esse, Deus sabe a razão. A vida é um bem precioso e não devemos desperdiçar a oportunidade que nos é dada pelo Criador.

— Clara, você deve saber o que isso vai causar em minha mãe, que nunca aceitou qualquer deficiência; seu sofrimento será enorme.

— Acredito que sim, meu amor, mas ela acabará aprendendo que devemos amar a vida em qualquer situação, porque sempre vale a pena viver, e a vida não perde o encanto quando nosso coração abriga o amor de Deus.

— Se eu bem conheço minha mãe ela vai me culpar por ter dado a autorização, sei que jamais vai me perdoar.

— Augusto, você fez o que deveria ser feito para salvar a vida de sua mãe; agora, os sentimentos que ela abrigar somente ela poderá resolver; vai ter de aprender a respeitar o semelhante que luta para superar suas limitações; às vezes Deus nos coloca em situações iguais às que repelimos por meio do nosso orgulho para que possamos aprender a humildade, entender a dor alheia; enfim, nos tornarmos pessoas mais mansas. Tudo é um aprendizado, Augusto, é preciso entender o que a vida está nos mostrando.

Sílvia se manifestou:

— Clara tem razão, Augusto, não devemos nos amedrontar diante das situações que se apresentam em nosso caminho, pois elas sempre trazem um significado maior.

— Então isso é um castigo?

— Deus não castiga ninguém, Augusto — respondeu Clara — é a vida que apenas responde aos nossos atos. A misericórdia divina sempre se faz presente na dor, mas nossa cegueira espiritual nos impede de ver; é preciso apenas perceber a luz de Deus em qualquer momento de nossa vida.

Augusto olhou carinhosamente para a mulher que amava e pensou: "Obrigado, Senhor, por ter colocado em meu caminho alguém tão especial".

As horas passavam lentamente enquanto todos aguardavam o término da cirurgia, que já durava bastante tempo.

Impaciente, Augusto levantou-se.

— Vou perguntar se posso ver meu pai!

— Não o canse muito — recomendou o médico —, ele ainda está sob o efeito de medicamentos.

Com todo o cuidado, Augusto aproximou-se de Pedro, que mantinha os olhos fechados.

— Pai!

— Filho! — falou Pedro, expressando a dor que sentia e abrindo os olhos.

— Estou aqui, pai, fique tranquilo, o senhor ficará bem.

— Sua mãe... como está sua mãe?

— Ela está sendo operada, mas tudo está correndo bem, fique tranquilo e descanse.

Pedro novamente fechou os olhos.

— É melhor deixá-lo descansar — disse a enfermeira — mais tarde o senhor pode voltar, ele estará melhor sem os efeitos dos medicamentos.

Sem dizer nada, Augusto se retirou, levando em seu coração a apreensão de ver seu pai querido naquela situação.

— Como ele está? — perguntou Sílvia.

— Ainda sob efeito dos remédios, mas está bem; mais tarde poderemos vê-lo.

— Tudo vai dar certo, Augusto. Vamos confiar em nosso Pai.

— Obrigado, dona Sílvia — respondeu Augusto abraçando a sogra.

No fim da tarde, o médico os procurou para dar a notícia de que a cirurgia terminara e que fora um sucesso.

— Ela está passando bem e vai se recuperar.

Tímido, Augusto fez a pergunta que temia:

— Ela perdeu a perna?

— Lamento dizer, mas foi necessário, estava dilacerada e o risco de gangrena era iminente; mas ficará boa, o importante foi salvar sua vida.

Sem suportar a revelação, Augusto chorou.

— O importante, meu rapaz, é preservar a vida e foi o que fizemos.

— Sei disso e lhes agradeço. Mas, a princípio, é muito triste saber disso. Quando vamos poder vê-la?

— Correndo tudo bem, se não houver nenhuma alteração no quadro daqui a três ou quatro dias, ela virá para o quarto e poderão ficar ao seu lado.

— Obrigado, doutor.

— Augusto, o melhor a fazer é irmos para casa. Você precisa relaxar dessa tensão, amanhã poderá voltar e ficar com seu pai.

— Mamãe tem razão, meu bem. Vamos, agora não podemos fazer nada; depois sim, eles precisarão de nossa companhia.

Augusto dirigia seu carro pensando que Janete não iria suportar aquela situação, tinha certeza.

— Clara, amanhã quero que meu pai explique como tudo isso aconteceu, ele estava dirigindo, é um motorista experiente, como foi perder o controle do veículo dessa maneira a ponto de se envolver em um acidente desse porte?

— Somente ele poderá esclarecer, tenha paciência, Augusto. Amanhã tudo poderá ser esclarecido.

Ao chegarem a casa, os bracinhos de Marcos envolvendo o pescoço de Augusto trouxe novamente o sorriso a seus lábios. Exaustos, eles se recolheram cedo na expectativa do dia seguinte. Vendo-se sozinha, Sílvia confidenciou a Vilma:

— Sabe, minha amiga, penso como Augusto. Janete não vai suportar essa nova situação; tudo o que mais desprezou foi justamente acontecer com ela; se bem a conheço tenho pena do sr. Pedro, sua vida vai virar um inferno.

— Penso assim também, dona Sílvia. A vida respondeu cruelmente à inconsequência de dona Janete; como diziam os antigos: "ironia do destino".

No dia seguinte, logo cedo, Augusto chegou sozinho ao hospital. Procurou por notícias da mãe e foi direto para o quarto de Pedro. Encontrou-o mais disposto, embora tivesse a tristeza estampada em seu rosto contraído pela dor.

— Passou bem a noite, pai?

— Mais ou menos, melhor do que eu esperava.

— Pai, não posso deixar de perguntar, mas como aconteceu esse acidente tão grande? O senhor está em condições de me explicar?

— Quero primeiro saber como está Janete.

— Estive com o médico agora e ele me disse que ela passou bem a noite; que seu estado é estável, mas precisa aguardar mais dois ou três dias; se continuar assim e se Deus quiser, ela será transferida para o quarto; mas, por favor, pai, conte-me em detalhes o que na verdade aconteceu, o que causou o acidente.

Pedro, com a voz entrecortada pela emoção, narrou a Augusto o que acontecera.

— Janete e eu estávamos discutindo sobre a maneira com a qual ela trata as pessoas, sua intolerância, seu extremo orgulho; enfim, ela não gostou do que eu disse e em um ataque de ira agarrou o volante dizendo para eu parar o carro porque não suportava mais estar comigo. Tentando acalmá-la, tirei suas mãos, e ela, impulsivamente, deu-me um tapa no rosto, o que me fez perder o controle do veículo quando estávamos em uma curva fechada. O carro capotou várias vezes e caiu de uma altura considerável, só parando ao bater em uma árvore. Fui jogado para fora e Janete ficou presa às ferragens retorcidas; tentei levantar-me para ajudá-la, mas não consegui. Perdi os sentidos e só acordei aqui no hospital. Graças a Deus ela está bem.

Augusto, ouvindo as explicações de seu pai, lembrou-se do que Clara lhe dissera: "A vida apenas responde aos nossos atos".

Percebeu que mais uma vez sua mãe agira de forma inconsequente, impulsiva, e provocara o acidente que lhe roubara a perna.

— Como vou dizer a ele que minha mãe perdeu uma perna e que foi mais grave do que ele pensa?

Diante do silêncio de Augusto, Pedro voltou a dizer:

— Augusto, sinto que você está mais preocupado do que quer transparecer; diga-me a verdade, como está sua mãe?

— Pai, ela está bem, mas sofreu uma consequência grave.

— Como assim, o que aconteceu?

— Infelizmente, minha mãe teve sua perna esmagada, dilacerada mesmo, e em vista disso os médicos foram obrigados a cortá-la.

Pedro sentiu-se desfalecer.

— Você está me dizendo que Janete perdeu uma perna, é isso?

— Infelizmente sim, pai, não propriamente a perna, mas do joelho para baixo.

— Meu Deus, o que vai ser de sua vida agora!

— Não sei, pai, para ser sincero tenho medo de pensar no momento em que ela souber.

— Filho, não foi culpa minha. Sua mãe provocou o acidente com a sua raiva, não tive como evitar.

— Eu sei, pai, conheço a impulsividade de minha mãe, sua intolerância quando alguém a contraria, sei que não mede as consequências de seus atos.

— Quando os médicos vão contar para ela?

— Não sei, penso que quando ela estiver melhor e perceber que não sente mais a perna.

— Gostaria de estar presente nesse momento para dar a ela o suporte emocional que com certeza vai precisar.

— Eu também quero estar ao lado dela. Vamos ajudá-la a vencer essa batalha penosa e aceitar o que a vida lhe impôs.

Tanto Augusto quanto Pedro sabiam que teriam pela frente momentos de angústia, inconformação, desespero e revolta, pois Janete dificilmente ou jamais aceitaria sua condição de deficiente. Sua arrogância fora derrubada colocando-a em um patamar que ela julgava, erroneamente, ser inferior. Nunca aceitara as pessoas que não possuíam, segundo seu conceito, a beleza física; enganava-se sempre em seu julgamento do que seria uma pessoa de bem; não possuía piedade pelos menos favorecidos; nunca aceitara que o verdadeiro homem de bem é aquele que vive em acordo com a lei de justiça, amor e caridade em sua plenitude. Vivera em seu próprio mundo de fantasia e de beleza efêmera; em seu egoísmo sempre calculava os lucros e as perdas de toda ação generosa buscando a realização de seus desejos.

A dor é um jeito de o universo chamar nossa atenção; quando você olha para o abismo, o abismo olha para você; Janete olhou insistentemente para o abismo do preconceito; do orgulho; da vaidade e do julgamento; da futilidade de uma existência sem caridade, sem amor ao próximo e, principalmente, sem Deus no coração. Nessa inconsequência, atraiu para si os efeitos da leviandade com a qual preencheu sua existência.

Na realidade, somos o que pensamos e sentimos; vivemos em harmonia com a Lei de Causa e Efeito e ninguém pode fugir dos efeitos de sua imprudência.

Capítulo 25
Tudo tem uma finalidade

Finalmente chegara o momento tão temido por todos. Janete começara a perceber que sentia algo estranho em seu corpo e questionou o médico.

— Doutor, tenho a sensação que não domino minha perna esquerda, parece-me estranha, o que está acontecendo, isso é normal?

Pedro, Augusto e Clara aguardavam com ansiedade a revelação do médico.

— Calma, mãe — disse Augusto — o doutor vai lhe explicar o que está acontecendo e, como a senhora é uma pessoa esclarecida, tenho certeza de que vai aceitar com dignidade a realidade.

— O que você está querendo dizer, Augusto? — Olhou para o médico e perguntou nervosa: — Por favor, doutor, fale de uma vez o que está acontecendo comigo.

Com todo cuidado e paciência, o médico explicou a Janete a razão do procedimento feito.

— É isso, dona Janete, não havia alternativa, o que mais importava era preservar sua vida e...

Sem deixar que ele terminasse, Janete gritou descontrolada:

— E retiraram do meu corpo um membro importante que somente eu poderia autorizar; brincaram com minha vida? Não pensaram em como eu me sentiria me tornando uma deficiente?

O médico, interrompendo-a, afirmou:

— Dona Janete, a senhora estava desacordada, chegou em uma condição de muita preocupação, não havia a menor possibilidade de agirmos diferente, foi o melhor para a senhora; pode acreditar nisso e agradecer por ter sobrevivido.

— Quem autorizou essa barbaridade?

Adiantando-se, Augusto respondeu:

— Fui eu, mãe, foi a única maneira de salvar sua vida.

— Tinha de ser você, Augusto, no mínimo foi sua mulher quem o induziu a tomar essa atitude. — Olhou para Clara e perguntou: — Está feliz agora, Clara? Deve estar, pois me tornei igual à sua irmã, encontrou um jeito de me rebaixar à condição de Nancy, porque sabe que nunca aceitei aquela figura disforme.

Pedro, não aguentando tanta insensatez, interferiu energicamente:

— Pare com isso, Janete, você está culpando as pessoas erradas, a única culpada desse acidente foi você, com sua insanidade, seu descontrole emocional, sua arrogância de sempre de se achar melhor e superior às pessoas; ninguém tem culpa a não ser você mesma que provocou o acidente. Porque não agradece a Deus por ter preservado sua vida e por eu não ter morrido?

— Se era para ficar sem minha perna, seria melhor que tivesse morrido, e você também.

O silêncio se fez.

Ninguém acreditava no que Janete acabara de dizer; todos ficaram perplexos com tamanho desequilíbrio; olharam para Pedro e perceberam as lágrimas que nublaram seu rosto. Augusto, aproximando-se dele, disse com carinho:

— Pai, não dê importância ela não sabe o que diz.

Com tristeza, Pedro respondeu:

— Para mim chega, Augusto. Cheguei ao fim da linha.

Voltou-se e saiu do quarto, deixando Augusto e Clara surpresos. O doutor, percebendo a inutilidade de sua presença naquele momento, saiu sem antes deixar a recomendação para que Augusto procurasse um profissional para cuidar emocionalmente de Janete.

— Ela vai precisar de alguém para lhe dar o suporte de que precisa para enfrentar sua nova condição.

— Infelizmente, doutor, sei o quanto será difícil para minha mãe compreender que sua vida mudou, mas aceito sua sugestão; o senhor poderia indicar alguém?

— Aqui no hospital temos a dra. Isabel, que é uma excelente profissional.

— Vou procurá-la agora mesmo — disse Augusto.

— Faça isso, dona Janete vai precisar de muita ajuda.

Clara timidamente perguntou:

— Dona Janete, a senhora precisa de alguma coisa, estou aqui para ajudá-la.

Irritada, Janete respondeu:

— Preciso de minha perna, você pode me dar? Se não pode, me favoreça com sua ausência.

Com os olhos marejados, Clara se afastou.

— É melhor eu ir embora, Augusto. Sua mãe nunca vai me aceitar. Imaginei que ela havia mudado, que estava feliz com nossa união, mas percebi que tudo não passou de uma grande mentira, uma encenação.

— Desculpe, meu amor, mas não sei o que dizer — falou Augusto —, não lhe tiro a razão, mas quero que compreenda que não posso abandoná-la neste momento.

— Eu não quero que faça isso, apenas não vou impor a ela a minha presença. Talvez fosse melhor você trazer Sabina para fazer-lhe companhia aqui no hospital.

— Você tem razão, bem pensado; não vou poder ficar aqui em tempo integral, preciso trabalhar, e meu pai, pelo que senti, não pretende voltar. Aliás, receio que desta vez será definitivo.

— Desculpe, Augusto, mas penso que ele tem razão, sua mãe sempre o ofendeu demais, nunca valorizou o marido que tem, é natural que um dia a paciência dele acabasse.

— É. Acho que chegou a hora de minha mãe aprender a viver por conta própria e da maneira mais difícil.

※

Uma semana se passou. Sabina ficava com Janete durante todo o dia revezando-se com uma enfermeira contratada para substituí-la à noite. No dia anterior ao recebimento da alta hospitalar, a dra. Isabel foi conversar com Janete. Com toda a sua experiência, não imaginara o quanto seria difícil seu contato com a nova paciente.

Encontrou Janete irritada, nervosa e, como sempre, exigindo o máximo das pessoas e se colocando no centro das atenções.

— A senhora demorou — disse assim que Isabel entrou —; não deveria ter vindo logo pela manhã?

— Senhora, tenho outros pacientes e cumpro o horário da cada um deles.

— Tudo bem, vamos então ao que realmente interessa.

— Primeiramente, quero me apresentar; chamo-me Isabel, sou psicóloga e quero conversar um pouco com você... Posso chamá-la assim?

— Claro. Sobre o que vamos conversar? Não vá me dizer que tudo isso que aconteceu comigo é normal porque não é, nem que eu devo aceitar a vontade de Deus porque não vou aceitar; que tudo um dia vai passar porque sei que não vai passar; enfim, não sei o que podemos conversar nem o que a senhora está fazendo aqui, pois não tenho a menor intenção de utilizar seus serviços, mesmo porque o que necessito a senhora não tem como me dar; portanto, gostaria que se retirasse.

— Não sem antes lhe dizer que precisamos trabalhar os problemas de convivência com bom humor, dona Janete. Essa é uma das maneiras de se viabilizar a própria vida; sua situação atual não poderá ser revertida, não da maneira como deseja, mas para cada pensamento negativo Deus tem uma resposta positiva; existem alternativas, mas se a senhora não se interessa em saber quais são, teima em ficar na defensiva, exclui todas as pessoas que lhe querem bem, acabará na solidão amargando o desespero que vai consumi-la.

Janete sentiu em seu peito a força das palavras de Isabel, que percebeu em seu silêncio um forte grito de socorro. Gentilmente, segurou suas mãos entre as suas e continuou:

— Deixe-me ajudá-la, tenho elementos para fazer isso; entenda que a sua vida não acabou, apenas se modificou; saiba que todas as situações da nossa existência possuem beleza, porque o aprendizado se faz presente em todas elas; é preciso apenas entender o significado do que a vida está nos ensinando, lutar contra a revolta, o desespero, a melancolia, que nos afasta do objetivo, que é nossa melhora como seres humanos.

Timidamente, Janete falou:

— Não vejo mais futuro para mim!

— Então veja o presente, porque é o presente que nos proporciona a oportunidade de crescimento, porque é o verdadeiro presente que todos os dias recebemos de Deus. A vida é sempre bela, dona Janete, a nós só nos resta viver.

Isabel conseguiu tocar fortemente o coração de Janete que, apertando suas mãos, pediu:

— Por favor, ajude-me!

Comovida, Isabel abraçou aquela mulher fragilizada, perdida em seus conceitos enganosos, que não sabia o que fazer com a consequência de seus próprios impulsos, sua intolerância e a constante arrogância diante do seu semelhante.

— Vou ajudá-la, sim. Agora sei que vai conquistar novamente o gosto pela vida e o amor pelas pessoas; entregue os seus medos e suas incertezas nas mãos de Deus; pois Ele, muito mais que nós sabe do que necessitamos para crescer e melhorar sempre. Aprender a viver melhor é uma tarefa intransferível que só nós podemos realizar; estarei ao seu lado para auxiliá-la em seus momentos de busca, mas a caminhada é sua, terá vitórias e também derrotas, mas este é o caminho. O que vai importar, na verdade, é sua força de vontade, o desejo real de se transformar.

Sabina, que permanecera o tempo todo em silêncio prestando atenção nas palavras de Isabel, pensou: "Que palavras bonitas, serviram para mim também, que tenho o hábito de me queixar da vida; devo estar como ela disse, no lugar que Deus acha que devo estar".

※

Com a chegada de Augusto, Isabel se despediu deixando tudo acertado para o tratamento psicológico. Augusto percebeu uma tênue alteração na maneira como sua mãe o recebeu.

— A senhora está bem?

— Sim — respondeu Janete delicadamente, o que fez com que aumentasse ainda mais a surpresa do filho.

— A senhora está bem mesmo, mãe?

— Estou, filho, ansiosa para voltar para casa. Só não sei como fazer isso já que não sei andar com uma perna só.

— Mãe, vai usar uma cadeira de rodas, mas estou estranhando a maneira como está falando. Posso saber o que aconteceu para haver essa mudança de comportamento?

— Não aconteceu nada, apenas cansei de lutar contra o que não vou poder mudar, só isso.

Sabina, fazendo um sinal para Augusto, levou-o até a porta e colocou-o a par de toda a conversa que Janete havia tido com Isabel.

— Meu Deus, estou pasmo, ela conseguiu em uma hora o que não conseguimos durante toda uma vida!

— Ela apenas disse as palavras certas no momento certo, Augusto. Tocou o coração de dona Janete por meio do amor e não do julgamento, e isso serviu para mim também; mas ela disse que é preciso respeitar o tempo de dona Janete e que nada acontece em um piscar de olhos.

— É, Sabina, lembro-me de que Clara sempre diz que para cada propósito existe um tempo certo para acontecer e esse tempo varia de pessoa para pessoa; o tempo de minha mãe já começou e não sei quanto vai durar nem se vai chegar ao fim esperado, mas já é um começo.

— É verdade — concordou Sabina.

— Agora — falou Augusto — preciso conversar com meu pai, apelar para sua compreensão. Não faz sentido nessa altura da vida os dois se separarem.

— Ele estava procurando um lugar para morar, Augusto. Disse que queria sair de casa antes que dona Janete voltasse.

— Vou fazer isso agora, amanhã ela vai receber alta.

— Faça isso, Augusto.

Saindo do hospital, Augusto ligou para sua casa e pediu a Clara que fosse ao seu encontro.

— Assustei-me com seu telefonema, Augusto. Aconteceu alguma coisa com dona Janete?

— Não. Ela está muito bem, aliás, nem vai acreditar em sua mudança depois de ter conversado com a dra. Isabel. Não sei se é verdadeira ou não, mas quero acreditar que é.

— Então, qual a razão de me chamar?

— Quero que vá comigo ao encontro de meu pai, precisamos conversar com ele, Clara, fazê-lo desistir de se mudar de casa, pois isso não faz sentido. Minha mãe vai precisar muito dele e penso que deveria dar a ela outra chance.

— Você tem razão, o sr. Pedro está agindo movido pela mágoa que sabemos nunca foi boa conselheira; vamos.

Augusto e Clara seguiram rumo à casa dos pais dele. Encontraram Pedro arrumando suas coisas pessoais; demonstrava abatimento porque ele próprio não conseguia entender a atitude da esposa que, por arrogância e total falta de prudência, destruía a vida deles. Sofria pela falta de amor, de companheirismo, de amizade que sentira nas palavras duras de Janete. Tinha consciência de que durante todos aqueles anos ele também agira de formas muitas vezes imprudentes, deixara levar-se em diversas ocasiões pelos conceitos de sua esposa, mas havia se modificado fazia algum tempo, passara a entender a vida sob outro prisma, mais digno, mais fraterno; enfim, por que Janete não conseguia se modificar? Por que não dera nenhuma importância ao relacionamento dos dois?

— Nunca vou entender! — exclamou em voz alta sem perceber a chegada de Augusto e Clara.

— O que o senhor nunca vai entender, pai?

Olhou surpreso e deparou com Augusto e Clara.

— Que bom vê-los, o que os traz aqui?

— Pai, precisamos conversar, temos muito o que dizer um ao outro; portanto, vamos nos sentar e conversar com calma. Pode ser?

— Pode, filho — concordou Pedro achando que seria alguma coisa envolvendo o casal.

— Vocês estão precisando de alguma coisa que eu possa ajudar?

— Não, pai. Nós precisamos apenas que o senhor nos ouça, apenas isso.

— Estou ouvindo, filho, pode dizer.

Com muita calma, Augusto expôs os últimos acontecimentos que tanto abalaram a vida deles.

— Tudo isso causou uma reviravolta em todos nós, pai, principalmente em minha mãe. Por essa razão quero lhe pedir que reconsidere sua decisão de abandonar esta casa, apelo por seu senso de generosidade. Sei que ela errou muito, mas quem de nós nunca agiu com inconsequência? Precisamos entender sua angústia ao constatar a perda de um membro importante de seu corpo, pois isso não deixa de causar muito sofrimento e nem todos possuem estrutura para aceitar no primeiro momento.

— Mas isso não lhe dá o direito de me acusar, desejar que eu tivesse morrido. Você tem consciência da gravidade do que ela disse, Augusto?

— Tenho sim, pai. E lamento, porque sei que você não merece, mas sei também o quanto é generoso e é por essa razão que lhe peço que reconsidere.

— Estou muito magoado, vocês não imaginam o quanto!

— Imaginamos sim, sr. Pedro — disse Clara —, sabemos o quanto dona Janete é uma pessoa difícil de conviver, mas acreditamos que a vida se encarregou de mostrar-lhe a importância das pessoas em nossa vida. Se não dermos a ela o direito de se melhorar como ser humano, se tirarmos a chance de ir aos poucos percebendo o quanto as pessoas são importantes, como é bom tê-las ao nosso lado em todas as horas e situações, estaremos agindo da mesma forma, ou seja, inflexíveis e com muita severidade. Desse modo não podemos julgar, pois seremos iguais.

As palavras de Clara calaram fundo no coração de Pedro.

— Não sei como tirar essa mágoa do meu coração! — afirmou Pedro visivelmente tocado.

— Senhor Pedro — continuou Clara —, não são as pessoas que nos magoam, somos nós que damos muita importância ao que elas dizem. Aquele que mais sofreu nas mãos imprudentes e cruéis dos homens os perdoou; portanto, quem somos nós para determinar castigo, julgar o externo sem saber nada do que vai no íntimo da alma? Sei que dona Janete se enganou muito, isso é fato; eu mesma muitas vezes enfrentei sua ira e rebati do mesmo jeito, mas impedi-la de se reerguer, de procurar seu equilíbrio, de tentar aceitar a vida como ela se mostra é agir com a mesma imprudência, e isso não é bom nem para nós, nem para ninguém.

Augusto e Pedro ficaram impressionados com as palavras de Clara, que continuou:

— Senhor Pedro, é preciso considerar que nessa prova de dona Janete de alguma forma as pessoas que estão ao seu lado também estão envolvidas, ou seja, cada um precisa aprender a exercitar virtudes que podem estar adormecidas, como paciência, compreensão, generosidade; enfim, sempre aprendemos com o sofrimento; devemos ter olhos para ver, ouvidos para ouvir, mãos para acariciar e coração para sentir os desejos e as angústias do semelhante, auxiliando-o em suas buscas sem interferir em seu livre-arbítrio. Isso quer dizer: não carregar a cruz de ninguém porque ela é importante para a redenção de cada um, mas estar ao lado, dando-lhe força e coragem para vencer.

Augusto abraçou a esposa dizendo:

— Sabia que podia contar com você, como sempre.

Pedro, emocionado, também se manifestou.

— Obrigado, minha filha, vou seguir seus conselhos; em vez de fugir vou enfrentar a tempestade ou a bonança que está por vir.

— Faça isso, pai, e pode contar conosco sempre que precisar, estaremos presentes em qualquer situação.

— Obrigado, filho.

※

Na manhã seguinte, Janete retornou a sua casa.

Ao entrar na sala, em sua cadeira de rodas, não conseguiu segurar as lágrimas.

— Obrigada, Pedro, por não ter me deixado!

— Deus está nos dando a oportunidade de recomeçar, Janete, não vamos desprezar essa bênção.

Voltou-se para Clara que os acompanhava e disse:

— Desculpe, Clara, por todas as vezes que a ofendi; o acidente matou minha perna e com ela a minha arrogância e altivez. Se me permitir, quero ser para você, não apenas sogra, mas amiga, isso se me aceitar.

Diante do silêncio de Clara, voltou a dizer:

— Estou sendo sincera; desta vez estou sendo sincera.

— Acredito na senhora, dona Janete, e também quero ser sua amiga, é a mãe e a avó do meu filho; portanto, devemos nos unir para a felicidade de todos, inclusive a nossa.

— Obrigada — respondeu Janete aparentando cansaço.

— É melhor a senhora se acomodar e descansar um pouco, a cirurgia está muito recente.

— Tem razão, preciso descansar.

Assim que Janete foi levada ao quarto, Pedro voltou-se para Augusto e Clara:

— Obrigado por terem me mostrado o caminho, impediram-me de cometer um ato do qual eu poderia me arrepender mais tarde; é bem verdade quando se diz que o ofensor sofre muito mais do que o ofendido; Janete deve estar sofrendo não só pela parte física, mas também pelo dor moral de tanta insensatez.

— É isso, pai, vamos recomeçar o convívio de uma maneira mais equilibrada e sensata; a caminhada, bem sei, não será fácil, mas a nossa fé deve ser maior do que a dificuldade.

— Augusto, estou orgulhosa de você meu bem! — exclamou Clara.

— Não sei por que o espanto, quem convive com você só tem a aprender.

Os dois se abraçaram com o coração tranquilo e a certeza de um futuro promissor.

Queremos tanto receber de presente oportunidades para o nosso progresso na vida e não nos lembramos dos caminhos que deixamos de percorrer, talvez por preguiça ou por julgar não valer a pena.

É preciso sempre reavaliar nossos conceitos de justiça e solidariedade para que nossos passos na Terra sejam de equilíbrio e paz; pois nada se consegue de útil para o progresso espiritual se não for por meio do amor, da generosidade e do bem exercitado.

Pedro e Janete iniciavam uma nova proposta de vida, tinham muito o que aprender, mas a vontade firme e consciente os levaria para a frente em direção à luz da própria redenção. Os acontecimentos marcantes de nossa existência terrena não aparecem por acaso; um motivo maior, justo e com a finalidade de nos direcionar para o caminho seguro está inserido.

Que motivo é esse? Muitas vezes nos perguntamos, mas nem sempre temos as respostas, porque o senhor delas é Aquele que nos criou e que sabe exatamente do que precisamos para seguirmos em direção ao progresso espiritual, pois Ele nos conhece como na verdade somos, sem máscaras.

Quem sabe hoje não é o momento oportuno para reavaliar conceitos e posturas diante da vida e diante de Deus?

Capítulo 26
Progresso espiritual

Enquanto na Terra a vida prosseguia em todo o seu esplendor, na espiritualidade não era diferente.

Nancy seguia em seu aprendizado por meio das palestras das quais participava e do seu trabalho com os irmãozinhos que ainda se encontravam perdidos em si mesmos.

Apesar de se sentir serena e adequada integralmente em sua nova vida, a verdadeira, começara a agasalhar em seu íntimo um desejo que cada vez mais se fortalecia.

"Gostaria muito de voltar a encarnar na Terra, no mesmo núcleo familiar, penso que ainda tenho algumas questões para resolver do meu passado".

— Posso saber em que pensa? Sim, pois com esse semblante só pode estar pensando em algo que considera muito importante; acertei?

— Acertou, Tomás. Gostaria mesmo de me aconselhar com você. Tem um tempo para me ouvir?

— Todo o tempo de que precisar, Nancy. Pode ser agora, se quiser.

— Vamos até o lago Azul. Não vou perder essa oportunidade, estou confusa e não sei se minha pretensão procede.

Seguiram até as margens do lago, lugar onde os espíritos gostam de se dedicar à prece e à meditação, buscando paz interior.

— Diga-me o que a está preocupando, minha amiga.

— Tomás, alimento o desejo de retornar à Terra. Você acha que é possível?

— Nancy, não tenho autoridade para responder a esta pergunta, visto não ser o responsável pela encarnação, mas os nossos superiores, que cuidam desse setor, poderão analisar seu desejo e ver se sua intenção procede; enfim, aconselho-a a ir ao Departamento Reencarnatório e fazer a solicitação.

— Você poderia me acompanhar?

— Sim, no momento que julgar favorável.

— Pode ser agora?

— Vamos? — perguntou Tomás com gentileza.

Assim, ambos seguiram em direção ao departamento. Foram atendidos por Sócrates que, gentilmente, encaminhou-os para seu superior.

— Então deseja retornar à Terra? — perguntou Firmino, o responsável.

— Sim, meu irmão, sinto o desejo e a necessidade de retornar ao convívio de minha família terrena.

— Algum motivo especial?

— Tenho ainda uma questão que não foi devidamente resolvida. Penso que com o meu retorno poderia de alguma forma me harmonizar com alguém que muito prejudiquei e que, na verdade, não conseguiu, apesar de haver me perdoado, sentir por mim algo verdadeiro, sem mágoa escondida.

Interessado, Firmino incentivou-a a se abrir:

— Conte-me.

— No passado, prejudiquei de maneira cruel aquele que hoje é o meu irmão terreno; nunca entendi a razão de sentir que seu amor por mim sofria uma barreira. Apesar de seu esforço, nunca conseguiu me aceitar de verdade. Era como se alguma lembrança em seu subconsciente o impedisse de se aproximar de mim plenamente; percebia o seu esforço, sua tentativa, mas não sei explicar, parecia que algo o impedia de se entregar totalmente. Não sei se isso procede ou se é apenas uma impressão minha. É possível a realização desse meu pedido?

Firmino admirou a vontade de Nancy de se redimir.

— Vou levar ao conhecimento dos superiores. Eles vão analisar e decidir se é conveniente sua volta neste momento, que considero ainda precoce, mas quem decide não sou eu, e sim o plano maior.

— Quando terei a resposta?

— Aguarde; assim que conseguir, mando chamá-la. Até lá, cumpra com generosidade seu trabalho, envie a Jesus a prece sincera, pois nosso Divino Amigo sabe o que é melhor para todos nós.

Nancy saiu do departamento levando em seu espírito a esperança de ver seu desejo atendido.

— Está feliz, minha irmã? — perguntou Tomás.

— Sim, amigo, muito feliz e esperançosa que a minha solicitação seja aceita pelos superiores. Quero muito me harmonizar com Hugo.

Despediram-se seguindo cada um para sua tarefa.

✖

Nos dias que se seguiram, Nancy agasalhou a expectativa da resposta de Firmino. Em seus momentos de oração suplicava ao Senhor a bênção de uma nova oportunidade no orbe terrestre. Queria, com todas as suas forças, retornar ao seu antigo lar terreno, estar de alguma forma próxima a Hugo para, por meio do sentimento forte de amor, apagar os resquícios de mágoa que ainda restavam no espírito do irmão.

> *Todos os espíritos tendem à perfeição, e Deus lhes proporciona os meios de consegui-la com as provas da vida corpórea. Mas, na Sua justiça permite-lhes realizar, em novas existências aquilo que não puderam fazer ou acabar numa primeira prova.* [24]

Nossa alma é um imenso jardim. Se soubermos retirar os espinhos que se cravam no egoísmo e mutilam nossa alma, poderão brotar nessa terra fértil as flores da paciência, da generosidade, do respeito ao próximo e do bem praticado, dando-nos o perfume que acalma e inebria nosso coração.

---

24. KARDEC, Allan. *O Livro dos Espíritos*. Parte II, item II "Justiça da Reencarnação". Questão 171. (N.M.)

Nancy começou a ficar desanimada, julgava que a resposta de Firmino demorava mais do que imaginara, e via nisso uma negativa.

"Por que será que demora tanto?"

— Tomás, você por aqui? — perguntou assim que viu o amigo.

— Vim dar-lhe uma boa notícia — respondeu Tomás, sorridente.

— Por favor, fale logo! É a respeito do meu pedido?

— Sim. Irmão Firmino solicita sua presença no departamento.

— Quando?

— Agora mesmo, se for possível.

Animada, Nancy respondeu:

— Claro que é possível, vamos?

— Vamos! Mas, não se perca na ansiedade, Nancy. Fique tranquila, pois todos querem o seu bem.

— Tem razão, desculpe.

Seguiram em direção ao Departamento da Reencarnação. Nancy ia com o pensamento em Jesus, pedindo ao Mestre que a amparasse.

— Esperava por você irmã! — exclamou Firmino assim que a viu.

— Vim no mesmo instante em que Tomás me deu o recado.

— Tenho boas notícias. O plano maior analisou sua solicitação e considerou procedente seu desejo de se harmonizar com antigo desafeto, mas julgaram ser ainda um pouco cedo; portanto, sua volta ao plano físico será daqui a cinco anos.

Nancy não conseguiu esconder a decepção.

— Posso saber qual o motivo dessa espera?

— Claro. Em primeiro lugar, Nancy, você necessita completar seu aprendizado para que o propósito seja alcançado; encarnará como filha de Hugo e neste período ele encontrará a companheira adequada para dar-lhe a felicidade de um filho; estará com uma idade mais madura e propícia para desenvolver em seu coração o amor paternal, recebendo-a sem reservas e com a plenitude do amor verdadeiro. Por meio desse amor, extirpará para sempre o resquício de mágoa que ainda atormenta seu espírito e que o faz recuar sempre que se aproxima de uma reunião estável e equilibrada.

— É por esse motivo que ele ainda nunca se casou?

— Sim.

— Por que não volto como filha de Clara?

— Porque a finalidade não é se harmonizar com Clara e sim com Hugo, que foi o prejudicado no pretérito.

— Mas sendo sua sobrinha estarei novamente ao seu lado, poderemos aprender a nos amar.

— Nancy, o maior amor, o mais seguro, é o que sente os pais pelos seus filhos. Sendo sua sobrinha, ele a amaria, com certeza, mas não tanto quanto vai amá-la sendo sua filha, que é, sem dúvida, o laço mais forte de união entre dois seres.

— Mas por que tantos pais desprezam seus filhos, Firmino?

— Porque são uniões de expiação, o espírito, não agasalhando em seu ser o amor de Deus, distancia-se do propósito maior que é saldar seus débitos por meio das leis de amor e de caridade. Mergulham novamente na inconsequência e leviandade e retornam, não raro, com novas dívidas acrescentadas.

Certos pais menosprezam seus filhos e não são para eles o que deveriam ser, mas cabe a Deus puni-los e não a seus filhos. Não cabe a eles censurá-los, porque talvez eles próprios merecessem que fosse assim.[25]

Diante do silêncio de Nancy, Firmino perguntou:

— Alguma coisa a está preocupando, Nancy?

— Estou pensando se vou conseguir me encontrar com minha mãe na Terra.

— Provavelmente não. Sílvia já estará neste plano e, com certeza, vai vibrar com energia de amor para que dois seres que ama possam se entender, perdoar-se e prosseguir no caminho da redenção.

— O que faço durante esse período de espera?

— Estude as leis de amor; trabalhe em favor do seu semelhante, ore ao Mestre para que possa se afinar cada vez mais com suas leis, reflita sobre si mesma; enfim, esse é o caminho, Nancy, essa é a verdade que nos encaminha para a redenção.

— O irmão disse reflita sobre si mesma... O que é isso, na verdade?

— Nancy, todos os nossos atos praticados por pensamentos, palavras e obras em vidas anteriores, acarretam-nos venturas ou desgraças na proporção do bem ou do mal que deles resultou. Portanto, os seus efeitos vão atuar posteriormente na felicidade, na vontade, nos desejos ou no caráter do homem em vidas futuras; essa é a Lei do Carma, ou a Lei de

---

25. KARDEC, Allan. *O Evangelho Segundo o Espiritismo.* Capítulo XIV, "Piedade Final", item 3. (N.M.)

Causa e Efeito; quando digo para refletir sobre si mesma, peço que preste atenção ao que foi e no que deseja ser de verdade daqui para a frente.

Se Deus nos concede uma nova existência, o propósito é nos dar a oportunidade de nos aperfeiçoarmos, limparmos o nosso espírito dos miasmas da imperfeição por meio das nossas boas ações que vão refletir na nossa perfeição moral, no sentimento cada vez mais puro e fraterno. Nesse tempo de espera, fortaleça-se para cumprir a tarefa que solicitou. Jesus sabe do que cada um de nós precisa e tudo faz para que possamos alcançar o objetivo.

Ao se despedir, Nancy levou em seu espírito a vontade e a coragem de aproveitar com sabedoria a bênção que iria receber.

※

Enquanto na espiritualidade Nancy aguardava com confiança o momento de seu retorno ao mundo físico, a casa de Sílvia continuava preenchida com a alegria de Marcos, que crescia saudável e era a motivação de Sílvia que, aos poucos, entregava-se ao abatimento.

Clara e Hugo já haviam percebido que o seu entusiasmo ficava cada vez mais escasso, sendo o neto o único capaz de provocar sorriso em seu rosto marcado pela idade, que, apesar de não tão avançada, deixava marcas.

— Mãe — disse Hugo — a senhora, aos poucos, está perdendo sua alegria, o entusiasmo pela vida; enfim, Clara e eu estamos preocupados e queremos saber o que está acontecendo.

— Nada, filho — respondeu Sílvia laconicamente.

— Mãe, alguma coisa deve estar acontecendo, não é normal alguém mudar assim e de maneira inexplicável. A senhora está doente?

— Penso que não!

— Pensa ou tem certeza? — insistiu Hugo. — Seja sincera, mãe, é importante sabermos exatamente o que sucede com a senhora; até Vilma já comentou seu estado apático.

Incentivada, Sílvia respondeu:

— Filho, estou apenas me sentindo excessivamente cansada, mas não sei dizer o motivo, visto que nada faço que possa justificar.

— Vamos fazer o seguinte: vou marcar uma consulta com o dr. Jaime. Ele a conhece há muitos anos, tratou tão bem de Nancy; enfim, vamos falar com ele e saber a razão desse seu abatimento. Pode ser?

— Pode sim, meu filho.

Hugo saiu, deixando-a descansar e foi falar com a irmã.

— É isso, Clara, penso que é melhor levá-la ao médico.

— Você tem razão, Hugo, é o melhor a fazer. Eu também já havia notado sua mudança de comportamento e pode ser que alguma enfermidade esteja se instalando. Quanto antes soubermos, melhor. Hugo, gostaria de comentar com você sobre um assunto que já começa a me preocupar.

— Fale, minha irmã.

— Não quero invadir sua vida, mas preocupa-me vê-lo sozinho, sem perspectiva de se unir a alguém, construir sua vida, formar uma família; enfim, por que ainda não se casou?

— Minha irmã quer me empurrar para alguém? Cansou da minha companhia?

— Não seja bobo, Hugo. Augusto e eu adoramos você, sua companhia, o modo como trata o Marcos, mas queremos vê-lo feliz, realizado com sua própria família, só isso.

— Eu sei, maninha, também amo muito vocês. Quanto a formar minha própria família ainda tem tempo; assim que encontrar a pessoa certa isso vai acontecer. Por enquanto espero a vida colocar ao meu lado minha alma gêmea — falou sorrindo.

— E você acredita em alma gêmea?

— Não, mas acredito em almas afins, que nasceram para caminhar uma ao lado da outra se fortalecendo no amor e aprendendo com solidez a mágica da vida aqui na Terra.

— Você pensa em ter filhos?

— Não pensava, mas de uns tempos para cá ando considerando bastante essa hipótese. Sinto vontade de ouvir alguém me chamando de papai.

— Isso mesmo, irmão, abraçar um filho é uma das maravilhas da vida!

A ligação das almas gêmeas repousa, para nosso conhecimento relativo, nos desígnios divinos, insondáveis na sua sagrada origem, constituindo a fonte vital do interesse das criaturas para a edificação da vida. O amor das almas gêmeas é aquele que o espírito, um dia, sentirá pela humanidade inteira; todavia a tese é mais complexa do que parece no primeiro exame. Deus permite aos que se amam sinceramente e souberam sofrer com resignação para expiar suas faltas, reunir-se, a princípio no mundo dos espíritos, onde progridem juntos, a fim de obterem reencarnações em mundos superiores. Falo do casamento entendido no sentido de união íntima de dois seres que não querem separar-se mais, mas tal como é entendido entre vós, o casamento não é conhecido nos mundos superiores; nesses lugares de felicidade, de liberdade e de alegria, os laços são de flores e de amor; e não pense por isso que são menos duráveis, pois só o coração fala e guia nessas uniões tão suaves. Esses casamentos abençoados por Deus são a recompensa daqueles que, tendo se amado profundamente no sofrimento, pedem ao Senhor, justo e bom, para continuarem a se amar em mundos superiores, sem temer uma próxima e temerosa separação. [26]

Na manhã do dia seguinte, Clara e Hugo acompanharam Sílvia até o consultório do dr. Jaime.

— O que os trazem aqui? — perguntou o médico com seu costumeiro bom humor.

Antecipando-se, Hugo respondeu:

— Doutor, estamos preocupados com nossa mãe, ela apresenta um desânimo muito acentuado, o que estranhamos, pois sabemos não ser seu temperamento. Pensamos em fazer uma avaliação detalhada para ver se há alguma coisa mais séria do que simples acomodação.

— Fizeram muito bem em trazê-la.

---

26. XAVIER, Francisco Cândido. Emmanuel. *O consolador.* (N.M.)

Voltando-se para Sílvia, perguntou:.

— O que precisamente a senhora sente, dona Sílvia?

— Não sei explicar direito, dr. Jaime, mas sinto muito cansaço sem explicação, uma dificuldade em respirar, como se tivesse um peso em meu peito.

Clara e Hugo não gostaram do que viram na expressão do médico.

— O que o senhor acha que pode ser?

— Não posso afirmar nada sem antes fazer alguns exames; fez o pedido dos exames necessários e entregou a Hugo, dizendo:

— Quero que dona Sílvia faça esses exames com urgência. Até termos os resultados deixem que ela fique como se achar mais confortável, sem fazer esforço físico e mantendo-se tranquila e repousada.

Fez uma receita, entregou a Sílvia, e recomendou:

— Tome este medicamento a partir de hoje e volte assim que os exames estiverem prontos. Qualquer novidade entre em contato comigo.

— Obrigada, doutor.

Após Sílvia ter-se acomodado no carro, Clara disse em tom mais baixo:

— Hugo, senti preocupação no semblante do dr. Jaime; será que nossa mãe está com problemas no coração?

— Também achei, Clara, são muitos exames; e pelo que sei estão relacionados ao coração.

Olharam com carinho para Sílvia e disseram:

— Que Deus proteja nossa mãe!

Após alguns dias os exames ficaram prontos.

— Clara, seria bom acordar mamãe para irmos levar os exames, quanto mais cedo melhor.

— Pode deixar, Hugo, estou indo.

Clara entrou no quarto de Sílvia, abriu as cortinas e sorridente disse:

— Mãe, acorda, o dia está lindo e vamos levá-la ao dr. Jaime.

Vendo que Sílvia continuava dormindo, repetiu em vão suas palavras até que se aproximou de sua mãe para tocá-la e finalmente acordá-la. Não obtendo resposta, sentiu uma angústia e um pressentimento ruim. Correu e chamou Hugo e Vilma.

— Pelo amor de Deus, mamãe não acorda... Hugo, o que está acontecendo?

Foi Vilma que, com toda a sua sensibilidade, sentiu que a vida de Sílvia se esvaíra.

— Sinto muito, mas dona Sílvia partiu.

— O que você está dizendo, Vilma? — perguntou Clara em desespero.

— É melhor chamar o dr. Jaime, Hugo, ele pode confirmar.

Assim o fizeram. Infelizmente, o desencarne de Sílvia foi confirmado. Olhando os resultados dos exames não foi difícil para o médico diagnosticar a causa de sua morte.

— Dona Sílvia teve um enfarto do miocárdio; os exames mostram a precariedade de seu estado, infelizmente não tivemos tempo para tentar ajudá-la.

A tristeza e o abatimento tomaram conta de Hugo e Clara, assim como de Vilma. Em sua despedida do mundo físico os amigos se reuniram e oraram por aquela irmã que partia agraciada pelo Criador com uma morte sem sofrimento.

Janete, causando surpresa em todos, chegou andando com o auxílio de uma muleta. Notaram em sua fisionomia que havia aceitação de sua nova condição; seu rosto expressava a resignação em receber da vida a resposta de sua impulsividade.

— Clara, vim dizer-lhe do meu sentimento pela morte de sua mãe.

— Obrigada, dona Janete. Agradeço-lhe, vejo sinceridade em suas palavras.

Janete, sem se importar com os olhares que causava, sentou-se ao lado de Pedro e orou por Sílvia.

Nancy, ao lado de Tomás e Bernardo, acompanhava a equipe espiritual trabalhando no desligamento de Sílvia do seu corpo físico.

> *A separação da alma e do corpo nada tem de dolorosa, o corpo frequentemente sofre mais durante a vida do que no momento da morte. A alma se desprende gradualmente, os dois estados se tocam e se confundem, de maneira que o espírito se desprende pouco a pouco de seus liames; estes se soltam e não se rompem. Durante a vida o espírito está ligado ao corpo pelo seu perispírito, a morte é apenas a destruição do corpo e não desse envoltório que se separa do corpo quando cessa a vida orgânica. É lógico admitir que quanto mais o espírito estiver identificado com a matéria mais sofrerá para*

separar-se dela. O justo se sente aliviado de um grande peso porque não receia nenhum olhar perquiridor. A perturbação que se segue à morte nada tem de penosa para o homem de bem; é calma e em tudo se assemelha à que acompanha um despertar tranquilo. Para aquele cuja consciência não está pura é cheia de ansiedades e angústias.[27]

Os dias que se seguiram à partida de Sílvia foram de muita tristeza e saudade. Apenas a presença de Marcos conseguia levar um pouco de alegria à casa vazia. Clara e Hugo cada dia se uniam mais como irmãos; preocupavam-se um com o outro, e Augusto fazia parte dessa união. Sabiam que tudo na vida é passageiro, pois estamos neste planeta com a finalidade de nos aperfeiçoar por meio dos acontecimentos e da maneira como lidamos com nossa existência terrena; dos sentimentos que acalentamos em nossa alma.

A dor tem um tempo para durar e nos ensinar a promover nossa reforma interior; é necessário nos esforçar para que isso aconteça, promovendo assim nosso próprio progresso espiritual.

---

27. KARDEC, Allan. *O Livro dos Espíritos*. Parte II, item II "Separação da Alma e do Corpo". Questão 155 e comentário de Kardec. (N.M.)

Capítulo 27
Novo plantio

PODEMOS OBSERVAR que somente o amor aproxima o homem do Criador porque Deus é amor; este sentimento é sem sombra de dúvida uma força gigantesca que se renova incessantemente enriquecendo ao mesmo tempo aquele que dá e aquele que recebe. Por intermédio desse sentimento, atraímos para nossa existência no planeta as vibrações positivas, as energias salutares, que propiciam a coragem para enfrentarmos os obstáculos encontrados pelo caminho terreno.

A vida aqui na Terra como na espiritualidade é um buscar constante; é a luta diária contra os sentimentos mesquinhos e pequenos que nos distanciam do objetivo divino.

O homem que deseja progredir trabalha na obra de solidariedade universal; recebe dos espíritos mais elevados uma missão particular apropriada às suas aptidões e ao seu grau de adiantamento espiritual, assim como a proteção e o amparo para que consiga cumprir com alegria esse propósito, tendo a certeza de estar caminhando em terreno fértil. Deus espera que todas as suas criaturas um dia alcancem o progresso espiritual que os elevará ao reino dos céus.

É muito comum dizer e propagar a fé quando nossa vida transcorre de maneira serena sem maiores aflições; mas, não raro, essa mesma fé se enfraquece quando Deus chama para a espiritualidade um ente que amamos.

É justamente nessa hora que devemos nos aproximar de Deus; acreditar que nosso Pai não permite que nenhuma criatura sofra sem que haja motivo justo, pois o sofrimento é semente de nosso plantio equivocado. A revolta separa o homem do único ser que realmente o ama: Deus. Tudo na vida passa, menos Deus, porque é Ele quem rege a vida aqui ou na espiritualidade; é preciso saber que Ele é suficiente para nossa redenção.

Crer na justiça de Deus é acreditar que o sofrimento de hoje será a vitória de amanhã, porque o Senhor não permite nenhuma prova que os ombros não possam suportar.

Dizer "Seja feita a vossa vontade, assim na terra como no céu" é dar testemunho da obediência e resignação aos desígnios divinos, lutar para progredir sem deixar que a pureza dos sentimentos superiores seja anulada pela revolta, pelo desespero e pela falta de esperança. É aceitar a colheita e dentro dessa aceitação iniciar com mais prudência um novo plantio.

※

Lentamente, a vida de Clara, Hugo, Augusto, Marcos e Vilma foi voltando ao normal. O tempo foi passando, renovando as esperanças, e a felicidade novamente se fez presente.

Hugo, chegando a casa, perguntou a Vilma onde estavam Clara e Augusto. Diante de sua ansiedade, Vilma perguntou:

— Desculpe, Hugo, se me intrometo em sua vida, mas sinto-o agitado, um pouco mais alegre que de costume. Posso saber o que está provocando tudo isso?

— Pode sim, Vilma, mas só quando estivermos com Clara e Augusto. — Fez um carinho em Vilma e completou: — é melhor segurar sua curiosidade.

— Nem será preciso, cunhado — falou Augusto chegando com Clara — estamos aqui, portanto, pode satisfazer a curiosidade de todos nós.

Após incentivar a expectativa de todos, Hugo respondeu exibindo seu lindo sorriso:

— Vou me casar!

— Você o quê? — perguntou Clara.

— Eu vou me casar — confirmou Hugo, divertindo-se diante do espanto de todos.

— Mas... Com quem?

— Ora, Clara, com a mulher que eu amo. A mulher que me fez descobrir o verdadeiro amor, que me fez desejar construir uma família; isso é normal, não é?

— Claro, meu irmão, já estava demorando. Quero conhecer essa pessoa que conseguiu flechar o coração desse solteirão!

— É verdade, cunhado, já não era sem tempo. Parabéns!

371

— Parabéns, Hugo! — disse Vilma emocionada. — Agradeço a Deus por permitir que eu possa presenciar essa seu momento de felicidade.

— Quando vamos conhecer sua eleita?

— Pode ser no próximo domingo?

— Pode, Hugo. Traga-a para almoçar conosco.

> *O casamento é um progresso na marcha da humanidade. A união livre e fortuita dos sexos pertence ao estado de natureza. O casamento é um dos primeiros atos de progresso nas sociedades humanas porque estabelece a solidariedade fraterna e se encontra entre todos os povos, embora nas mais diversas condições. A abolição do casamento seria, portanto, o retorno à infância da humanidade e colocaria o homem abaixo mesmo de alguns animais, que lhe dão o exemplo das uniões constantes.*[28]

Nancy, chamada por Firmino, tomou conhecimento da proximidade de sua reencarnação. Ouvindo a confirmação de seu retorno ao mundo físico, mal conseguiu controlar sua emoção.

— Eu não sei o que dizer por ser alvo da bondade de Nosso Pai; esperei tanto esse momento que agora que se aproxima sinto-me um pouco assustada, receosa de falhar em meu intento; enfim, irmão, aconselhe-me.

Tomás e Firmino perceberam naquele espírito o peso da responsabilidade que sentia.

---

28. KARDEC, Allan. *O Livro dos Espíritos*. Parte III, item IV "Casamento e Celibato". Questão 695. (N.M.)

— Irmã, o momento agora é de calma, de preparação, de confiança e agradecimento. Recebeu do Mais Alto a bênção do retorno em seu antigo lar terreno; isso quer dizer que Jesus confia em você, irmã; sabe do quanto se preparou para essa volta e também que possui condições para fazer essa nova encarnação dar certo, para você e para Hugo que, por meio do amor paternal, poderá limpar de seu íntimo os miasmas da mágoa pretérita e harmonizar-se com você. Será pai não tão jovem, mas isso ajudará a despertar em seu coração um amor pleno, maduro e consciente. O amor vai uni-los sem nenhum resquício de ressentimento.

Mais tranquila, Nancy perguntou:

— Isso acontecerá daqui a quanto tempo?

— O mais rápido possível, Nancy. Hugo vai se unir a Carina, construirão uma união sólida e harmoniosa. Em pouco tempo ela ficará grávida e a felicidade do casal vai se completar com sua chegada.

— O que acontecerá até lá? — questionou Nancy.

— Haverá um encontro entre você e Hugo, que dará início ao caminho da paz entre dois espíritos que buscam sua redenção.

— Quando será esse encontro?

— Daqui a dois dias.

✳

Hugo preparou-se para dormir e em pouco tempo entregou-se ao sono reparador. Firmino, Tomás e Nancy o aguardavam e, assim que Hugo adormeceu, chamaram-no para o encontro. Este, afastando-se do corpo físico, percebeu a presença de Nancy acompanhada de seus protetores.

— Nancy! — exclamou. — Queria muito sonhar com você, minha irmã. Deus me concedeu essa bênção.

— Hugo, meu irmão, eu também queria muito poder me comunicar com você.

— Eu vou me casar, Nancy!

— Eu sei, e é por isso que estou aqui.

Espantado, Hugo perguntou:

— Por quê? Não vou poder me casar com Carina?

— Não é isso, Hugo, vai poder sim se unir à mulher que ama.

Antes que Nancy falasse mais alguma coisa, Firmino esclareceu:

— Meu irmão, vai se casar com Carina e terá uma vida promissora ao seu lado. Viemos perguntar se você aceita receber Nancy como sua filha.

— Nancy?

— Sim. Está nos planos de Deus que Nancy será sua filha, mas você possui a opção de aceitar ou não.

Sorrindo, Hugo respondeu:

— Mas é claro que eu aceito ter minha irmãzinha de volta ao meu lado como minha filha.

— Mas antes — continuou Firmino — é preciso que saiba quem foi Nancy no passado e aceite plenamente para que o propósito dessa união de pai e filha possa surtir o efeito desejado.

— O que quer dizer?

— Ouça com atenção.

— Nancy foi a mulher que o prejudicou no passado, mutilando-o sem piedade; arrependeu-se e conseguiu reencarnar ao seu lado como sua irmã para se redimir e ser perdoada; sofreu a mesma mutilação que impôs a você, mas, apesar de ter aceitado essa situação, você ainda guardou em si mesmo a mágoa que o impediu de se entregar livremente ao amor fraternal; algo ainda o impedia de agir plenamente com aquela que tanto o prejudicara; o resquício da dor permanecia latente em seu espírito; agora, novamente, Nancy solicitou ao Pai nova oportunidade de estar ao seu lado para mais uma vez tentar conseguir o seu perdão.

Hugo mal podia acreditar em tudo o que ouvira. Olhava aquela que fora sua irmã e entendeu a razão de nunca haver conseguido se aproximar dela de verdade.

— Agora — continuou Firmino —, é preciso que queira novamente estar ao seu lado para por meio do amor paternal dissipar totalmente qualquer mágoa do passado, perdoando-a verdadeiramente e promovendo pela via do amor a própria redenção.

Nancy, envergonhada, disse a Hugo com emoção:

— Hugo, clamo pelo seu perdão, aceite-me como sua filha, forneça-me o caminho da minha salvação, da libertação dessa culpa.

Hugo, sentindo em si a energia salutar do amor de Deus, respondeu:

— Aceito sim, recebo-a como minha filha com muito amor no coração; com Carina construiremos uma vida em que somente as virtudes terão acesso; que Jesus nos proteja;

que os bons espíritos, por meio da permissão de Jesus, possam nos inspirar para o bem, o respeito e a fé em nosso Pai, para que o amor tenha presença constante em nossa vida.

— Agora volte, Hugo. Que Jesus o abençoe por conseguir apagar de seu espírito a lembrança infeliz que o atormentava.

— Obrigado, meu irmão, imploro a proteção dos bons espíritos para que eu possa cumprir a tarefa que estou assumindo.

— Tenha certeza, Hugo, que não caminhará sozinho!

Hugo dirigiu-se a Nancy e lhe disse com suavidade:

— Até daqui a algum tempo, minha filha!

Nancy, agradecida, chorou comovida.

— Até daqui a algum tempo, meu pai!

Hugo, despertando assim que os raios de sol entraram pela janela de seu quarto, pensou: "Engraçado, desde que Nancy se foi é a primeira vez que sonho com ela!".

✖

Tomás encontrou Nancy meditando às margens do lago Azul.

— Posso saber o que a faz ficar assim tão concentrada? — perguntou sentando-se ao seu lado.

— Oro ao Senhor, Tomás, sinto que chega o momento da minha partida para plano físico e rogo ao Divino Amigo a bênção necessária para me lançar na prisão do corpo material; não quero me perder; não quero direcionar meus passos para a inconsequência anulando todo o meu aprendizado; peço auxílio para cumprir o objetivo dessa nova encarnação.

— Nancy — disse Tomás — vim buscá-la. Será levada até a casa de seus futuros pais para que seja unida ao corpo que vai se formar em Carina.

— Será hoje? — perguntou com expectativa.

— Não. Será daqui a quatro dias, mas ficará ao lado deles aguardando o momento da concepção.

Nancy foi invadida por imensa felicidade, alcançara, por meio da bênção divina, o sonho de retornar ao antigo lar terreno como filha daquele que muito prejudicara no passado.

— Tudo farei para vencer, Tomás!

— Sei que vencerá, minha amiga!

> *A união da alma com o corpo começa na concepção, mas não se completa senão no instante do nascimento. Desde o momento da concepção o espírito destinado a tomar determinado corpo a ele se liga por um laço fluídico que vai se encurtando cada vez mais até o instante em que a criança vem à luz; o grito que então se escapa dos seus lábios anuncia que a criança entrou para o número dos vivos e dos servos de Deus.[29]*

Na vida, é preciso dar atenção para conseguir perceber os sinais de perigo que constantemente ameaçam os encarnados; não se pode abafar o bem para a realização de desejos nem sempre altruístas que invadem a alma humana.

É preciso se educar; a educação está inserida em um conjunto de hábitos adquiridos, sejam relacionados à matéria ou

---

29. KARDEC, Allan. *O Livro dos Espíritos*. Parte II, item II "A União da Alma e do Corpo. Aborto". Questão 344. (N.M.)

ao espírito. Nancy aprendera que somente se vencem as tentações por meio da convicção que nada pode elevar o homem à condição de verdadeira criatura de Deus senão o amor e o bem praticado.

Ela se arrependera, e Hugo a perdoara, iniciando-se assim o elo que os uniria para sempre; a força do amor paternal e do amor filial formaria o laço afetivo que os conduziria à plenitude do sentimento verdadeiro.

Nancy aprendera a tolerar os erros, os enganos alheios; sabia que não se pode pedir aos outros qualidades que não possuímos; conhecera na espiritualidade a paciência, a compreensão e o respeito pelo semelhante, e essas virtudes tomariam a frente de sua nova caminhada terrena. Aprendera que a vida não lhe tirara coisas, mas a libertara das coisas que a impediam de promover seu progresso espiritual.

✕

Em um lindo entardecer de outono, Nancy novamente entrou no mundo físico. Trazia em sua essência a força dos que acreditam no bem e no amor. Aconchegada nos braços de Hugo, recebia a energia do amor verdadeiro que os seguiria pela vida terrena e continuaria pela eternidade.

Completara-se mais uma vez a união de dois espíritos que, conscientizando-se de seus próprios erros e enganos, receberam do Criador nova oportunidade de se reencontrarem para se elevarem à condição de verdadeiras criaturas de Deus, deixando entrar em sua vida a luz de sua redenção por meio de

UMA JANELA PARA A FELICIDADE, que somente o homem com a fé, a prática da caridade e o amor fraternal pode abrir.

> *Se vós perdoardes aos homens as faltas que fazem contra vós, vosso Pai celestial vos perdoará também vossos pecados, mas se vós não perdoardes aos homens quando eles vos ofendem, vosso Pai também, não vos perdoará os pecados.*[30]
>
> *A dor é uma bênção que Deus envia aos seus eleitos; não vos aflijais, pois, quando sofrerdes, mas bendizei, ao contrário, o Deus todo-poderoso que vos marcou pela dor nesse mundo para a glória no céu.*
>
> *Perdoar àquele que Deus colocou sobre nosso caminho para serem os instrumentos dos nossos sofrimentos e colocar nossa paciência à prova, é, sem dúvida, a caridade mais penosa e, consequentemente mais meritória.*[31]

Que a luz do nosso Mestre ilumine o caminho da cada um dando-lhes a direção segura do amor e da caridade, a luz da redenção.

IRMÃO IVO

---

30. Mateus 6, 14-15. (N.M.)

31. KARDEC, Allan. *O Evangelho Segundo o Espiritismo.* Capítulo IX, "A paciência", item 7. (N.M.)

Romances imperdíveis!
Psicografia de Maurício de Castro

Nada é para Sempre

Clotilde morava em uma favela. Sua vida pelas ruas a esmolar trocados e comida para alimentar o pequeno Daniel a enchia de revolta e desespero. O desprezo da sociedade causava-lhe ódio. Mas, apesar de sua condição miserável, sua beleza chamou a atenção de madame Aurélia, dona da Mansão de Higienópolis, uma casa de luxo em São Paulo que recebia clientes selecionados com todo o sigilo. Clotilde torna-se Isabela e começa então sua longa trilha em busca de dinheiro e ascensão social.

Ninguém Lucra com o Mal

Ernesto era um bom homem: classe média, trabalhador, esposa e duas filhas. Espírita convicto, excelente médium, trabalhava devotadamente em um centro de São Paulo. De repente, a vida de Ernesto se transforma: em uma viagem de volta do interior com a família, um acidente automobilístico arrebata sua mulher e as duas meninas. Ernesto sobrevive... Mas agora está só, sem o bem mais precioso de sua vida: a família.

Herdeiros de Nós Mesmos

Herdeiros de Nós Mesmos
A fazenda Boa Esperança era uma verdadeira mina de ouro. Durante anos, vinha sustentando a família Caldeiras com luxo e muito dinheiro. Mas o velho Mariano, dono de todo aquele império, agora estava doente e à beira da morte. Uma emocionante obra que nos mostra as consequências do apego aos bens materiais, sobretudo quando ele contamina o amor entre as pessoas, gerando discórdia e desarmonia.

O Preço de uma Escolha

Neste emocionante romance, uma trama repleta de momentos de suspense, com ensinamentos espirituais que vão nos ajudar no decorrer de nossa vida a fazermos sempre as escolhas certas sem prejuízo ao semelhante.

Sem Medo de Amar

Até quando o nosso medo de amar vai impedir que sejamos felizes? Hortência, Douglas e Amanda venceram esse desafio.

Ninguém Domina o Coração

Luciana e Fabiano têm uma relação apaixonada, mas a vida separa o casal. Luciana não vai desistir e quer se vingar. Um enredo cheio de suspense, vingança e paixão, no qual descobrimos que ninguém escolhe a quem amar, mas que o caminho do verdadeiro amor deve sempre ser preenchido pelo perdão incondicional, não importando as mágoas de um doloroso passado.

Obras de Irmão Ivo: leituras imperdíveis para seu crescimento espiritual
Psicografia da médium Sônia Tozzi

O Preço da Ambição
Três casais ricos desfrutam de um cruzeiro pela costa brasileira. Tudo é requinte e luxo. Até que um deles, chamado pela própria consciência, resolve questionar os verdadeiros valores da vida e a importância do dinheiro.

A Essência da Alma
Ensinamentos e mensagens de Irmão Ivo que orientam a Reforma Íntima e auxiliam no processo de autoconhecimento.

A Vida depois de Amanhã
Cássia viveu o trauma da separação de Léo, seu marido. Mas tudo passa e um novo caminho de amor sempre surge ao lado de outro companheiro.

Quando chegam as respostas
Jacira e Josué viveram um casamento tumultuado. Agora, na espiritualidade, Jacira quer respostas para entender o porquê de seu sofrimento.

O Amor Enxuga as Lágrimas
Paulo e Marília, um típico casal classe média brasileiro, levam uma vida tranquila e feliz com os três filhos. Quando tudo parece caminhar em segurança, começam as provações daquela família após a doença do filho Fábio.

Somos Todos Aprendizes
Bernadete, uma estudante de Direito, está quase terminando seu curso. Arrogante, lógica e racional, vive em conflito com familiares e amigos de faculdade por causa de seu comportamento rígido.

No Limite da Ilusão
Marília queria ser modelo. Jovem, bonita e atraente, ela conseguiu subir. Mas a vida cobra seu preço.

O Passado ainda Vive
Constância pede para reencarnar e viver as mesmas experiências de outra vida. Mas será que ela conseguirá vencer os próprios erros?

Almas em Conflito
Cecília é casada com Joaquim e ambos têm três filhos: Teresa, Lucas e Marilda. Mas uma fatalidade leva Teresa para o plano espiritual. Joaquim abandona Cecília e os filhos, e passa a viver sua vida como gosta: de maneira egoísta. Apesar das adversidades, Cecília conhece Francisco e por ele se apaixona. Sua vida passa por transformações penosas, mas não injustas: o débito é sempre proporcional à dívida que se contrai em uma existência anterior e imprudente.

Renascendo da dor
Raul e Solange são namorados. Ele, médico, sensível e humano. Ela, frívola, egoísta e preconceituosa. Assim, eles acabam por se separar. Solange inicia um romance com Murilo e, tempos depois, descobre ser portadora do vírus HIV. Começa, assim, uma nova fase em sua vida, e ela, amparada por amigos espirituais, desperta para os ensinamentos superiores e aprende que só o verdadeiro amor é o caminho para a felicidade.

Leia estes envolventes romances do espírito Margarida da Cunha
Psicografia de Sulamita Santos

Doce Entardecer

Paulo e Renato eram como irmãos. O primeiro, pobre, um matuto trabalhador em seu pequeno sítio. O segundo, filho do coronel Donato, rico, era um doutor formado na capital que, mais tarde, assumiria os negócios do pai na fazenda. Amigos sinceros e verdadeiros, desde jovens trocavam muitas confidências. Foi Renato o responsável por levar Paulo a seu primeiro baile, na casa do doutor Silveira. Lá, o matuto iria conhecer Elvira, bela jovem que pertencia à alta sociedade da época. A moça corresponderia aos sentimentos de Paulo, dando início a um romance quase impossível, não fosse a ajuda do arguto amigo, Renato.

À Procura de um Culpado

Uma mansão, uma festa à beira da piscina, convidados, glamour e, de madrugada, um tiro. O empresário João Albuquerque de Lima estava morto. Quem o teria matado? Os espíritos vão ajudar a desvendar o mistério.

Desejo de Vingança

Numa pacata cidade perto de Sorocaba, no interior de São Paulo, o jovem Manoel apaixonou-se por Isabel, uma das meninas mais bonitas do município. Completamente cego de amor, Manoel, depois de muito insistir, consegue seu objetivo: casar-se com Isabel mesmo sabendo que ela não o amava. O que Manoel não sabia é que Isabel era uma mulher ardilosa, interesseira e orgulhosa. Ela já havia tentado destruir o segundo casamento do próprio pai com Naná, uma bondosa mulher, e, mais tarde, iria se envolver em um terrível caso de traição conjugal com desdobramentos inimagináveis para Manoel e os dois filhos, João Felipe e Janaína.

Laços que Não se Rompem

Em idos de 1800, Jacob herda a fazenda de seu pai. Já casado com Eleonora, sonha em ter um herdeiro que possa dar continuidade a seus negócios e aos seus ideais. Margarida nasce e, já adolescente, conhece Rosalina, filha de escravos, e ambas passam a nutrir grande amizade, sem saber que são almas irmanadas pelo espírito. O amor fraternal que sentem, e que nem a morte é capaz de separar, é visível por todos. Um dia, a moça se apaixona por José, um escravo. E aí, começam suas maiores aflições.

Os Caminhos de Uma Mulher

Lucinda, uma moça simples, conhece Alberto, jovem rico e solteiro. Eles se apaixonam, mas para serem felizes terão de enfrentar Jacira, a mãe do rapaz. Conseguirão exercitar o perdão para o bem de todos? Um romance envolvente e cheio de emoções, que mostra que a vida ensina que perdoar é uma das melhores atitudes que podemos tomar para a nossa própria evolução.

Leia os romances de Schellida!
Emoção e ensinamento em cada página!
Psicografia de Eliana Machado Coelho

CORAÇÕES SEM DESTINO – Amor ou ilusão? Rubens, Humberto e Lívia tiveram que descobrir a resposta por intermédio de resgates sofridos, mas felizes ao final.

O BRILHO DA VERDADE – Samara viveu meio século no Umbral passando por experiências terríveis. Esgotada, e depois de muito estudo, Samara acredita-se preparada para reencarnar.

UM DIÁRIO NO TEMPO – A ditadura militar não manchou apenas a História do Brasil. Ela interferiu no destino de corações apaixonados.

DESPERTAR PARA A VIDA – Um acidente acontece e Márcia passa a ser envolvida pelo espírito Jonas, um desafeto que inicia um processo de obsessão contra ela.

O DIREITO DE SER FELIZ – Fernando e Regina apaixonam-se. Ele, de família rica. Ela, de classe média, jovem sensível e espírita. Mas o destino começa a pregar suas peças...

SEM REGRAS PARA AMAR – Gilda é uma mulher rica, casada com o empresário Adalberto. Arrogante, prepotente e orgulhosa, sempre consegue o que quer graças ao poder de sua posição social. Mas a vida dá muitas voltas.

UM MOTIVO PARA VIVER – O drama de Raquel começa aos nove anos, quando então passou a sofrer os assédios de Ladislau, um homem sem escrúpulos, mas dissimulado e gozando de boa reputação na cidade.

O RETORNO – Uma história de amor começa em 1888, na Inglaterra. Mas é no Brasil atual que esse sentimento puro irá se concretizar para a harmonização de todos aqueles que necessitam resgatar suas dívidas.

FORÇA PARA RECOMEÇAR – Sérgio e Débora se conhecem e nasce um grande amor entre eles. Mas encarnados e obsessores desaprovam essa união.

LIÇÕES QUE A VIDA OFERECE – Rafael é um jovem engenheiro e possui dois irmãos: Caio e Jorge. Filhos do milionário Paulo, dono de uma grande construtora, e de dona Augusta, os três sofrem de um mesmo mal: a indiferença e o descaso dos pais, apesar da riqueza e da vida abastada.

PONTE DAS LEMBRANÇAS – Ricos, felizes e desfrutando de alta posição social, duas grandes amigas, Belinda e Maria Cândida, reencontram-se e revigoram a amizade que parecia perdida no tempo.

MAIS FORTE DO QUE NUNCA – A vida ensina uma família a ser mais tolerante com a diversidade.

MOVIDA PELA AMBIÇÃO – Vitória deixou para trás um grande amor e foi em busca da fortuna. O que realmente importa na vida? O que é a verdadeira felicidade?